职业教育"互联网+"新形态教材 · 财会类专业

会计信息化实训教程

（畅捷通 T3 营改增版）（第 2 版）

周继文　李树斌　张志波　主　编

陈紫甜　赵旭亮　张　星　副主编

姜斯文　冯玺琼　孙雪玲　参　编

王新玲　主　审

電子工業出版社

Publishing House of Electronics Industry

北京 · BEIJING

内 容 简 介

本书以畅捷通 T3 营改增版为蓝本，以企业会计信息化工作活动为主线，按照工作项目和工作任务组织内容，突出职业能力培养，体现基于职业岗位分析和具体工作过程的课程设计理念，让学生在完成工作任务的过程中提高会计信息化应用能力。

全书按照项目导向、任务驱动的创新理念，将会计信息化主要学习内容分解为 12 个工作项目，分别是系统应用基础、系统管理、基础档案设置、总账管理、财务报表、工资管理、固定资产管理、购销存管理子系统初始化、采购与应付管理、销售与应收管理、库存管理和存货核算。为方便综合实训，在附录中还提供了一套综合实训模拟试卷。

本书体例新颖，配套教学资源丰富，既可以作为《会计信息化实用教程》（畅捷通 T3 营改增版）（第 2 版）和《会计信息化应用综合实训》（畅捷通 T3 营改增版）的配套实训教材，也可以单独使用；既可以作为职业院校经管类专业会计信息化课程的主教材，也可以作为相关岗位培训、社会培训用书，还可以作为会计从业人员的自学用书。

图书在版编目（CIP）数据

会计信息化实训教程：畅捷通 T3 营改增版/周继文，李树斌，张志波主编. —2 版. —北京：电子工业出版社，2022.4

ISBN 978-7-121-43393-1

Ⅰ. ①会… Ⅱ. ①周… ②李… ③张… Ⅲ. ①会计信息－财务管理系统－中等专业学校－教材 Ⅳ. ①F232

中国版本图书馆 CIP 数据核字（2022）第 075127 号

责任编辑：陈　虹
印　　刷：河北鑫兆源印刷有限公司
装　　订：河北鑫兆源印刷有限公司
出版发行：电子工业出版社
　　　　　北京市海淀区万寿路 173 信箱　邮编 100036
开　　本：880×1 230　1/16　印张：14.25　字数：392.2 千字
版　　次：2019 年 5 月第 1 版
　　　　　2022 年 4 月第 2 版
印　　次：2023 年 8 月第 5 次印刷
定　　价：48.00 元

凡所购买电子工业出版社图书有缺损问题，请向购买书店调换。若书店售缺，请与本社发行部联系，联系及邮购电话：（010）88254888，88258888。

质量投诉请发邮件至 zlts@phei.com.cn，盗版侵权举报请发邮件至 dbqq@phei.com.cn。

本书咨询联系方式：邮箱 fservice@vip.163.com；手机 18310186571。

前言

职业教育是我国教育体系的重要组成部分，教材建设是推动职业教育发展的重要因素。本书贯彻党的二十大精神，适应职业教育会计信息化课程的教学需要，针对职业教育人才培养目标，注重对学习者职业素质与实践操作能力的培养，搭建了如下的逻辑结构。

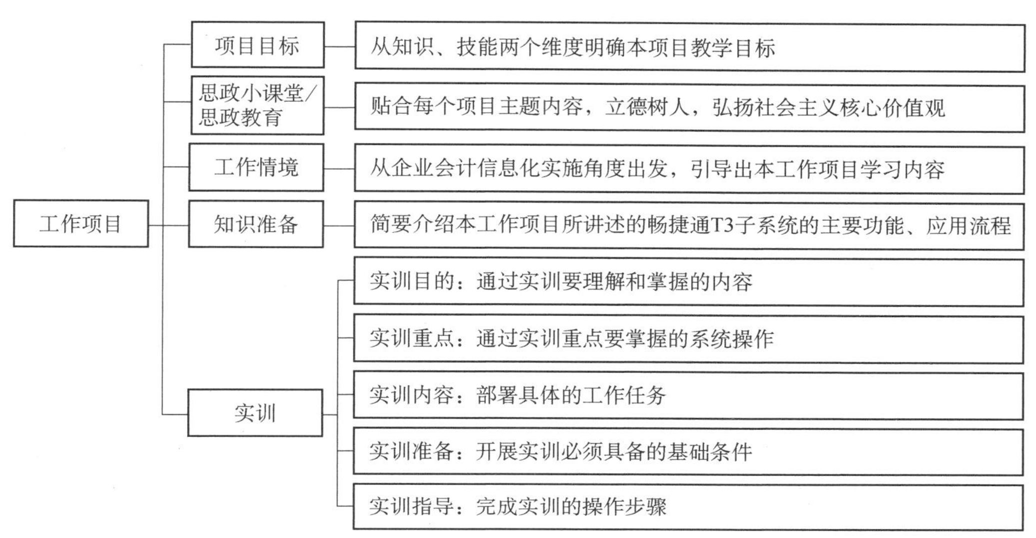

注：工作项目 1 无工作情境和实训。

本书具有以下特色。

1. 任务驱动，情境教学

在对知识点难易程度的把握上，本书遵循“以实用为主，以掌握基础为重”的原则；在内容的编写上，着力体现基于工作过程的项目驱动教学法，把每个工作项目分解为若干个简单易懂、易操作的实训任务。每个实训通过实训目的、实训重点、实训内容、实训准备、实训指导明确实训所要达到的目标、所要掌握的重点内容、开展实训应具备的基础条件、完成实训的操作步骤。通过完成系列实训任务，达成每个工作项目的教学目标，进而达成整个课程的教学目标。

2. 以企业财务业务一体化实施为主线

本书系列实训设计是以一个核算主体财务业务一体化为目标，覆盖核算主体一个会计期常见的业务活动。结合畅捷通 T3 营改增版（以下简称畅捷通 T3）的功能结构，每个实训反映企业核算的不同方面，帮助大家理解和掌握畅捷通 T3 中对应子系统的操作。按照企业会计信息化的实施过程循序渐进地安排实训内容，前期先理解财务信息化，后期再扩展到财务业务一体化。

3. 体现国家最新的会计和税改政策

本书实训案例设计体现国家最新的会计和税改政策，如模拟企业采用 2007 年新会计准则、增值税税率13%、个人所得税起征点5 000元等，使学习者能够学到最新的会计规范，最大限度地与实际工作接轨。

4. 融入思政教育，提升专业素养

本书设立“思政小课堂”和“思政教育”，融入会计及会计信息化相关思政元素，以微课或案例方式呈现，培养学生树立历史使命感和责任担当意识，养成细致严谨、精益求精的工作态度及诚实守信、遵纪守法的职业素养，成长为担当民族复兴大任的时代新人。

5. 立体化教学资源助力学习无忧

本书提供了全方位、立体化的教学资源，包括教学大纲、PPT、授课教案、操作视频、实训账套等。本书所有实训均录制了操作视频，方便学习者自学。实训教程中对每个实训都保留了一个结果账套：一方面可以利用它对照自己的实训结果；另一方面可以在实训基础数据不完备的情况下，按照实训准备的要求，把所需的基础账套引入系统，以开始下一项实训内容，从而有效利用教学时间。

6. 配备云课程

为了让学习更高效，让教学更轻松，本书配备了云课程。登录云博课堂，然后加入班级，输入邀请码363421，即可体验本书配套的云课程——不受专业机房、专业课时限制，只要有互联网，就能随时随地观看操作视频、进行实训，并实时评分。

本书由黑龙江旅游职业技术学院周继文、汕头市澄海职业技术学校李树斌、河北经济管理学校张志波担任主编，东莞育才职业技术学校陈紫甜、黑龙江旅游职业技术学院赵旭亮、武汉市供销商业学校张星担任副主编，天津财经大学王新玲担任主审，参与编写的还有黑龙江旅游职业技术学院姜斯文和冯玺琼、新道科技股份有限公司孙雪玲。具体编写分工为：工作项目1、2、3由周继文编写，工作项目4由李树斌编写，工作项目5、6由张志波编写，工作项目7、8由陈紫甜编写，工作项目9、10由赵旭亮编写，工作项目11由冯玺琼编写，工作项目12由孙雪玲编写，附录由张星编写。“思政小课堂”由李树斌制作，“思政教育”由赵旭亮制作。

由于编者水平有限、时间仓促，书中难免存在疏漏之处，敬请读者批评指正。

编　者

目　录

工作项目 *1*

系统应用基础

知识目标

1. 了解畅捷通 T3 的功能及其总体结构。
2. 了解畅捷通 T3 各子系统之间的数据关系。
3. 了解安装畅捷通 T3 所需的基础环境。

技能目标

1. 学会检查会计信息化软件的基础运行环境。
2. 掌握安装数据库和畅捷通 T3 的操作。

1.1 知识准备

众所周知，会计是以货币作为主要计量单位，采用专门的方法对企事业单位的经济活动进行连续、完整、系统地反映和监督的一项管理活动。从手工会计处理到会计电算化再到会计信息化，不仅仅是数据处理工具的变革，更是开启了一场管理革命。

思政教育

1.1.1 会计电算化与会计信息化

1. 会计电算化

我国最早将计算机用于会计工作的尝试是从 1979 年财政部给长春第一汽车制造厂拨款 500 万元试点开始的。1981 年，在长春召开了“财务、会计、成本应用电子计算机专题研讨会”，会上正式把电子计算机在会计工作中的应用简称为会计电算化。

会计电算化是以电子计算机为主的当代电子和信息技术应用到会计工作中的简称。它主要是应用电子计算机代替人工记账、算账、报账，以及代替部分由大脑完成的对会计信息的处理、分析和判断的过程。

会计电算化是会计发展史上的一次革命，对会计工作的各个方面都产生了深刻的影响。会计电算化的普及应用，有利于促进会计工作的规范化，提高会计工作的效率和质量；有利于减轻会计人员的劳动强度，更好地发挥会计的职能作用，为实现会计工作现代化奠定良好的基础。

2. 会计信息化

2000 年，在深圳召开了会计信息化理论专家座谈会，会上首次提出了从会计电算化走向会计信息化的观点，之后逐渐形成会计信息化的概念。会计信息化是会计电算化的高级阶段，是国家整体信息化的重要组成部分。

《企业会计信息化工作规范》中指出：“会计信息化是指企业利用计算机、网络通信等现代信息技术手段开展会计核算，以及利用上述手段将会计核算与其他经营管理活动有机结合的过程。”会计信息化不仅包括与会计核算相关的信息化，而且同时考虑到企业其他经营管理职能与会计职能可能存在交叉重叠，其他信息系统可能是会计信息系统重要数据来源的情况，也将会计核算与其他经营管理活动结合的情况纳入到会计信息化范围。这样定义，有利于企业正确认识会计信息化与其他领域信息化的密切关系，有利于企业财务会计部门适当地参与企业全领域的信息化工作。

1.1.2 企业会计信息化工作规范

财政部 2013 年 12 月 6 日发布自 2014 年 1 月 6 日开始施行的《企业会计信息化工作规范》中，对会计软件提供商和服务机构、会计信息化的主体——企业及会计信息化的监督管理工作进行了指导性规范。

1.2 会计信息化实训平台

思政教育

1.2.1 T3 的功能概述

本书选用了全球领先的企业云服务与软件提供商用友集团旗下的新道科技股份有限公司出品的畅捷通 T3（以下简称 T3）作为实训平台，指导学习者利用 T3 进行企业财务业务一体化管理。

T3 关注小企业会计信息管理的现状和需求，以“精细管理，精细理财”为产品核心理念，以财务核算为主轴、业务管理为导向，提供产、供、销、财、税一体化的解决方案，帮助企业实现业务运作的全程管理和信息共享，是帮助小企业应对市场变化、实现长期可持续发展的利器。

1.2.2 T3 的总体结构

软件通常由若干个子系统（也称功能模块）组成，每个子系统具有特定的功能，各个子系统之间又存在紧密的数据联系，它们相互作用、相互依存，形成一个整体。功能结构就是指系统由哪些子系统组成，每个子系统完成怎样的功能，以及各子系统之间的相互关系。

T3 是由总账（含往来管理、现金银行管理、项目管理）、财务报表、工资管理、固定资产、财务分析、购销存管理、核算等子系统组成的。此外，它还集成了老板通、票据通、出纳通几个便捷的管理工具。图 1.1 描述了 T3 各子系统之间的数据关系。

本书选择了 T3 中的总账、财务报表、工资管理、固定资产、购销存管理（含采购管理、销售管理、库存管理）和核算子系统作为学习内容，以企业财务业务一体化为目标，按照企业信息化实施进程，循序渐进地开展学习过程。

T3 由服务于不同层面的子系统构成。下面对这些子系统的功能进行简要介绍。

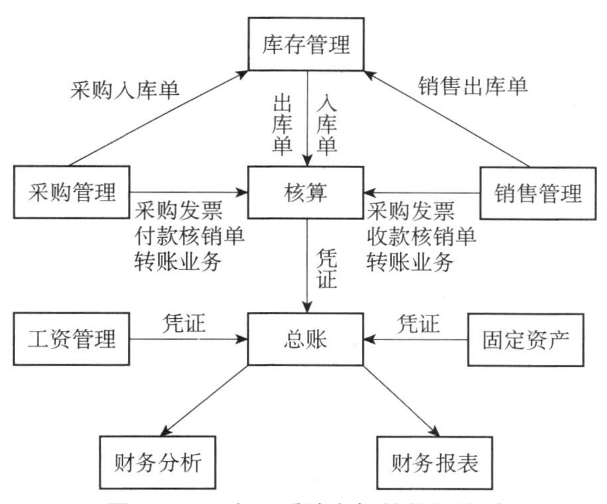

图 1.1 T3 各子系统之间的数据关系

1. 总账

总账子系统是 T3 的核心子系统。企业发生各项经济业务时取得原始凭证，在总账子系统中输入记账凭证，后续经过凭证复核和记账处理，完成账簿登记。总账子系统中提供了丰富的账簿查询功能，并且支持按照部门、个人、项目开展专项辅助核算管理。

2. 财务报表

财务报表子系统可以完成各种会计报表的编制与汇总工作；可以生成各种内部报表、外部报表及汇总报表；可以根据报表数据生成各种分析表和分析图，等等。

3. 工资管理

工资管理子系统以职工个人的原始工资数据为基础，完成职工工资的计算、工资费用的汇总和分配，计算个人所得税，查询、统计和打印各种工资表，以及自动编制工资费用分配转账凭证传递给总账子系统。

4. 固定资产

固定资产子系统主要是对设备进行管理，即存储和管理固定资产卡片，可以灵活地进行增加、删除、修改、查询、打印、统计与汇总；进行固定资产的变动核算，输入固定资产增减变动或项目内容变化的原始凭证后，自动登记固定资产明细账，更新固定资产卡片；完成计提折旧和分配后，产生折旧计提及分配明细表、固定资产综合指标统计表等，费用分配转账凭证可自动转入总账子系统。

5. 采购管理

采购管理子系统支持对企业采购全过程的管理，包括采购订货、采购入库、采购开票、核算采购成本、确认应付、付款和核销各个环节。它支持多种采购业务类型。

6. 销售管理

销售管理子系统支持对企业销售全过程的管理，包括销售订货、销售发货、销售出库、销售开票、确认应收、收款和核销各个环节。它支持多种销售业务类型。

7. 库存管理

库存管理子系统支持对企业存货的出入库进行管理——侧重于对出入库数量进行管理。

8. 核算

核算子系统的功能主要是进行存货出入库成本的核算，并可以实现将购销存业务产生的各种单据生成凭证，传入总账子系统。它是联结总账子系统和供销存管理子系统的纽带。

1.2.3 T3 的运行环境

T3 属于应用软件，安装前需要按以下要求配置硬件环境并准备系统软件，如表 1.1 所示。

表 1.1 T3 需要的最低软硬件环境

分　类	硬件配置	操作系统
客户端	内存 1 GB 或以上 CPU Pentium III 550 MHz 或以上 硬盘空间 10 GB 或以上	Windows XP+SP3 Windows 7 Windows 8（32 位） Windows Server 2003（32 位）+SP2 Windows Server 2003（64 位）+SP2 Windows Server 2008（32 位） Windows Server 2008 R2（64 位）
服务器端	内存 2 GB 或以上 CPU Pentium III 800 MHz 或以上 硬盘空间 20 GB 或以上	
数据库	SQL Server 2000+SP4、MSDE 2000+SP4；SQL Server 2005+SP2、SQL Server 2008+SP2	

工作提示

① 如果是单机安装，即把数据服务器、应用服务器、客户端安装在一台机器上，则需要满足表 1.1 中的配置要求。

② 安装前，以系统管理员（或具有同等权限的人员登录，用户 ID 属于 administrators 组）的身份进行安装。

③ T3 不能与用友其他版本的软件安装在同一个操作系统中。

④ 安装产品的计算机名称中不能含有“-”，不能用数字开头，不能有汉字，名称中可以带有“ ”（空格）。如果需要对计算机名称进行修改，那么可在系统属性中更改计算机名称，然后重新启动计算机，新的计算机名称才能生效。

1.2.4 T3 的安装

以系统管理员 administrator 的身份登录计算机，运行 autorun.exe，跟随安装向导完成 T3 的安装。

在安装过程中，系统会进行环境监测。可以通过此功能由计算机自动判断机器环境是否符合 T3 的安装要求，如图 1.2 所示。

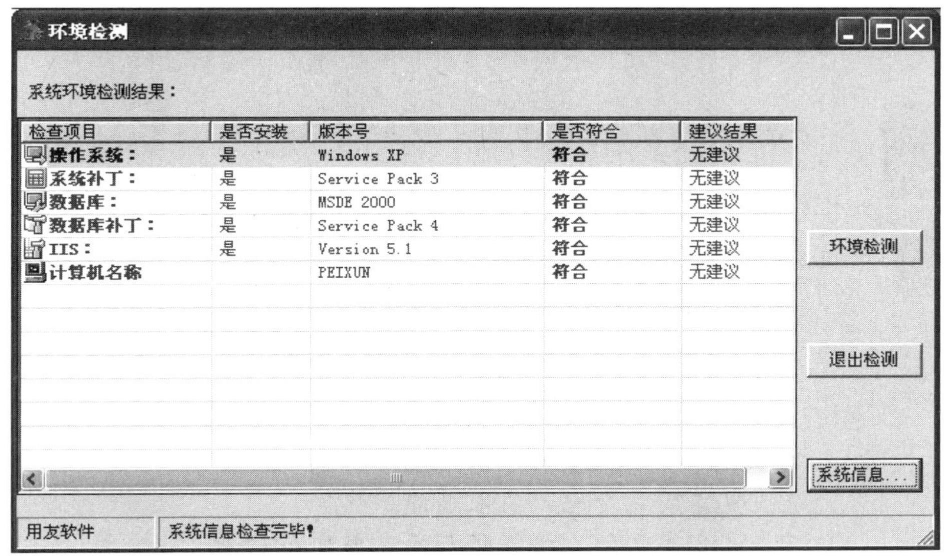

图 1.2　系统环境检测

软件安装完成后系统内自动创建 998 和 999 两个演示账套。安装完成后需要重新启动计算机。

工作项目 2

系统管理

知识目标

1. 了解系统管理的作用。
2. 理解系统管理的基本功能。
3. 熟悉建立企业核算账套的完整工作过程。
4. 理解操作员及权限的作用和设置方法。
5. 理解账套备份的重要性。

思政小课堂

会计职业道德之爱岗敬业

技能目标

1. 掌握注册系统管理、增加操作员、建立企业账套、设置权限、系统启用、账套备份和恢复等操作。
2. 了解有关年度账的基本操作。

工作情境

北京中顺科技有限公司（简称中顺科技）是一家从事多媒体产品研发、生产和销售的公司，主要产品有多媒体套件和定制礼品两大系列。2023 年 1 月，中顺科技购买了 T3 的总账、财务报表、工资管理、固定资产、购销存管理和核算子系统，并准备从 1 月份就开始使用 T3 管理企业的各项业务，因此成立了信息化项目实施小组，由财务主管白兵任组长。

项目实施的过程就是将软件中的功能和软件蕴含的管理模式与企业现有的业务相结合的过程，因此项目小组成员向新道科技股份有限公司顾问提议，先分模块对小组成员进行系统功能的培训，在全体成员对系统功能深入理解的基础上，再按照实施的工作流程进行项目实施，以达到预期效果。

企业选购 T3 作为会计信息化应用平台之后，首先需要在系统中建立企业的基本信息、核算方法、编码规则等，称之为建账。这里的“账”在 T3 中称为“账套”。在本项目中我们就为中顺科技在 T3 中建立一个账套。

2.1 知识准备

2.1.1 系统管理功能概述

系统管理的主要功能是对 T3 的各个子系统进行统一的操作管理和数据维护。其具体包括以下几个方面的管理功能。

1. 账套管理

账套是一组相互关联的数据。每一个独立核算的企业都有一套完整的账簿体系，把这样一套完整的账簿体系建立在计算机系统中就称为一个账套。每一个企业都可以为每一个独立

核算的下级单位建立一个核算账套。换句话说，在企业管理系统中，可以为多个企业（或企业内多个独立核算的部门）分别立账，且各账套数据之间相互独立、互不影响，从而使资源得以最大程度的利用。

账套管理功能包括建立账套、修改账套、删除账套、备份/恢复账套和启用系统。

2. 年度账管理

年度账和账套是两个不同的概念。一个账套中包含了企业所有的数据，把企业数据按年度进行划分，称为年度账。年度账可以作为系统操作的基本单位，因此设置年度账主要是考虑到管理上的方便性。

年度账管理包括年度账的建立、备份、恢复、清空年度数据和结转上年数据。

3. 操作员和操作权限的集中管理

为了保证系统和数据的安全与保密，系统管理提供了操作员和操作权限的集中管理功能。通过对系统操作分工和权限的管理，一方面可以避免与业务无关的人员进入系统，另一方面可以对系统所包含的各个子产品的操作进行协调，以保证各负其责，流程顺畅。

操作权限的集中管理包括设置操作员和为操作员分配权限。

4. 设立统一的安全机制

对企业来说，系统运行安全、数据存储安全是必需的。为此，每个应用系统都无一例外地提供了强有力的安全保障机制。例如，设置对整个系统运行过程的监控机制、清除系统运行过程中的异常任务、设置系统自动备份计划等。

2.1.2　账套管理

账套管理功能一般包括账套的建立、修改、删除、备份、恢复和启用等。

1. 建立账套

为了方便操作，会计信息化系统中大都设置了建账向导，用来引导用户的建账过程。在T3中，可以为多个企业（或企业内多个独立核算的部门）分别立账，各账套间相互独立、互不影响。系统最多允许建立999套企业账套。在建立企业账套时，需要向系统提供以下几类企业特征的信息。

（1）账套信息

账套信息包括账套号、账套名称、账套路径和账套启用日期。

① 账套号。账套号是区分不同账套数据的唯一标志。

② 账套名称。账套名称可以输入核算单位简称或用该账套的用途命名。账套号与账套名称是一一对应的关系，共同来代表特定的核算账套。

③ 账套路径。账套路径用来指明账套在计算机系统中的存放位置。应用系统中一般预设一个默认路径，但允许用户更改。

④ 账套启用日期。账套启用日期用于规定该企业用计算机进行业务处理的起点——一般要指定年、月。启用日期在第1次初始化时设定，一旦启用不可更改。在确定账套启用日期的同时，一般还要设置企业的会计期间，即确认会计月份的起始日期和结账日期。

（2）核算单位基本信息

核算单位基本信息包括企业全称、简称、地址、邮政编码、法人、通信方式等。在以上各项信息中，企业全称是必需项，因为发票打印时要使用企业全称，而其余情况全部使用企业的简称即可。

（3）账套核算信息

账套核算信息包括记账本位币、企业类型、行业性质、账套主管、编码方案、数据精度等。

① 记账本位币。记账本位币是企业必须明确指定的，通常系统默认为人民币。为了满足多币种核算的要求，系统提供了设置外币和汇率的功能。

② 企业类型。企业类型是区分不同企业业务类型的必要信息。选择不同的企业类型，系统在业务处理范围上有所不同。

③ 行业性质。行业性质表明企业所执行的会计制度。系统一般内置不同行业的一级科目供用户选择使用，在此基础上用户可以根据本单位的实际需要增设或修改必要的明细核算科目。

④ 账套主管。账套主管拥有对账套的所有操作权限，是该账套中权限最高的人。一个账套可以有多个账套主管。

⑤ 编码方案。编码方案是对企业关键核算对象进行分类级次和各级编码长度的指定，以便用户进行分级核算、统计和管理。可分级设置的内容一般包括科目编码、存货分类编码、地区分类编码、客户分类编码、供应商分类编码、部门编码和结算方式编码等。

⑥ 数据精度。数据精度是指确定数据保留的小数位数。在会计核算过程中，由于各企业对数量、单价的核算精度要求不一致，有必要明确定义主要数量、金额的小数保留位数，以保证数据处理的一致性。

以上账套核算信息确定后，应用系统会自动建立一套符合用户特征要求的账簿体系。

2. 修改账套

账套建立完成后，在未使用相关信息的基础上，可以根据业务需要，对某些已设定的内容进行调整。如果需要修改账套，则应由账套主管登录系统管理，选择“账套”|“修改”命令，即可对部分账套参数进行调整。

工作提示

① 只有账套主管有权修改账套。

② 部分账套信息无法修改，如账套号、启用会计期。

3. 账套的备份、删除与恢复

思政教育

（1）账套备份

账套备份是将系统产生的数据备份到硬盘或其他存储介质上。其作用有以下两点。

① 保证数据安全。

② 解决集团公司数据合并问题。

（2）删除账套

如果企业初始建账时数据错误很多或在某些情况下无须再保留企业账套，就可以将账套删除。删除账套会一次将该账套下的所有数据彻底清除，因此执行该操作时应格外慎重。为数据安全起见，系统一般提供账套删除前的强制备份，并且该操作的权限只授予系统管理员。

（3）恢复账套

通过备份账套输出的账套数据必须通过恢复账套功能引入系统才能使用，因此恢复账套是备份账套的对应操作。

4. 系统启用

系统启用是指设定 T3 中各个子系统开始使用的日期。只有启用子系统后才能进行登录。

2.1.3　年度账管理

年度账管理包括年度账的建立、清空、备份、恢复和结转上年数据等。

1. 年度账的概念

在 T3 中，用户不但可以建立多个账套，而且每个账套中可以存放不同年度的会计数据，不同年度的会计数据存放在不同的数据库中，称为年度账。

2. 建立年度账

新年度到来时，应首先建立新年度核算体系，即建立年度账，再进行与年度账相关的其他操作。

3. 清空年度数据

如果年度账中错误太多，或者不希望将上年度的余额或其他信息全部转到下一年度，则可使用清空年度数据的功能。清空并不是将年度账的数据全部删除，而会保留一些信息，如账套基础信息、系统预置的科目报表等。

4. 年度账的备份和恢复

年度账操作中的备份和恢复与账套操作中的备份和恢复的含义基本一致，作用都是对数据的备份和恢复。但两者的数据范围不同，年度账操作中备份和恢复的不是整个账套的全部数据，而是针对账套中的某一年度的数据。为了区分这两种不同类型的备份文件，系统会用特定的文件名或扩展名来进行标识。

5. 结转上年数据

一般情况下，企业是持续经营的，因此企业的会计工作是一个连续性的工作。每到年末，启用新年度账时，需要将上年度中的相关账户的余额和其他信息结转到新年度账中。

2.1.4　操作员及其权限管理

1. 操作员管理

操作员是指有权登录系统，并对系统进行操作的人。

企业在开始使用 T3 之前，需要确定哪些人需要使用 T3，并根据其工作职责在 T3 中为其分配合理的权限。每次登录 T3 时，都要进行操作员身份的合法性检查。

（1）增加操作员

只有系统管理员有权限设置操作员。增加操作员时，必须明确以下关于操作员的特征信息。

① 编号。编号是系统区分不同操作人员的唯一标志，因此必须输入。

② 姓名。操作员姓名一般会出现在其处理的票据、凭证上，因此应记录其真实姓名，以便对其操作行为进行监督。

③ 口令。口令是指操作员进行系统注册时的密码。口令可由多个数字、字母和特殊符号构成。可以说，口令是操作员身份的识别标记。第 1 次可以由系统管理员为每个操作员赋予一个空密码。当操作员登录系统时，建议立即设置新密码，并严格保密。此后，每隔一定时间应更换密码，以确保密码的安全性。

④ 确认口令。确认口令是指需要二次输入口令以验证其正确性——必须与前面输入的口令完全一致。输入过程中为了确保不被他人注意，往往采用屏幕屏蔽的方式，如显示“*”号来代表输入的字符。口令可以为空。

⑤ 所属部门。所属部门是指输入该操作员所属的部门。这是可选项。

工作提示

① 操作员编号在系统中必须唯一，即使是不同的账套，操作员编号也不能重复。
② 所设置的操作员一旦被引用，就不能被修改和删除。
③ 如果存在两个名字完全一样的操作员，则需要加特殊标记以示区别。

(2) 修改或删除操作员

操作员刚刚设置完成时，可以对其姓名及口令进行更改，一旦用此身份登录过系统，就不能被删除，只能注销。

2. 权限管理

根据企业内部控制的要求，系统操作员要有严格的岗位分工，不能越权操作。权限设置就是对允许登录系统的操作员规定操作权限，严禁越权操作行为的发生。

2.1.5 设立统一的安全机制

对企业来说，系统运行安全是至关重要的。

1. 系统运行监控

以系统管理员的身份进入系统管理后，可以看到两部分内容：一部分列示的是已经登录的子系统；另一部分列示的是登录的操作员在子系统中正在执行的功能。这两部分的内容都是动态的，都会根据系统的执行操作而自动变化。

2. 注销当前操作员

如果需要以一个新的操作员身份注册进入，以启用系统的其他功能，就需要将当前的操作员从系统管理中注销；或者需要暂时离开，而不希望他人对系统管理进行操作的话，也应该注销当前操作员。

3. 清除系统运行异常

在系统运行过程中，死机、网络阻断等都有可能造成系统异常，因此系统异常应及时予以排除，以释放异常任务所占用的系统资源，使系统尽快恢复正常状态。

4. 上机日志

为了保证系统的安全运行，系统随时对各个子系统或模块的每个操作员的上下机时间、操作的具体功能等情况进行登记，形成上机日志，以便使所有的操作都有所记录、有迹可循。

5. 升级数据

任何一个应用系统的功能拓展和完善都是无止境的。随着信息技术的不断发展，应用系统的开发不断融入新的技术和更为先进的管理理念，这样就存在对老系统的数据进行更新的问题。为保证客户数据的一致性和可追溯性，T3 在系统管理中提供了升级工具，可以使用此功能升级到新产品。

2.2　重点难点

2.2.1　系统管理员和账套主管

鉴于系统管理模块在整个 T3 中的地位和重要性，软件对登录系统管理模块的人员做了严格界定。系统只允许以两种身份登录系统管理模块：一是以系统管理员的身份；二是以账套主管的身份。

系统管理员负责整个系统的运行安全和数据维护。以系统管理员身份登录，可以进行账套的建立、备份和恢复，设置操作员和权限，监控系统运行过程，清除异常任务等。具体来说，其主要负责以下几项工作。

① 按岗位分工要求设置系统操作员，分配其对应权限。

② 按已确定的企业核算特点和管理要求进行企业建账。

③ 随时监控系统运行中出现的问题，清除异常任务，排除运行故障。

④ 保障网络系统的安全，预防计算机病毒侵犯。

⑤ 定期进行数据备份，保障数据安全、完整。

账套主管负责所管辖账套的管理，其工作任务是确定企业会计核算的规则、对企业年度账进行管理、为该账套内的操作员分配权限、组织企业业务处理按既定流程运行。对所管辖的账套来说，账套主管是级别最高的，拥有所有子系统的操作权限。

由于账套主管是由系统管理员指定的，因此第 1 次必须以系统管理员的身份登录系统管理模块，在建立了账套和指定相应的账套主管之后，才能以账套主管的身份登录系统管理。

2.2.2　企业建账的工作流程

为了帮助企业顺利、快速地完成企业账套的创建工作，我们先给出企业建账的工作流程，如图 2.1 所示。

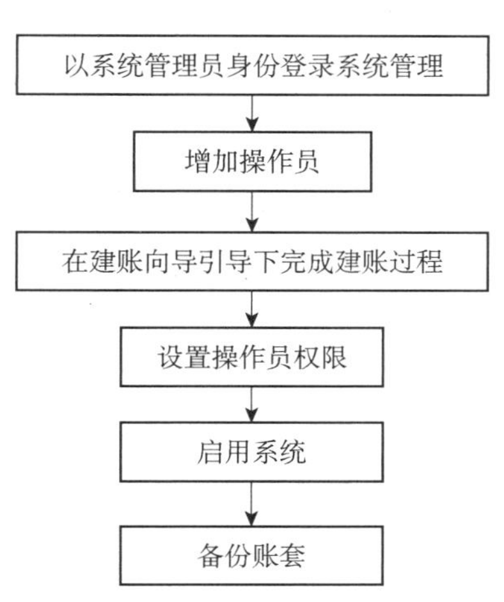

图 2.1　企业建账的工作流程

2.3 实训 1：企业建账

实训目的

① 理解 T3 中企业账的存在形式。
② 掌握 T3 中企业账的建立过程。
③ 掌握系统操作员和权限的含义与设置方法。
④ 掌握账套的备份方法。

实训重点

① 增加操作员。
② 建立企业账套，启用总账子系统。
③ 为操作员分配权限。
④ 备份账套数据。
⑤ 恢复账套数据。

实训内容

1. 增加操作员

根据中顺科技目前的岗位设置，整理 T3 的系统操作员，如表 2.1 所示。

表 2.1 操作员

编号	姓名	部门	初始密码
1101	白兵	财务部	（空）
1102	李炎	财务部	（空）
1103	苏浩	财务部	（空）
1104	吴越	采购部	（空）
1105	肖义	销售部	（空）

2. 建立企业核算账套

企业的相关信息如下。

① 北京中顺科技有限公司（简称中顺科技）位于北京市朝阳区光华路甲 6 号；法人代表为孙云；企业纳税登记号为 91120109836521652C；账套号定为 301。

② 该企业属于工业企业，从事软硬件和相关产品的生产与销售；采用 2007 年新会计制度科目核算体系，记账本位币为人民币；于 2023 年 1 月采用 T3 进行会计核算和企业日常业务处理。

③ 存货、企业客户需要分类管理；企业有外币业务；业务流程均使用标准流程。

④ 编码规则：科目编码级次为 4222；客户分类编码级次为 12；地区分类为 12；存货分类编码为 122，其他采用系统默认设置。

⑤ 数据精度采用系统默认设置。

建账完成后启用总账子系统，启用日期为 2023-01-01。

3. 为操作员分配权限

按照中顺科技目前的岗位分工和工作职责，总结应为操作员分配的权限如表 2.2 所示。

表 2.2　操作员权限

编　号	姓　名	工作职责	T3 中的权限
1101	白兵	负责系统初始设置和各类单据的审核工作	账套主管
1102	李炎	总账子系统制单、记账、结账； 固定资产业务处理及制单； 工资业务的处理及制单； 客户及供应商往来制单、购销单据制单、报表编制，上述模块的结账	① 公用目录设置； ② 选择总账子系统中除“审核凭证”“出纳签字”“恢复记账前状态”以外的所有权限； ③ 往来管理、固定资产、工资管理、应付、应收、核算和财务报表子系统的所有权限
1103	苏浩	出纳签字、日记账查询、银行对账	① 公用目录设置； ② 现金管理； ③ 选择总账子系统中“出纳签字”“现金流量明细表”“现金流量统计表”权限
1104	吴越	负责采购与应付业务、入库业务和结账处理	① 公用目录设置； ② 应付、采购管理、库存管理、核算子系统的所有权限
1105	肖义	负责销售与应收业务、出库业务和结账处理	① 公用目录设置； ② 应收、销售管理、库存管理、核算子系统的所有权限

4. 备份账套至“E:\中顺科技\系统管理”中

5. 恢复“E:\中顺科技\系统管理”中的备份账套

实训指导

工作任务 *1*　以系统管理员身份登录系统管理

步骤 1　选择“开始”|“程序”|“T3-企业管理信息化软件行业专版”|T3|“系统管理”命令或双击桌面上的系统管理图标，打开“畅捷通 T3-〖系统管理〗”窗口。

步骤 2　选择“系统”|“注册”命令，打开“注册〖控制台〗”对话框。

步骤 3　“服务器”文本框中默认为本机地址 127.0.0.1；在“用户名”文本框中输入 T3 默认的系统管理员 admin（系统不区分大小写）；系统管理员初始密码为空。完成后如图 2.2 所示。

步骤 4　单击“确定”按钮，进入系统管理，系统管理界面下方的状态栏中显示当前操作员“[admin]”，如图 2.3 所示。

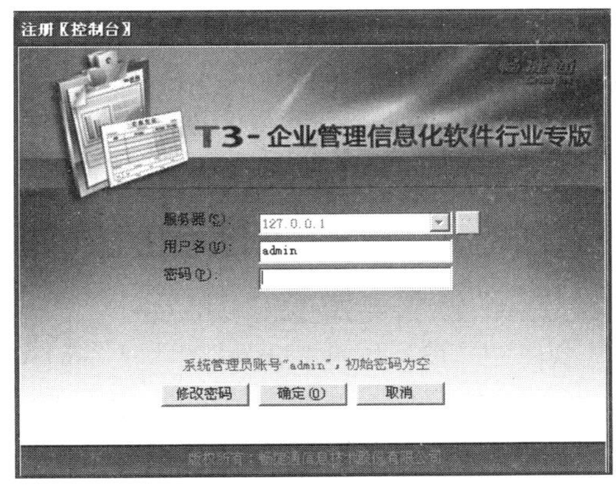

图 2.2　以系统管理员身份登录系统管理

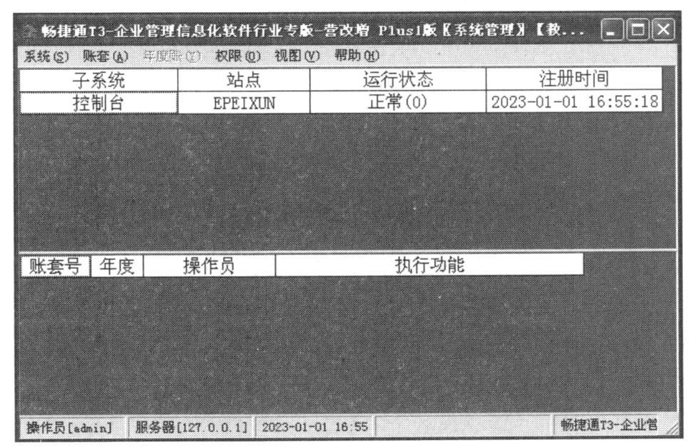

图 2.3　系统管理员登录系统管理后的界面

工作提示

① 为了保证系统的安全性，在“注册〖控制台〗”对话框中，可以设置或更改系统管理员的密码。例如，设置系统管理员密码为 sysadmin 的操作步骤是：输入用户名 admin 后，单击“修改密码”按钮，打开“设置操作员口令”对话框；在“新密码”和“确认密码”文本框中均输入 sysadmin；最后单击“确定”按钮返回。

② 如果是教学使用，则由于一台计算机要供多人使用，建议不要设置系统管理员密码。

工作任务 2　增加操作员

步骤 1　以系统管理员的身份在“〖系统管理〗”窗口中选择“权限”|“操作员”命令，打开“操作员管理”对话框，如图 2.4 所示。对话框中已有的几个操作员是系统预置的。

步骤 2　单击“增加”按钮，打开“增加操作员”对话框。输入编号 1101、姓名“白兵”、口令及确认口令为空，输入所属部门“财务部”，如图 2.5 所示。

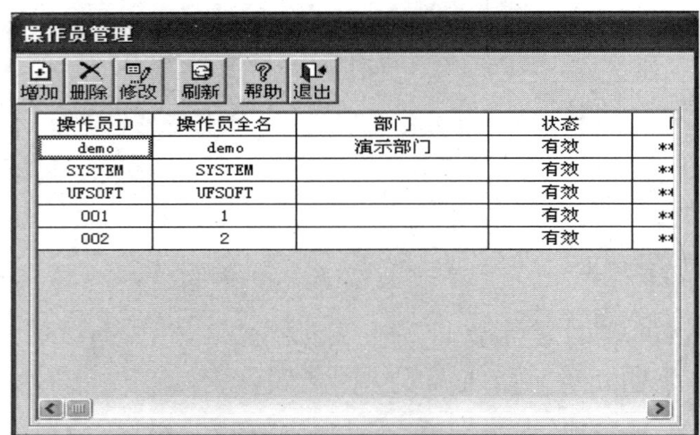

图 2.4　操作员管理

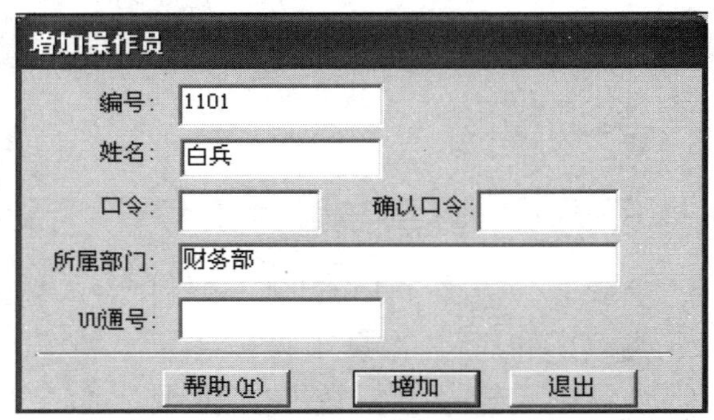

图 2.5　增加操作员

步骤 3　单击“增加”按钮，可继续增加其他操作员。增加完毕后，单击“退出”按钮返回“操作员管理”对话框。

步骤 4　单击“退出”按钮，返回系统管理主界面。

工作提示

使用系统之后又调离企业的操作员可以通过“修改操作员”对话框中的“注销当前操作员”功能进行注销，该操作员以后就不允许再登录系统了。

工作任务 3　建立企业账套

步骤 1　选择“账套”|“建立”命令，打开“创建账套——账套信息”对话框。输入账套号、账套名称、账套路径、启用会计期等信息，完成后如图 2.6 所示。

操作视频

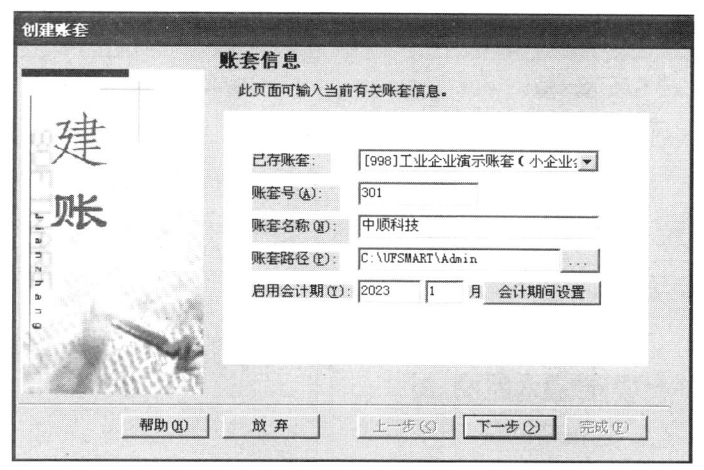

图 2.6　创建账套——账套信息

工作提示

系统中已存在的账套以下拉列表框的形式显示，操作员只能查看，不能输入或修改，目的是避免新建账套号与已存在的账套号重复。

步骤 2　单击“下一步”按钮，打开“账套信息——单位信息”对话框。输入公司相关信息，如图 2.7 所示。

步骤 3　单击“下一步”按钮，打开“账套信息——核算类型”对话框。根据企业相关信息输入，并设置“[1101]白兵”为账套主管，如图 2.8 所示。

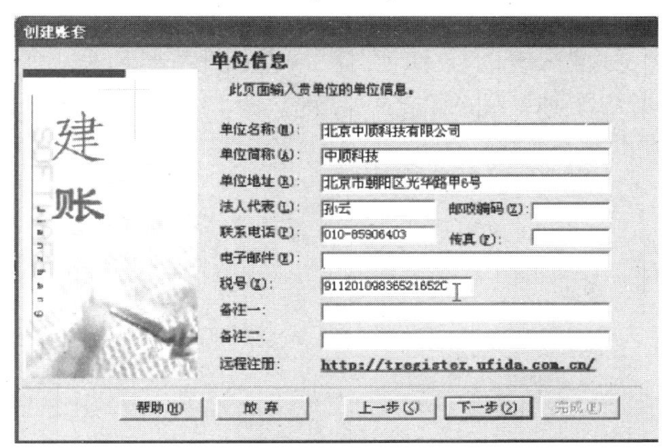

图 2.7　创建账套——单位信息

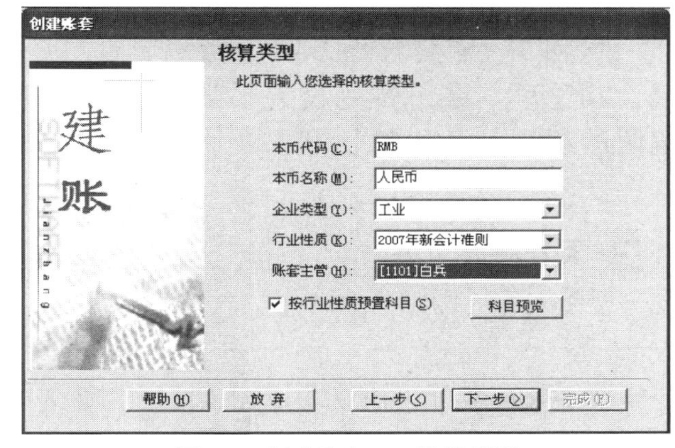

图 2.8　创建账套——核算类型

工作提示

① 账套主管。账套主管必须从下拉列表框中选择输入。

② 按行业性质预置科目。如果操作员希望预置所属行业的标准一级科目，则选中该复选框。

步骤 4　单击“下一步”按钮，打开“创建账套——基础信息”对话框。输入相关信息，如图 2.9 所示。

工作提示

如果单位的存货、客户、供应商相对较多，则可以对它们进行分类核算。如果此时不能确定是否进行分类核算，则可以在建账完成后由账套主管在修改账套功能中设置分类核算。

步骤 5　单击“下一步”按钮，打开“创建账套——业务流程”对话框。按照企业要求，采用系统默认的“标准流程”，如图 2.10 所示。

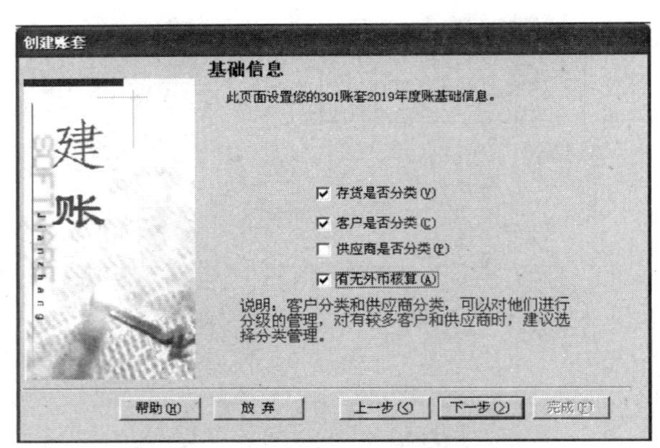

图 2.9　创建账套——基础信息

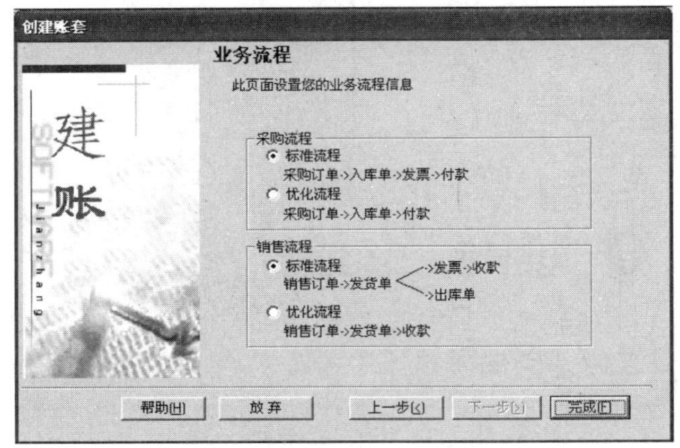

图 2.10　创建账套——业务流程

步骤 6　单击“完成”按钮，系统弹出“可以创建账套了么？”信息提示框，如图 2.11 所示。单击“是”按钮，稍候一段时间，系统按输入的信息建立企业数据库，完成后打开“分类编码方案”对话框。

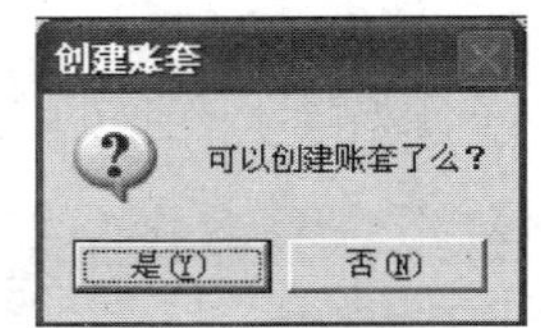

图 2.11　建账完成提示

步骤 7　分类编码方案是为了便于对经济业务数据进行分级核算、统计和管理。系统预先设置了某些基础档案的编码规则，即规定了各种编码的级次和各级的长度。在对话框中，按企业要求修改系统默认值，如图 2.12 所示。

工作提示

删除编码级次时，需要从最末级开始删除。

步骤 8　单击“确认”按钮，打开“数据精度定义”对话框。采用系统默认设置，如图 2.13 所示。

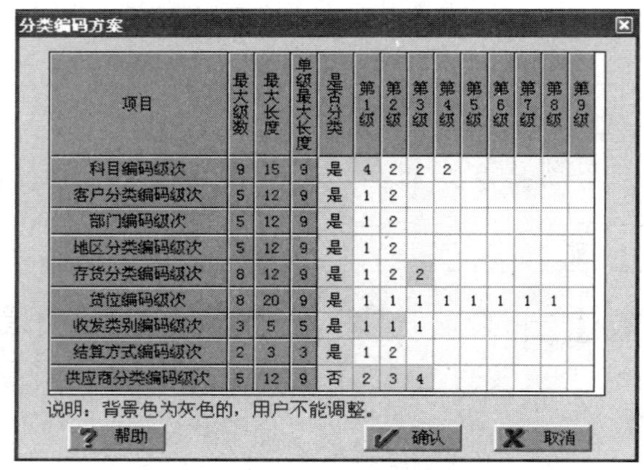

分类编码方案

项目	最大级数	最大长度	单级最大长度	是否分类	第1级	第2级	第3级	第4级	第5级	第6级	第7级	第8级	第9级
科目编码级次	9	15	9	是	4	2	2	2					
客户分类编码级次	5	12	9	是	1	2							
部门编码级次	5	12	9	是	1	2							
地区分类编码级次	5	12	9	是	1	2							
存货分类编码级次	8	12	9	是	1	2	2						
货位编码级次	8	20	9	是	1	1	1	1	1	1	1	1	
收发类别编码级次	3	5	5	是	1	1	1						
结算方式编码级次	2	3	3	是	1	2							
供应商分类编码级次	5	12	9	否	2	3	4						

说明：背景色为灰色的，用户不能调整。

帮助　确认　取消

图 2.12　分类编码方案定义

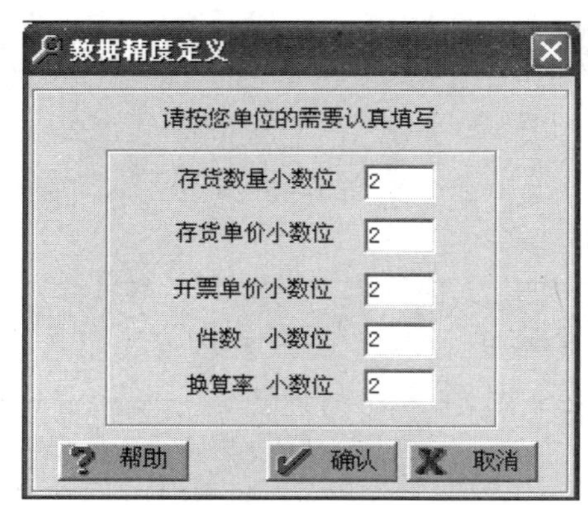

图 2.13　数据精度定义

工作提示

涉及购销存业务环节时，会输入一些原始单据，如发票、出入库单等，需要填写数量和单价。

步骤 9　单击“确认”按钮，系统弹出“创建账套{中顺公司：[301]}成功。”信息提示框。单击“确定”按钮，系统弹出“是否立即启用账套”信息提示框。单击“是”按钮，打开“系统启用”对话框。

步骤 10　按企业要求进行子系统启用。单击“GL 总账”前的复选框，弹出“日历”对话框。选择“2023-01-01”，如图 2.14 所示。单击“确定”按钮，系统弹出“确实要启用当前系统吗？”信息提示框。单击“是”按钮返回，然后单击“退出”按钮返回系统管理主界面。

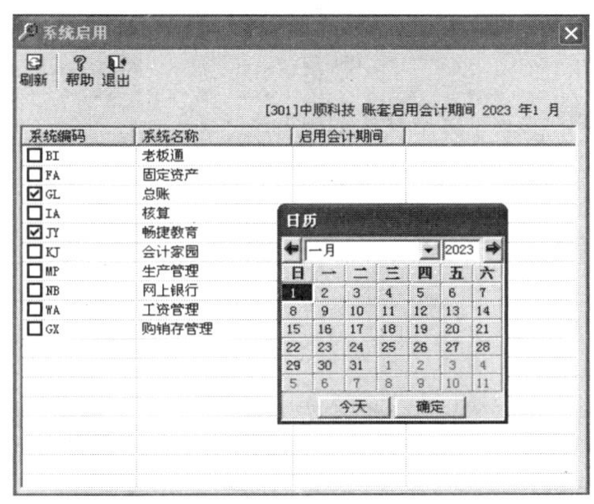

图 2.14　系统启用

工作提示

① 各系统启用时间必须晚于或与账套的启用时间相同。

② 除在建立账套时启用子系统方法外，还可以使用账套主管的身份登录系统管理，选择“账套”|“建立”命令启用子系统。

以上账套选项确定后，系统会自动建立一套符合用户特征要求的账簿体系。

操作视频

工作任务 4　设置操作员权限

1. 设置账套主管

步骤 1　选择“权限”|“权限”命令，打开“操作员权限”对话框。从“账套主管”下拉列表框中选择“[301]中顺科技”。

步骤 2　在操作员列表中选择“1101　白兵”，可以看到，白兵已被设置为 301 账套的账套主管。账套主管拥有该账套的所有权限，如图 2.15 所示。

图 2.15　查看账套主管

工作提示

在“操作员权限”对话框中，可以为操作员设置账套主管权限。例如，为操作员 demo 设置账套主管的方法为：在操作员列表中选择 demo，选中“账套主管”复选框，系统弹出“设置操作员[demo]账套主管权限吗？”信息提示框；单击“是”按钮，即将 demo 设置为账套主管。

2. 为 1102 操作员赋权

步骤 1　在“操作员权限”对话框中，选择操作员“1102　李炎”，目前右侧权限列表为空。

步骤 2　单击“增加”按钮，打开“增加权限—[1102]”对话框。

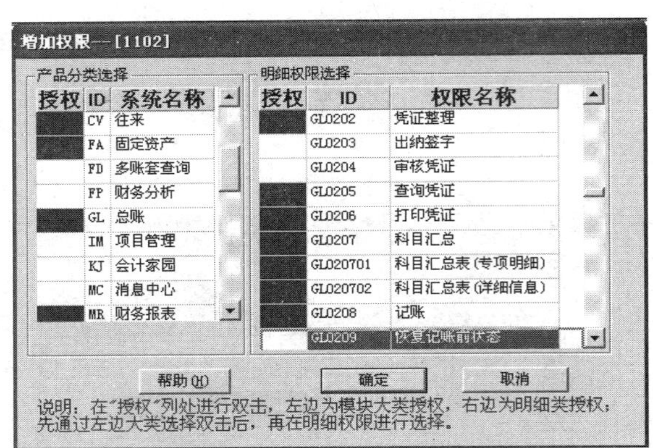

图 2.16　为 1102 李炎赋权

步骤 3　在左侧“产品分类选择”列表框中双击“AS 公用目录设置”“CV 往来”“FA 固定资产”“GL 总账”“MR 财务报表”“WA 工资管理”“AP 应付管理”“AR 应收管理”“IA 核算”，前面的“授权”栏显示为蓝色，表示已选中。在右侧列表框中，双击“GL0203 出纳签字”“GL0204 审核凭证”“GL0209 恢复记账前状态”，使“授权”栏显示为白色，即取消该权限授权，如图 2.16 所示。

步骤 4　单击“确定”按钮，完成赋权。

3．为 1103 操作员赋权

步骤 1　在“操作员权限”对话框中，选择操作员“1103 苏浩”，目前右侧权限列表为空。

步骤 2　单击“增加”按钮，打开“增加权限—[1103]”对话框。

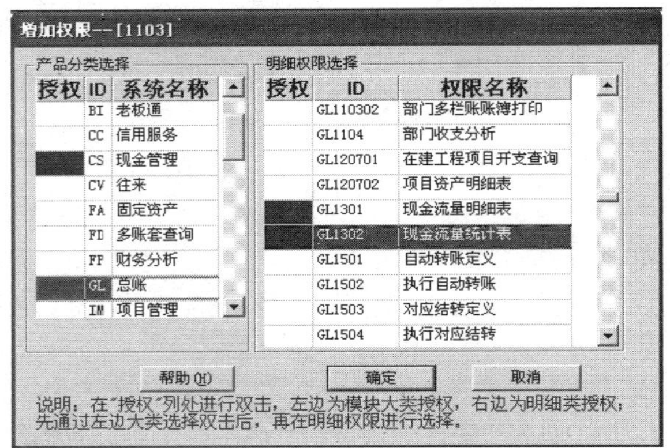

图 2.17　为 1103 苏浩赋权

步骤 3　在左侧“产品分类选择”列表框中双击“AS 公用目录设置”“CS 现金管理”，前面的“授权”栏显示为蓝色，表示已选中。单击左侧中的“GL 总账”，右侧显示总账子系统中的明细权限。双击“GL0203 出纳签字”“GL1301 现金流量明细表”“GL1302 现金流量统计表”，“授权”栏显示为蓝色，表示选中了该权限，如图 2.17 所示。

步骤 4　单击“确定”按钮，完成赋权。

同理，完成对 1104 和 1105 操作员的赋权。

工作任务 5　进行账套备份

步骤 1　在“E:\”中建立“中顺科技\系统管理”文件夹。

步骤 2　以系统管理员的身份在系统管理中选择“账套”|“备份”命令，打开“账套输出”对话框。

步骤 3　从“账套号”下拉列表框中选择要备份的账套“[301]中顺科技”，然后单击“确认”按钮，如图 2.18 所示。

步骤 4　系统对所要备份的账套数据进行压缩处理，稍候系统压缩完成，打开“选择备份目标”对话框。选择存放账套备份数据的文件夹为“E:\中顺科技\系统管理”，如图 2.19 所示。单击“确认”按钮，系统弹出“硬盘备份完毕！”信息提示框。单击“确定”按钮。

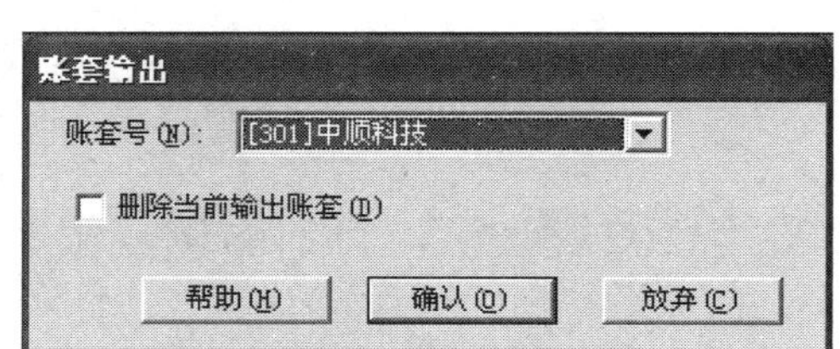

图 2.18　账套备份

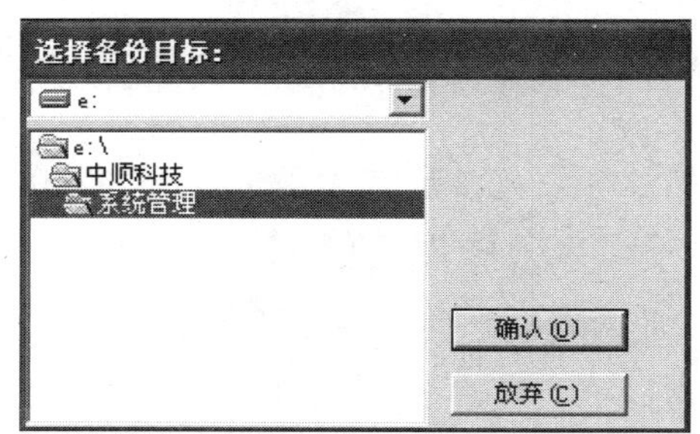

图 2.19　选择备份路径

工作提示

① 只有系统管理员有权限进行账套的备份和恢复。在备份账套之前，最好关闭所有的子系统。

② 如果选中“删除当前输出账套”复选框，则系统会先备份数据，然后弹出删除确认提示，最后删除当前账套。

③ 账套备份的结果是形成两个文件：UFDATA.BA_和 UF2KAct.Lst。

工作任务 6　进行账套恢复

步骤 1　以系统管理员的身份登录系统管理，选择“账套”|“恢复”命令，打开“恢复账套数据”对话框。

步骤 2　选择指定路径下的 UF2kAct.Lst 文件，单击“打开”按钮，系统弹出“此项操作将覆盖[301]账套当前所有的信息，继续吗？”信息提示框。

步骤 3　单击“是”按钮，系统进行账套数据的恢复，完成后提示“账套[301]恢复成功！”。单击“确定”按钮返回。

探究与挑战

1. 增加操作员时为什么没有设置密码？这会造成安全隐患吗？
2. 可以先建立账套再增加操作员吗？
3. 以账套主管身份登录系统管理，看看有哪些权限。
4. 操作员在 T3 中的操作会留下痕迹吗？从哪里可以查看？
5. 系统启用的方法有哪两种？

工作项目 3

基础档案设置

知识目标

1. 了解基础档案设置的重要性。
2. 理解各项基础档案的含义。
3. 掌握基础档案整理的基本方法。

技能目标

掌握不同类别的基础档案的设置方法。

工作情境

中顺科技在建立账套之后，只相当于形成了一套数据库文件空表，其中不包括任何数据，而利用 T3 管理企业日常业务需要用到大量的基础信息，如收款要涉及客户、输入凭证要用到凭证类别和会计科目等。因此，项目实施小组需要结合企业的实际情况和 T3 数据设置的基本要求，做好基础档案的整理准备，并在 T3 中设置，作为系统运行的基本条件。

为了逐步深入地理解和掌握 T3 的功能，中顺科技项目实施小组准备采用循序渐进的策略，先学习财务模块，再学习业务模块。在本项目中，我们就随同项目实施小组做好基础档案的整理，并在 T3 中设置。

3.1 知 识 准 备

3.1.1 基础档案整理

基础档案是会计信息系统运行必须具备的基础数据。计算机信息处理的优势主要表现在数据处理速度快、精确度高、分析统计汇总方便等，而基础档案是计算机进行业务记录、汇总统计的依据。T3 需要的基础数据不仅涉及财务部门，还大量涉及业务部门，因此数据搜集、整理的工作量很大。

按照 T3 的要求，从实现财务业务一体化管理需求出发，需要准备的基础数据如表 3.1 所示。

表 3.1 基础档案整理

基础档案分类	基础档案目录	档案用途	前提条件
机构设置	部门档案	设置与企业财务核算与管理有关的部门	先设置部门编码方案
	人员档案	设置企业职工信息	先设置部门档案
往来单位	客户分类	便于进行业务数据的统计、分析	先确定对客户的分类，然后再确定编码方案

（续表）

基础档案分类	基础档案目录	档案用途	前提条件
往来单位	客户档案	便于进行客户管理和业务数据的输入、统计、分析	先建立客户分类档案
	供应商分类	便于进行业务数据的统计、分析	先确定对供应商的分类，然后再确定编码方案
	供应商档案	便于进行供应商管理和业务数据的输入、统计、分析	先建立供应商分类档案
	地区分类	针对客户/供应商所属地区进行分类，便于进行业务数据的统计、分析	
存货	存货分类	便于进行企业存货的输入、统计、分析	先确定对存货的分类，然后再确定编码方案
	存货档案	便于存货核算、统计、分析和实物管理	先确定对存货的分类，然后再确定编码方案
财务	会计科目	设置企业核算的科目目录	先设置科目编码方案和外币种类
	凭证类别	设置企业核算的凭证类型	
	外币种类	设置企业用到的外币种类和汇率	
	项目目录	设置企业需要对其进行核算和管理的对象、目录	可将存货、成本对象、现金流量直接作为核算的项目目录
收付结算	结算方式	资金收付业务中用到的结算方式	
	付款条件	设置企业与往来单位协议规定的收、付款折扣优惠方法	
	开户银行	设置企业在收付结算中对应的开户银行信息	
购销存	仓库档案	设置企业存放存货的仓库信息	
	收发类别	设置企业的入库、出库类型	
	采购类型	设置企业在采购存货时的各项业务类型	先设置好收发类别为收
	销售类型	设置企业在销售存货时的各项业务类型	先设置好收发类别为发
	产品结构	设置企业各种产品的组成内容，以利于配比出库、成本计算	先设置存货、仓库档案

3.1.2　基础档案输入

T3 由多个子系统构成，如总账、固定资产、购销存管理等。这些子系统有很多信息是公用的，如部门、职员、会计科目等，另外也有一些基础信息为部分子系统所特有，如收发类别、仓库档案等为购销存管理子系统所特有。本项目先介绍与财务核算相关的公共基础档案的设置，与购销存管理子系统相关的基础档案设置将在介绍购销存业务之前再集中介绍。

1. 机构设置

（1）部门档案

这里的部门是指与企业财务核算或业务管理相关的职能单位，不一定与企业设置的现存部门一一对应。

（2）职员档案

这里的职员是指参与业务活动的企业员工。在制作人员工资时可以将职员档案复制至工资档案中，并进行相关修改。工资人员档案的具体操作详见工作项目 6。

2. 往来单位设置

(1) 地区分类

如果企业需要对客户或供应商按地区进行统计，就应该建立地区分类。

(2) 客户分类

当企业的往来客户较多时，可以按照某种分类标准对客户进行分类管理，以便分类汇总统计。客户档案必须建立在最末级客户分类之下。

(3) 客户档案

客户是企业的重要资源，在建立计算机管理系统时，需要全面整理客户资料并输入系统，以便有效地管理客户、服务客户。

客户档案按客户信息类别分别在“基本”“联系”“信用”“其他”几个选项卡中存放。

(4) 供应商分类

当企业的往来供应商较多时，可以按照某种分类标准对供应商进行分类管理，以便分类汇总统计。

(5) 供应商档案

与客户档案相似，供应商档案中也包含了与业务处理环节相关的大量信息，分别在“基本”“联系”“信用”“其他”4 个选项卡中存放。

3. 财务设置

(1) 外币种类

如果企业有外币核算业务，则需要事先进行外币和汇率的设置。此后，在填制凭证时如果使用了外币核算科目，系统会自动调用在此处设置的汇率，从而降低了用户重复输入汇率的工作量，而且可有效地避免差错的发生。

外币设置时需要定义以下项目。

① 币符及币名。币符及币名是定义外币的表示符号及其中文名称。

② 汇率小数位。汇率小数位是定义外币的汇率小数位数。

③ 折算方式。折算方式分为直接汇率与间接汇率两种：直接汇率即“外币×汇率＝本位币”；间接汇率即“外币÷汇率＝本位币”。

④ 外币最大误差。在记账时，如果外币×（或/）汇率－本位币＞外币最大误差，则系统给予提示。系统默认最大折算误差为 0.000 01，即不相等时就提示。

⑤ 固定汇率与浮动汇率。对于使用固定汇率，即使用月初或年初汇率作为记账汇率的用户，在填制每月的凭证前，应预先在此输入该月的记账汇率，否则在填制该月外币凭证时，会出现汇率为 0 的错误；对于使用变动汇率（当日汇率）作为记账汇率的用户，在填制凭证的当天，应预先在此输入该日的记账汇率。

工作提示

① 这里的汇率管理仅提供输入汇率的功能，在具体制单时使用固定汇率还是浮动汇率取决于总账子系统选项的设置。

② 如果使用固定汇率，则应在每月月初输入记账汇率（期初汇率），月末计算汇兑损益时输入调整汇率（期末汇率）；如果使用浮动汇率，则应每天在此输入当日汇率。

(2) 会计科目

设置会计科目是会计核算的方法之一，用于分门别类地反映企业的经济业务，是登记账簿、编制会计报告的基础。T3 中预置了现行会计制度规定的一级会计科目和部分二级会计科目，企业可根据本单位实际情况修改科目属性并补充明细科目。

① 设置会计科目的原则

设置会计科目时，应该注意以下问题。

- 会计科目的设置必须满足会计报表编制的要求，凡是报表所用数据，需要从系统中取出的，必须设立相应的会计科目。
- 会计科目要保持相对稳定。
- 设置会计科目时要考虑各子系统的衔接。在总账子系统中，只有末级会计科目才允许有发生额，才能接收各个子系统转入的数据，因此要将各个子系统中的核算科目设置为末级科目。

② 增加会计科目

由于系统内已预置行业的一级科目，因此企业需要增加的主要是明细科目。增加会计科目时需要输入以下内容。

- 科目编码。科目编码就是按科目编码方案对每一科目进行编码定义。对科目进行编码的优点是：便于反映上下级会计科目间的逻辑关系；便于计算机识别和处理——将会计科目编码作为数据处理的关键字，便于检索、分类及汇总；减少输入工作量，提高输入速度；促进会计核算的规范化和标准化。
- 科目名称。科目名称分为科目中文名称和科目英文名称，两者不能同时为空。科目中文名称是证、账、表上显示和打印的标志，必须意义明确、用语规范，尽量避免重名。
- 科目类型。科目类型是按会计科目性质对会计科目进行划分。按照会计制度的规定，科目类型分为六大类，即资产、负债、共同、所有者权益、成本、损益。
- 账页格式。账页格式规定了查询和打印时该科目的会计账页形式。账页格式一般分为金额式、外币金额式、数量金额式、数量外币式几类。
- 外币核算。确定该科目是否核算外币，如果是，则需要选择外币种类。一个科目只能核算一种外币。
- 数量核算。数量核算用于设定该科目是否有数量核算，以及数量计量的单位。计量单位可以是任何汉字或字符，如千克、件、吨等。
- 汇总打印。在同一张凭证中当某科目或有同一上级科目的末级科目有多笔同方向的分录时，如果希望将这些分录按科目汇总成一笔打印，就需要将该科目设置为“汇总打印”。汇总的科目设置成该科目的本身或其上级科目。
- 封存。被封存的科目在制单时不可以使用。
- 科目性质。增加登记在借方的科目，科目性质为借方；增加登记在贷方的科目，科目性质为贷方。
- 辅助核算。辅助核算也叫辅助账类，用于说明本科目是否有其他核算要求。系统除完成一般的总账、明细账核算外，还提供部门核算、个人往来核算、客户往来核算、供应商往来核算、项目核算几种专项核算功能。
- 日记账。在手工核算下，只对现金和银行存款科目记日记账；在计算机环境下，突破了记账速度这个瓶颈，企业可以根据管理需要设置对任意科目记日记账。
- 银行账。对银行存款科目需要设置银行账。填制凭证时如果使用设置了的银行账科目，就需要输入结算方式辅助核算信息，以方便今后进行银行对账，或者可以用于进行支票登记。

工作提示

① 银行存款科目要按存款账户设置；需要进行数量、外币核算的科目要按不同的数量单位、外币单位建立科目。

② 只有在会计科目修改状态才能设置汇总打印和封存。只有末级科目才能设置汇总打印，且汇总到的科目必须为该科目本身或其上级科目。当将该会计科目设成汇总打印时，系统登记明细账仍按明细登记，而不是按汇总数登记。此设置仅供凭证打印输出。

③ 增加会计科目时，应先建立上级科目，再增加下级科目。

④ 如果某会计科目已经使用，而又需要在该会计科目下增设下级科目，则系统自动将该会计科目中的数据转入到其下增设的第 1 个明细科目上。

③ 修改和删除会计科目

如果需要对已建立会计科目的某些属性进行修改，如账页格式、辅助核算、汇总打印、封存标识等，那么可以通过系统提供的修改功能来完成。

如果会计科目未经使用，那么可通过删除功能来删除。删除会计科目时应遵循“自下而上”的原则。

工作提示

① 如果科目已输入期初余额或已制单，则不能删除。

② 非末级会计科目不能删除。

③ 被指定为现金科目、银行科目的会计科目不能删除。如果想删除，则必须先取消指定。

④ 科目一经使用，即已输入凭证，不允许修改或删除。

④ 指定科目

指定会计科目是指定出纳的专管科目，一般是现金科目和银行存款科目。指定科目后，出纳才能签字，才能查看现金、银行存款日记账，从而实现现金、银行管理的保密性。

（3）凭证类别

在信息化环境下，如果有多种凭证分类，则为了防止填制凭证时将凭证类别选错，系统一般都会提供限制类型和限制科目功能，如借方必有、贷方必有、凭证必有、凭证必无、借方必无、贷方必无等。收款凭证可以设置为“借方必有 1001、1002”；付款凭证可以设置为“贷方必有 1001、1002”；转账凭证可以设置为“凭证必无 1001、1002”；现金凭证可以设置为“凭证必有 1001”；银行凭证可以设置为“凭证必有 1002”。

（4）项目目录

项目既可以是工程，也可以是订单，还可以是产品，可以把需要单独计算成本或收入的对象都视为项目。在企业中通常存在多种不同的项目，对应地在软件中就可以定义多类项目核算，将具有相同特性的一类项目定义为一个项目大类。为了便于管理，对每个项目大类还可以进行细分类，在最末级明细分类下再建立具体的项目档案。为了在业务发生时将数据准确归入对应的项目，需要在项目和已设置为项目核算的科目间建立对应关系。这是不是有些复杂呢？其实，只要遵循以下提示就可以快速建立项目档案。

① 定义项目大类。

② 指定核算科目。

③ 定义项目分类。

④ 定义项目目录。

4. 收付结算设置

(1) 结算方式

设置结算方式的目的：一是提高银行对账的效率；二是根据业务自动生成凭证时可以识别相关的科目。计算机信息系统中同样提供票据管理的功能，如果某种结算方式需要进行票据管理，则只需要选中“是否票据管理”复选框即可。

(2) 付款条件

付款条件也叫现金折扣，是指企业为了鼓励客户提前偿还货款而允诺在一定期限内给予的折扣优惠。设置付款条件的作用是规定企业在经营过程中与往来单位协议的收、付款折扣优惠方法。系统最多同时支持 4 个时间段的折扣。

(3) 开户银行

维护本单位的开户银行信息。支持多个开户行及账号的情况。

5. 常用摘要设置

企业在填制凭证时经常会用到一些经济业务说明，如“提现金”“付货款”等，可以将这些常用的经济业务说明在系统中定义为企业凭证的常用摘要，从而方便用户使用。

3.2　重 点 难 点

3.2.1　理解科目设置的重要性

信息化环境下的账务处理流程如图 3.1 所示。

图 3.1　信息化环境下的账务处理流程

与手工处理相比，除填制记账凭证由人工输入外，其他环节均可由信息系统自动生成。让我们逆向思维：企业各部门的管理需求是通过报表体现的，而报表中的数据是从账簿中获取的；账簿中的数据是通过记账，即从凭证中获得的，而凭证中承载数据的是末级会计科目。换句话说，如果没有设置相应的明细会计科目，就无法为管理者提供他所需要的管理报表。由此可见，会计科目的设置非常重要。

3.2.2　灵活运用科目辅助核算

为会计科目设置辅助核算是 T3 的优势特色之一。灵活运用辅助核算方式可以简化会计科目的设置，方便按特定对象进行记录、查询和分析。下面以部门辅助核算为例进行介绍。

假设企业高管洞察到目前企业管理费用居高不下的现实，希望财务人员每月提供一张部门费用明细表。其大致结构如表 3.2 所示。

表 3.2　部门费用明细表

	招待费	差旅费	通讯费	办公费	……	合　计
企管部						
财务部						
人事部						
采购部						
……						
合　计						

在手工环境下，如果要编制表 3.2，就需要将费用项目设置为管理费用科目的二级科目，将部门设置为三级科目。示例如下。

6602 管理费用
　660201 招待费
　　66020101 企管部
　　66020102 人事部
　　……
　660202 差旅费
　660203 通讯费

说明：“通讯费”为 T3 中内置的科目名，与现实中的通信费是相同的。

假设企业有 10 个管理部门，管理费用下有 20 个费用项目，那么为了编制这张部门费用明细表，“管理费用”科目下将设置 200 个明细科目。不仅如此，在编制报表时，需要从 200 个明细账中抄录数据，工作量之大让人生畏。因此，管理成本过高是一般企业管理粗放的原因之一。

在信息系统中，只需要在“管理费用”科目下设置 20 个费用明细科目，然后将这些科目设置为“部门核算”。在填制凭证时，系统会同时将发生额记入相应的科目和辅助核算项目，在辅助账簿中直接查询部门收支分析即可得到部门费用的综合情况。

总而言之，从手工处理到信息化，不能照搬照抄，而是要根据信息系统的优势和特点重新设计科目体系，才能提高工作效率和管理水平。

3.3　实训 2：基础档案设置

实训目的

① 理解基础档案的作用。
② 掌握基础档案的设置方法。

实训重点

基础档案设置。

实训内容

1．机构设置

（1）部门档案（见表3.3）

表3.3 部门档案

部门编码	部门名称	负责人
1	企管部	孙云
2	财务部	
3	采购部	
4	销售部	
5	生产部	

（2）职员档案（见表3.4）

表3.4 职员档案

编　号	姓　名	部　门
101	孙云	企管部
201	白兵	财务部
202	李炎	财务部
203	苏浩	财务部
301	吴越	采购部
401	肖义	销售部
501	马小峰	生产部
502	郭平	生产部

2．往来单位

（1）客户分类（见表3.5）

表3.5 客户分类

客户分类编码	客户分类名称
1	华北
2	华南

（2）客户档案（见表3.6）

表3.6 客户档案

编号	客户名称	简　称	所属分类码	税　号	开户银行	账　号	分管部门	专营业务员
001	北京顺达商贸集团	北京顺达	1	91120104584321457C	中行北京分行	6892311014-65	销售部	肖义
002	广州浩达健身俱乐部	广州浩达	2	91349429839101584A	中行广州分行	4942100031-29	销售部	肖义

（3）供应商档案（见表3.7）

表3.7 供应商档案

编号	供应商名称	简　称	所属分类码	税　号	开户银行	账　号	分管部门	分管业务员
001	立丰达商贸有限公司	立丰达	00	91130432586325412I	中行北京分行	10452365241-13	采购部	吴越
002	利兴科技有限公司	利兴科技	00	91110652365236547D	中行广州分行	10696334352-48	采购部	吴越

3．财务信息

（1）外币种类

本企业采用固定汇率核算外币，外币只涉及美元一种，美元币符假定为$，2023 年 1 月初记账汇率为 1∶6.80。

（2）会计科目

本企业常用会计科目如表 3.8 所示。

表 3.8　会计科目

科目编码及名称	辅助核算	方　向	币别/计量	备　注
1001 库存现金	日记账	借		修改
1002 银行存款	银行账、日记账	借		修改
100201 中行存款	银行账、日记账	借		增加
10020101 人民币户	银行账、日记账	借		增加
10020102 美元户	银行账、日记账	借	美元	增加
1121 应收票据	客户往来	借		修改
1122 应收账款	客户往来	借		修改
1123 预付账款	供应商往来	借		修改
1221 其他应收款		借		
122101 备用金	部门核算	借		增加
122102 应收个人款	个人往来	借		增加
1403 原材料		借		
140301 光盘		借	数量核算——张	增加
140302 原纸		借	数量核算——包	增加
1405 库存商品	项目核算	借		修改
1901 待处理财产损溢		借		
190101 待处理流动资产损溢		借		增加
2201 应付票据	供应商往来	贷		修改
2202 应付账款		贷		修改
220201 应付货款	供应商往来	贷		增加
220202 暂估应付款		贷		增加
2203 预收账款	客户往来	贷		修改
2211 应付职工薪酬		贷		
221101 应付工资		贷		增加
221102 应付福利费		贷		增加
221103 工会经费		贷		增加
221104 职工教育经费		贷		增加
221105 社会保险		贷		增加
221106 住房公积金		贷		增加
2221 应交税费		贷		
222101 应交增值税		贷		增加
22210101 进项税额		贷		增加
22210105 销项税额		贷		增加
4104 利润分配		贷		
410415 未分配利润		贷		增加
5001 生产成本		借		
500101 直接材料	项目核算	借		增加
500102 直接人工		借		增加

（续表）

科目编码及名称	辅助核算	方　向	币别/计量	备　注
500103 制造费用		借		增加
500104 其他		借		增加
5101 制造费用		借		
510101 工资		借		增加
510102 折旧		借		增加
510103 其他		借		增加
6001 主营业务收入	项目核算	贷		修改
6401 主营业务成本	项目核算	借		修改
6601 销售费用		借		
660101 工资		借		复制
660102 福利费		借		复制
660103 办公费		借		复制
660104 差旅费		借		复制
660105 招待费		借		复制
660106 折旧费		借		复制
6602 管理费用		借		
660201 工资	部门核算	借		增加
660202 福利费	部门核算	借		增加
660203 办公费	部门核算	借		增加
660204 差旅费	部门核算	借		增加
660205 招待费	部门核算	借		增加
660206 折旧费	部门核算	借		增加
6603 财务费用		借		
660301 利息		借		增加
660302 手续费		借		增加

① 增加“备注”栏中标注为“增加”的会计科目。

② 将管理费用下的明细科目复制到销售费用。

③ 修改“备注”栏中标注为“修改”的会计科目。

④ 指定现金总账科目和银行总账科目。

（3）凭证类别（见表 3.9）

表 3.9　凭证类别

凭证分类	限制类型	限制科目
收款凭证	借方必有	1001,1002
付款凭证	贷方必有	1001,1002
转账凭证	凭证必无	1001,1002

（4）项目目录

项目大类：产品

核算科目：库存商品、生产成本/直接材料、主营业务收入、主营业务成本

项目分类：1——多媒体套件；2——定制礼品

项目目录：如表 3.10 所示。

表 3.10　项目目录

项目编码	项目名称	所属分类码
101	智慧养生	1
102	瑜伽入门	1
201	纪念册	2

4．收付结算

（1）结算方式（见表 3.11）

表 3.11　结算方式

结算方式编码	结算方式名称	票据管理方式
1	现金结算	否
2	支票结算	否
201	现金支票	是
202	转账支票	是
3	电汇	否

（2）付款条件（见表 3.12）

表 3.12　付款条件

编　码	信用天数	优惠天数 1	优惠率 1/%	优惠天数 2	优惠率 2/%
01	30	5	2		
02	60	5	4	15	2

（3）开户银行

编码为 01；名称为中国银行北京分行朝阳分理处；账号为 63412563。

5．定义常用摘要

编码为 01；摘要正文为“从中行提现金”；相关科目为“1001 库存现金”。

6．备份“基础设置”账套

实训准备

以系统管理员身份恢复“系统管理”账套。

实训指导

以账套主管身份输入基础档案。

工作任务 *1*　机构设置

1．输入部门档案

步骤 1　选择“开始”|“程序”|“T3-企业管理信息化软件行业专版”|T3|“T3-企业管理信息化软件行业专版”命令或双击桌面上的“T3-企业管理信息化软件行业专版”图标，打开

“注册〖控制台〗”对话框。

步骤 2　以账套主管 1101 的身份登录 T3，如图 3.2 所示。单击“确定”按钮，登录 T3 主界面。

工作提示

在“注册〖控制台〗”对话框中，当前操作员可以单击“修改密码”按钮，打开“设置操作员口令”对话框，修改自己的登录密码。

步骤 3　选择“基础设置”|“机构设置”|“部门档案”命令，打开“部门档案”对话框。

步骤 4　输入部门编码、部门名称信息，然后单击“保存”按钮。

步骤 5　全部资料输入完成后，如图 3.3 所示。单击“退出”按钮返回。

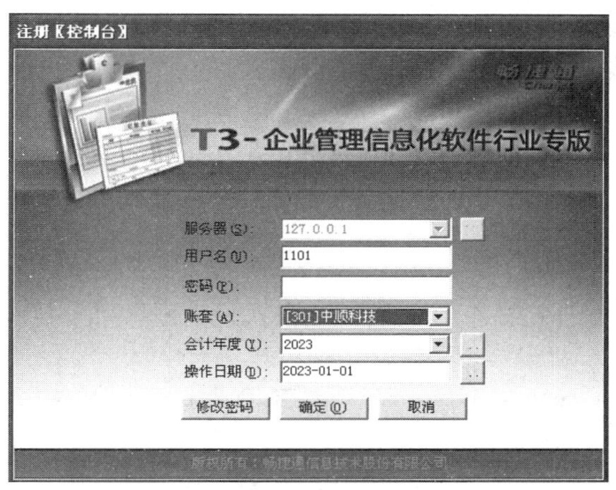

图 3.2　以账套主管的身份登录 T3

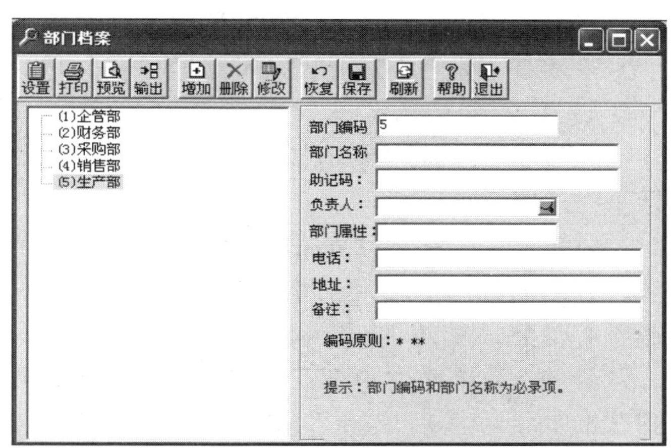

图 3.3　设置部门档案

工作提示

在未建立职员档案前，不能选择输入负责人信息。待职员档案建立完成后，可通过修改功能补充输入负责人信息。

2．输入职员档案

步骤 1　选择“基础设置”|“机构设置”|“职员档案”命令，打开“职员档案”对话框。

步骤 2　按表 3.4 所示输入职员信息。全部完成后，如图 3.4 所示。

职员档案

设置 打印 预览 输出 增加 删除 放弃 查询 过滤 刷新 短信 帮助 退出

提示：职员编号、职员名称和所属部门必须录入，职员编号必须唯一。

职员编号	职员名称	职员助记码	所属部门
101	孙云	SY	企管部
201	白兵	BB	财务部
202	李炎	LY	财务部
203	苏浩	SH	财务部
301	吴越	WY	采购部
401	肖义	XY	销售部
501	马小峰	MXF	生产部
502	郭平	GP	生产部

图 3.4　输入职员档案

3．设置部门负责人

步骤 1　选择“基础设置”|“机构设置”|“部门档案”命令，打开“部门档案”对话框。

步骤 2　单击左侧列表框中的“企管部”，再单击“修改”按钮。在右侧输入区的负责人中选择“孙云”，单击“保存”按钮。然后单击“退出”按钮返回。

工作任务 2　往来单位设置

1．输入客户分类

步骤 1　选择“基础设置”|“往来单位”|“客户分类”命令，打开“客户分类”对话框。

步骤 2　单击“增加”按钮，在右侧输入区“类别编码”中输入 1，在“类别名称”中输入“华北”。然后单击“保存”按钮。

步骤 3　按表 3.5 所示输入其他资料。然后单击“退出”按钮返回。

2．输入客户档案

步骤 1　选择“基础设置”|“往来单位”|“客户档案”命令，打开“客户档案”对话框。

步骤 2　在左侧列表框中选择“1-华北”，单击“增加”按钮。在“客户编号”中输入 001；在“客户名称”中输入“北京顺达商贸集团”，按资料输入客户简称、税号、开户银行、银行账号等信息，如图 3.5 所示。

步骤 3　单击“其他”选项卡，按资料要求选择“分管部门”和“专营业务员”，如图 3.6 所示。然后单击“保存”按钮。

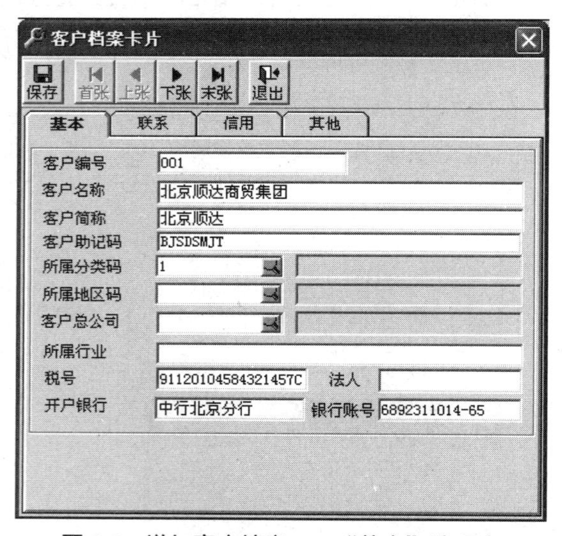

图 3.5　增加客户档案——“基本”选项卡

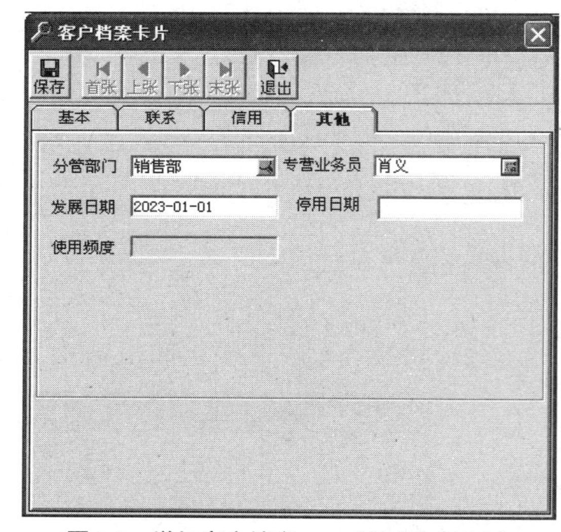

图 3.6　增加客户档案——“其他”选项卡

步骤 4　按表 3.6 所示输入其他客户档案。完成后，在客户档案界面单击左侧的“客户分类”，就能看到所有的客户档案。

3．输入供应商档案

步骤 1　选择“基础设置”|“往来单位”|“供应商档案”命令，打开“供应商档案”对话框。

步骤 2　在左侧列表框中选择“00-无分类”，单击“增加”按钮。在“供应商编号”中输入 001；在“供应商名称”中输入“立丰达商贸有限公司”，按资料输入供应商简称、税号、开户银行、银行账号等信息。

步骤 3　单击“其他”选项卡，按资料要求选择“分管部门”和“专营业务员”。然后单击“保存”按钮。

步骤 4　按表 3.7 所示输入其他供应商档案资料。

工作任务 3　设置财务信息

1．设置外币种类

步骤 1　选择“基础设置”|“财务”|“外币种类”命令，打开“外币设置”窗口。

步骤 2　输入币符为“$”、币名为“美元”，其他项目采用默认值，然后单击“确认”按钮。

步骤 3　输入 2023 年 1 月初的记账汇率为 6.80，按回车键确认，如图 3.7 所示。

步骤 4　单击“退出”按钮，完成外币设置。

2．会计科目

（1）增加会计科目

步骤 1　选择“基础档案”|“财务”|“会计科目”命令，打开“会计科目”窗口。

步骤 2　单击“增加”按钮，打开“会计科目_新增”对话框。

步骤 3　输入科目编码为 100201、科目中文名称为“中行存款”，选中“日记账”和“银行账”复选框，如图 3.8 所示。然后单击“确定”按钮保存。

图 3.7　外币设置

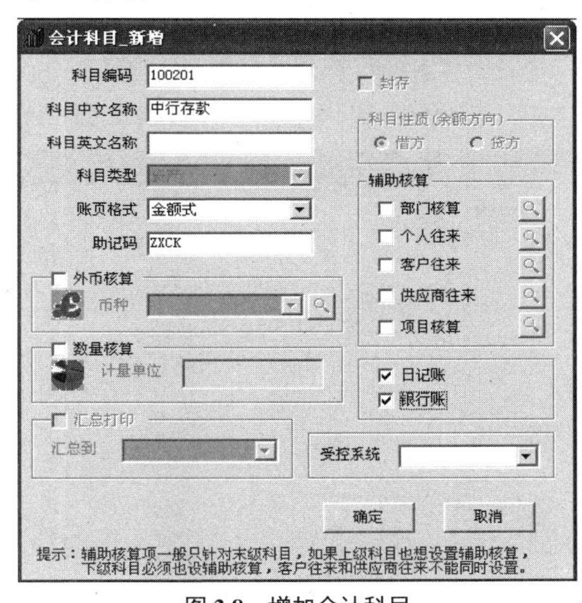

图 3.8　增加会计科目

步骤 4　科目有外币核算时，需要选中“外币核算”复选框，并选择核算的外币币种。例如，增加科目 10020102 时，如图 3.9 所示。

步骤 5　科目有其他辅助核算时，需要进行相应的选择或设置。例如，增加 122101 科目时，如图 3.10 所示。

步骤 6　科目有数量核算时，需要选中“数量核算”复选框，并输入计量单位。例如，增加 140301 科目时，如图 3.11 所示。

步骤 7　增加表 3.8 中“备注”栏中标注为“增加”的会计科目。

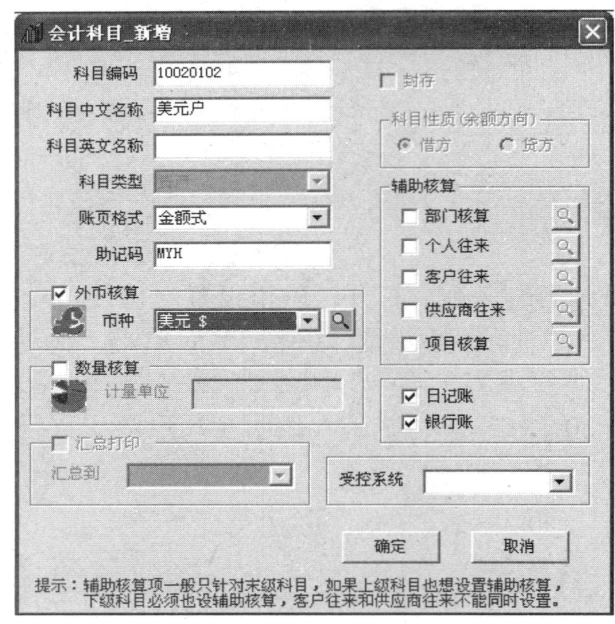

图 3.9　外币核算科目

图 3.10　增加部门辅助核算科目

（2）复制会计科目

步骤 1　在“会计科目”窗口中，选择“编辑”|“成批复制”命令，打开“成批复制”对话框。

步骤 2　按项目要求，将科目编码 6602 的所有下级科目复制为科目编码 6601 的下级，不选中“辅助核算”复选框，如图 3.12 所示。

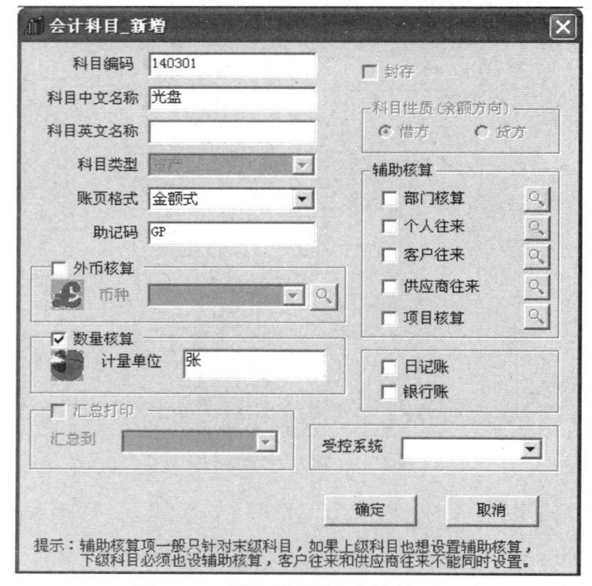

图 3.11　增加数量辅助核算科目

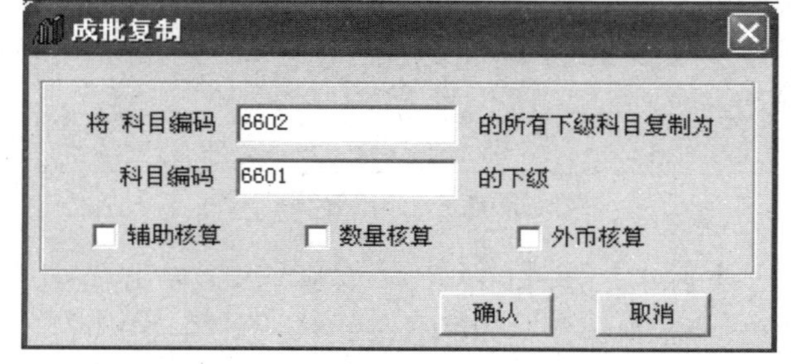

图 3.12　成批复制会计科目

步骤 3　单击“确认”按钮，系统自动将 6602 下的会计科目复制到 6601 科目下。

（3）修改会计科目

如果需要对已建立会计科目的某些属性进行修改，如账页格式、辅助核算、汇总打印、封存标识等，那么可以通过使用系统提供的修改功能来完成。

步骤 1　选中需要修改的科目 1001 库存现金，单击“修改”按钮或直接双击需要修改的

科目 1001 库存现金，打开“会计科目_修改”对话框。

步骤 2　选中“日记账”复选框，如图 3.13 所示。然后单击“确定”按钮保存。

步骤 3　完成表 3.8 中“备注”栏标注为“修改”的会计科目的修改。

（4）指定科目

步骤 1　在“会计科目”窗口中，选择“编辑”|“指定科目”命令，打开“指定科目”对话框。

步骤 2　选中“现金总账科目”单选按钮，从“待选科目”列表框中选择“1001 库存现金”科目，单击“>”按钮，将现金科目添加到“已选科目”列表框中。

步骤 3　同理，将“1002 银行存款”科目设置为银行总账科目，如图 3.14 所示。然后单击“确认”按钮返回。

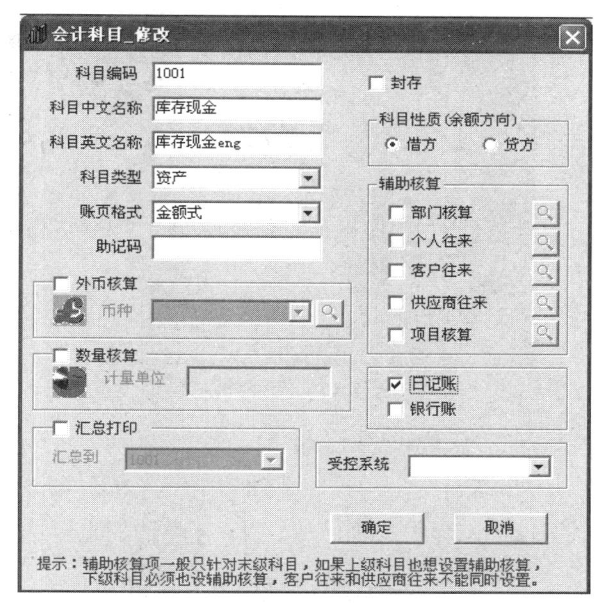

图 3.13　修改会计科目

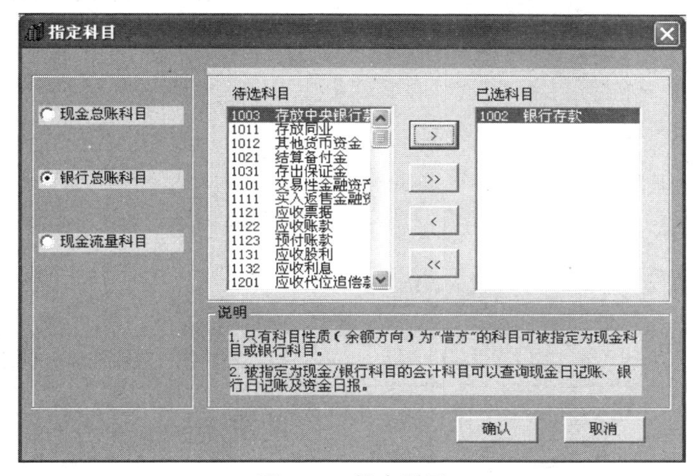

图 3.14　指定科目

3. 设置凭证类别

步骤 1　选择“基础设置”|“财务”|“凭证类别”命令，打开“凭证类别预置”对话框。

步骤 2　选中“收款凭证 付款凭证 转账凭证”单选按钮，如图 3.15 所示。单击“确定”按钮，打开“凭证类别”窗口。

步骤 3　双击限制类型栏，出现下拉箭头，选择“借方必有”选项，选择或输入限制科目“1001,1002”。同理，设置其他限制类型和限制科目。设置完成后，如图 3.16 所示。

步骤 4　单击“退出”按钮返回。

工作提示

限制科目之间一定要使用半角符号。

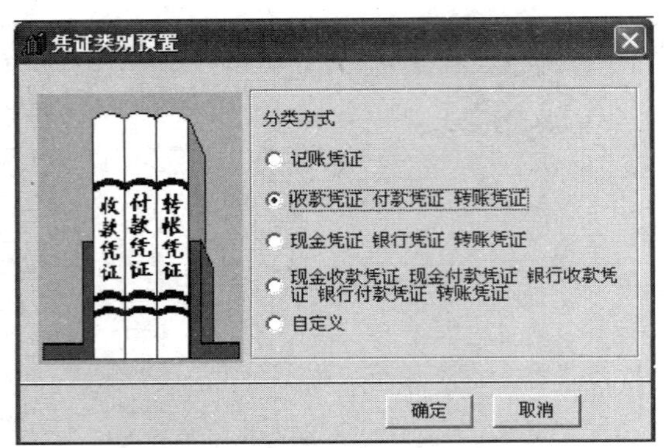

图 3.15　选择凭证类别

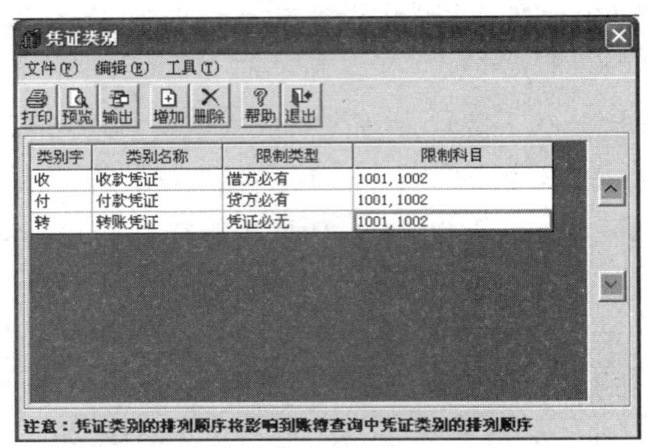

类别字	类别名称	限制类型	限制科目
收	收款凭证	借方必有	1001, 1002
付	付款凭证	贷方必有	1001, 1002
转	转账凭证	凭证必无	1001, 1002

图 3.16　凭证限制类别设置

4．设置项目目录

步骤 1　选择“基础设置”|“财务”|“项目目录”命令，打开“项目档案”窗口。单击“增加”按钮，打开“项目大类定义_增加”对话框。

步骤 2　输入新项目大类名称“产品”，选择新增项目大类的属性“普通项目”，如图 3.17 所示。

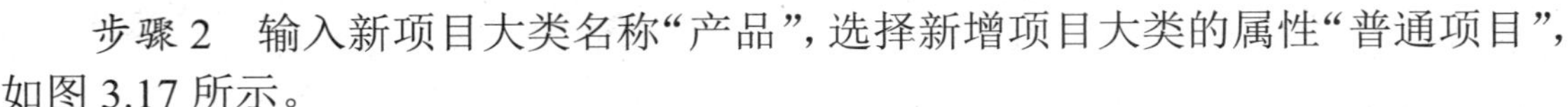

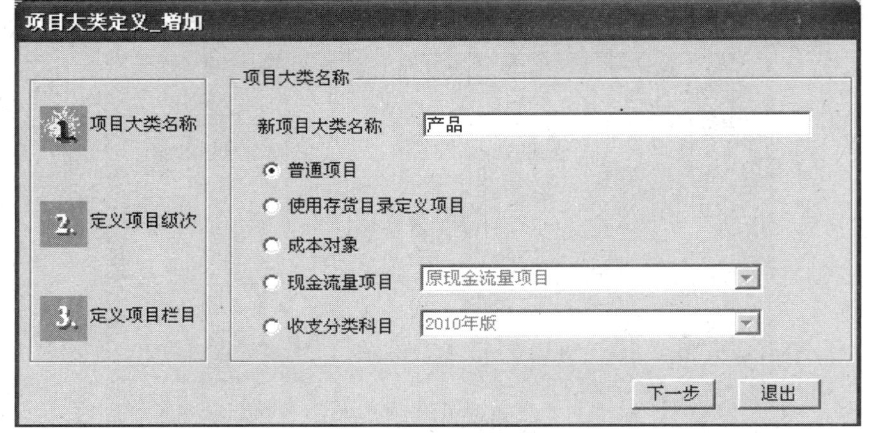

图 3.17　新增项目大类

步骤 3　单击“下一步”按钮，定义项目级次。设定项目级次为一级 1 位，如图 3.18 所示。

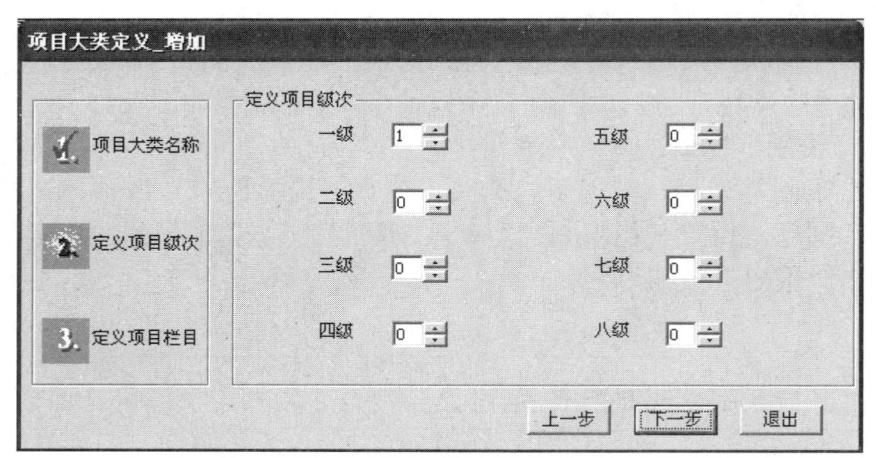

图 3.18　定义项目级次

步骤 4　单击“下一步”按钮，定义项目栏目，如图 3.19 所示。保持系统默认设置，不做修改。单击“完成”按钮，返回“项目档案”窗口。

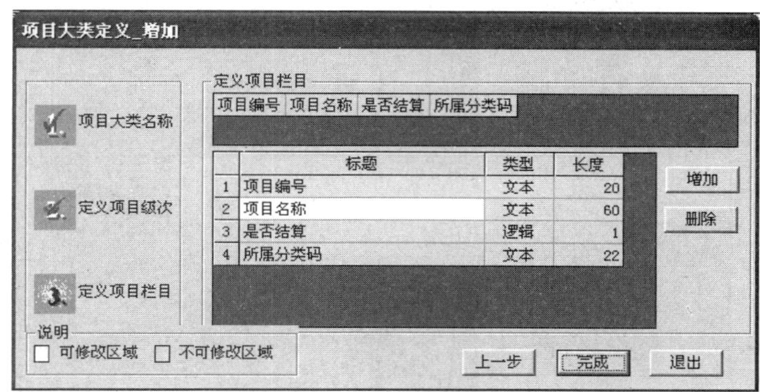

图 3.19　定义项目栏目

步骤 5　从“项目大类”下拉列表框中选择“产品”，选中“核算科目”单选按钮，单击按钮将全部待选科目移至已选科目，如图 3.20 所示。单击“确定”按钮，系统弹出“保存成功！”信息提示框。单击“确定”按钮返回。

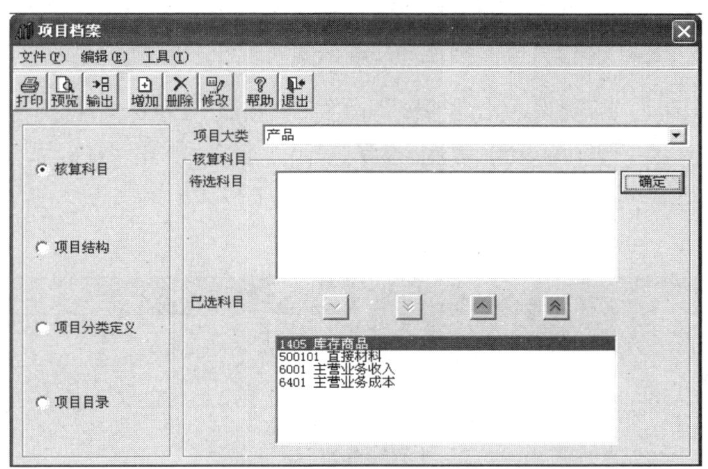

图 3.20　选择项目核算科目

步骤 6　选中“项目分类定义”单选按钮，输入分类编码 1、分类名称“多媒体套件”；单击“确定”按钮，继续输入分类“2 定制礼品”，如图 3.21 所示。

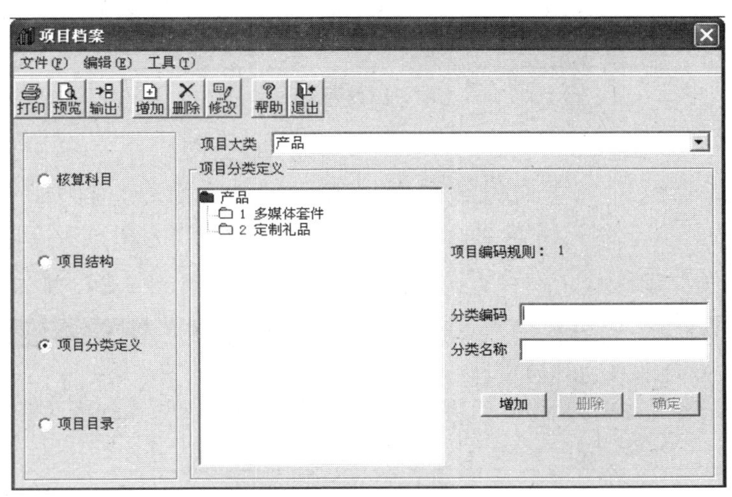

图 3.21　项目分类定义

步骤 7　选中“项目目录”单选按钮，单击“维护”按钮，打开“项目目录维护”对话框。单击“增加”按钮，按表 3.10 所示输入项目目录，如图 3.22 所示。单击“退出”按钮退出。

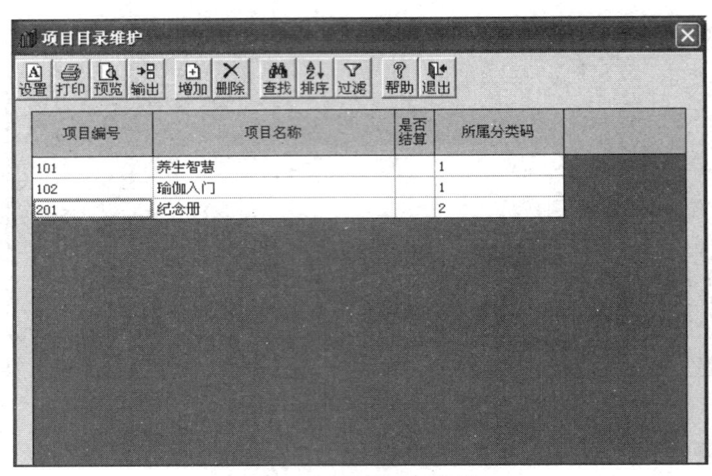

项目编号	项目名称	是否结算	所属分类码
101	养生智慧		1
102	瑜伽入门		1
201	纪念册		2

图 3.22　项目目录维护

工作任务 4　设置收付结算

1．设置结算方式

步骤 1　选择“基础设置”|“收付结算”|“结算方式”命令，打开“结算方式”对话框。

步骤 2　按表 3.11 所示输入企业常用结算方式，然后单击“保存”按钮。对于需要进行票据管理的结算方式，需要选中“票据管理方式”复选框。输入完毕后，如图 3.23 所示。单击“退出”按钮退出。

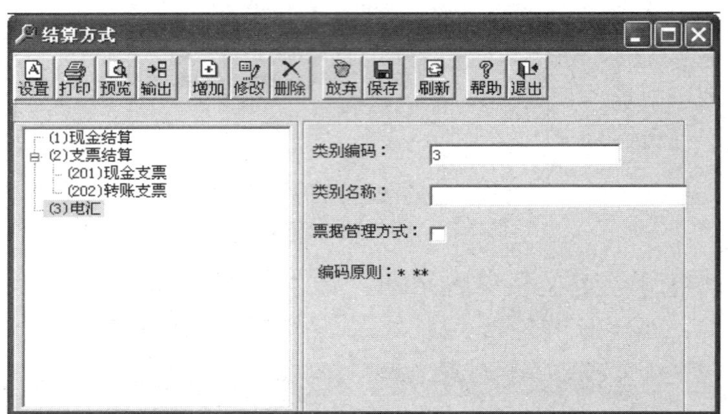

图 3.23　结算方式定义

2．设置付款条件

步骤 1　选择“基础设置”|“收付结算”|“付款条件”命令，打开“付款条件”对话框。

步骤 2　按表 3.12 所示输入付款条件信息。单击“增加”按钮或按回车键至下一行保存。输入完毕后单击“刷新”按钮，显示所有付款条件列表，如图 3.24 所示。

付款条件

付款条件编码	付款条件表示	信用天数	优惠天数1	优惠率1	优惠天数2	优惠率2	优惠天数3	优惠率3
01	2/5, n/30	30	5	2				
02	4/5, 2/15, n/60	60	5	4	15	2		

图 3.24　设置付款条件

步骤 3　单击“退出”按钮返回。

3．设置本企业开户银行

步骤 1　选择“基础设置”|“收付结算”|“开户银行”命令，打开“开户银行”对话框。

步骤 2　按项目要求输入开户银行信息，单击“增加”按钮保存，如图 3.25 所示。

步骤 3　单击“退出”按钮返回。

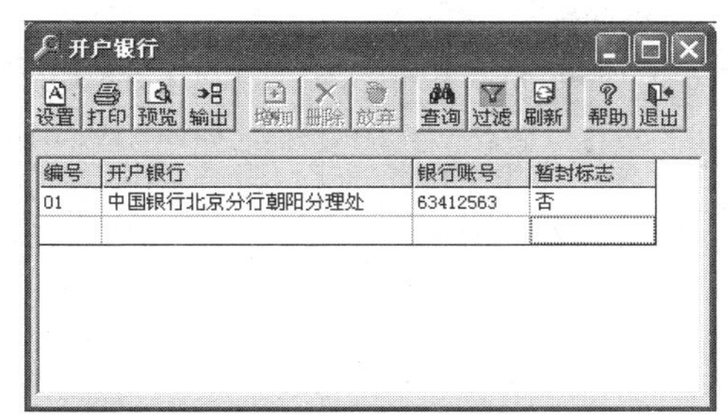

编号	开户银行	银行账号	暂封标志
01	中国银行北京分行朝阳分理处	63412563	否

图 3.25　设置开户银行

工作任务 5　定义常用摘要

步骤 1　选择“基础设置”|“常用摘要”命令，打开“常用摘要”对话框。

步骤 2　单击“增加”按钮，输入常用摘要编码 1、常用摘要名称“从中行提现金”，相关科目选择“库存现金”。本行输入完成后，按回车键保存。操作完毕后如图 3.26 所示。

常用摘要编码	常用摘要正文	常用摘要助记码	相关科目
01	从中行提现金	CZXTXJ	库存现金

图 3.26　定义常用摘要

步骤 3　单击“退出”按钮退出。

工作任务 6　备份账套

全部完成后，备份至“基础档案设置”账套。

步骤略。

探究与挑战

1. 职员是指企业全部职工吗？
2. 先建立职员档案再建立部门档案行不行？
3. 哪些科目适合设置为部门核算？
4. 举例说明在企业中如何应用项目核算。
5. 设置凭证分类为记账凭证与设置为收款凭证、付款凭证、转账凭证，记账结果会有不同吗？

工作项目 4

总账管理

知识目标

1. 了解总账子系统的主要功能。
2. 熟悉总账子系统的操作流程。
3. 掌握总账子系统初始化的工作内容。
4. 理解总账子系统中各参数的含义。
5. 理解会计科目辅助核算的用途。
6. 熟悉凭证填制、审核、记账的日常操作流程。
7. 掌握凭证、账簿查询的基本方法。
8. 了解期末自定义凭证的作用，掌握自定义凭证的方法。
9. 掌握出纳签字的基本工作内容。
10. 理解结账的含义和结账要满足的前提条件。

思政小课堂

会计职业道德之廉洁自律

技能目标

1. 学会设置总账子系统参数。
2. 学会为科目设置辅助核算和指定科目。
3. 掌握不同科目期初余额输入的操作。
4. 掌握凭证填制、修改、审核、记账、查询等基本操作。
5. 掌握出纳签字、银行对账的基本操作。
6. 掌握期末结账的操作。

工作情境

中顺科技在 T3 中输入基础档案后，就可以开始利用系统管理日常业务了。首先来学习 T3 的核心子系统——总账子系统。在手工环境下，总账是指总分类账簿，是根据总分类科目开设账户，用来登记全部经济业务，进行总分类核算，提供总括核算资料的分类账簿。所有单位都设置总分类账。T3 中的总账子系统能管理企业账务处理流程，即包括填制凭证、审核凭证、记账、结账等全部工作。

利用总账子系统进行日常业务处理之前，需要根据企业自身的需要，对总账子系统进行初始化设置，设定其应用环境，使系统成为更适合企业实际需要的专用系统。其主要工作包括设置选项、明细账权限的设定和期初余额的输入等。因此，项目实施小组需要结合企业的自身需求整理企业各会计科目的期初余额，设定总账子系统的各项参数，并准确地在系统中进行设置和输入。

总账子系统初始化完成后，就可以利用总账子系统完成日常业务处理和期末处理等工作了。

4.1　知识准备

4.1.1　总账子系统的主要功能

总账子系统的主要功能包括总账子系统初始化、凭证管理、现金管理、往来管理、项目管理、账簿管理和月末处理。

1. 总账子系统初始化

总账子系统初始化是由企业用户根据自身的行业特性和管理需求，将通用的总账子系统设置为适合企业自身特点的专用系统的过程。总账子系统初始化主要包括系统选项设置和期初数据输入两项内容。

2. 凭证管理

凭证是记录企业各项经济业务发生的载体，凭证管理是总账子系统的核心功能，主要包括填制凭证、出纳签字、审核凭证、记账、查询打印凭证等。

3. 现金管理

现金管理为出纳人员提供了一个集成办公环境，可完成现金日记账、银行存款日记账的查询和打印，随时提供最新资金日报表，进行银行对账并生成银行存款余额调节表。

4. 往来管理

往来管理主要是管理企业和客户、供应商之间的业务往来，包括设置客户、供应商档案和客户、供应商往来业务查询。

5. 项目管理

项目管理是总账子系统提供的特别功能，以方便企业按特定项目对象进行收入、费用的归集。

6. 账簿管理

总账子系统提供了强大的账证查询功能，可以查询或打印总账、明细账、日记账、发生额余额表、多栏账、序时账等。总账子系统不仅可以查询到已记账凭证的数据，而且查询的账表中也可以包含未记账凭证的数据，从而可以轻松地实现总账、明细账、日记账和凭证的联查。

7. 月末处理

总账子系统月末处理主要包括自动转账凭证的定义、自动转账凭证的生成、对账和结账等内容。

4.1.2　总账子系统和其他子系统之间的数据关联

总账子系统既可以独立运行，也可以与其他子系统协同运转。总账子系统和其他子系统之间的数据关联如图 4.1 所示。

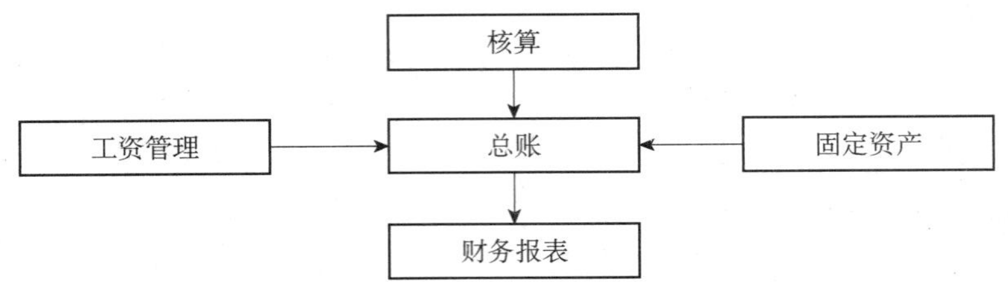

图 4.1　总账子系统和其他子系统之间的数据关联

4.1.3　总账子系统的操作流程

总账子系统的操作流程指示了正确使用总账子系统的操作顺序，有助于帮助企业实现快速应用。总账子系统的操作流程如图 4.2 所示。

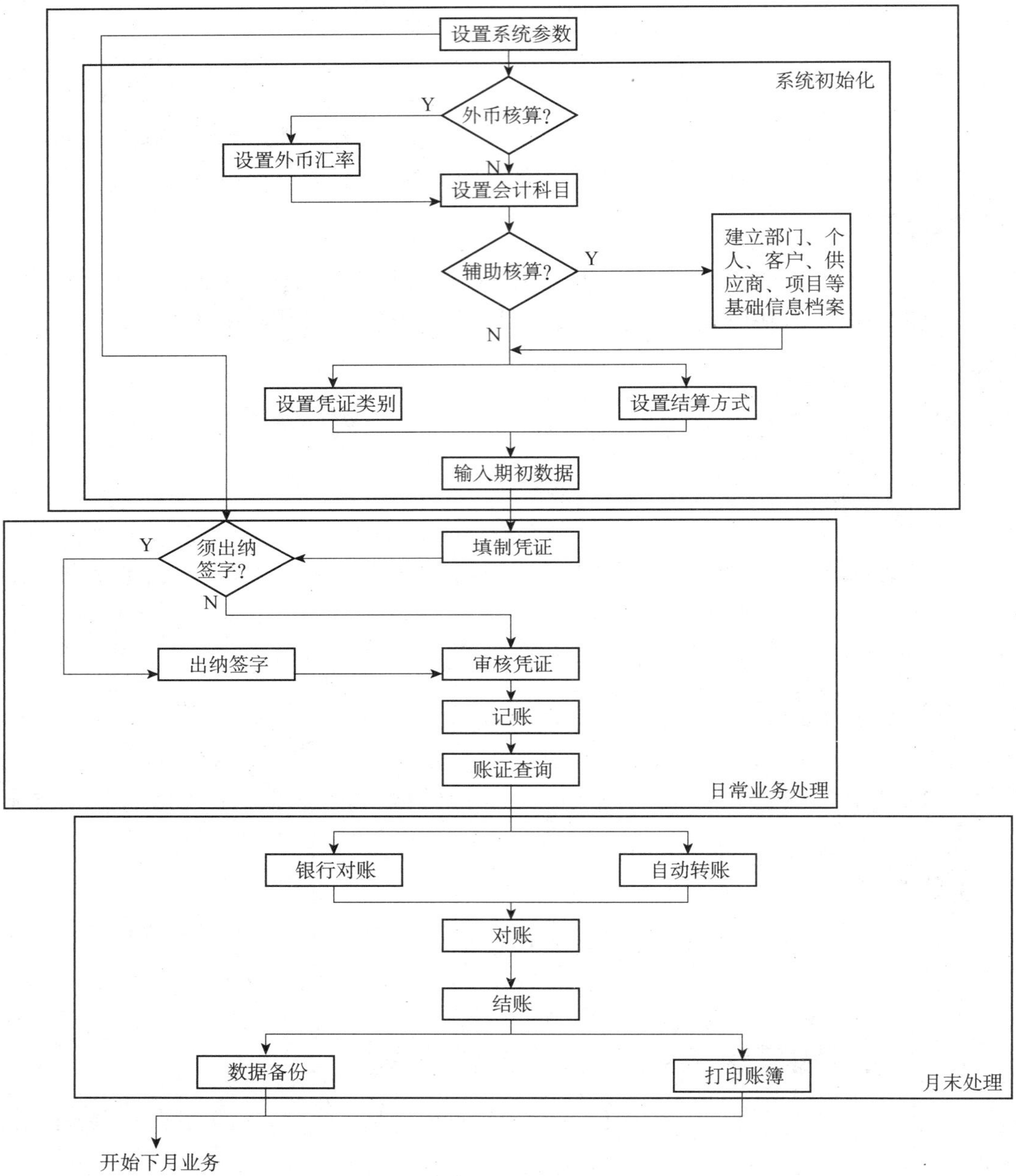

设置系统参数
系统初始化
外币核算?
Y
设置外币汇率
N
设置会计科目
辅助核算?
Y
建立部门、个人、客户、供应商、项目等基础信息档案
N
设置凭证类别
设置结算方式
输入期初数据
填制凭证
须出纳签字?
Y
出纳签字
N
审核凭证
记账
账证查询
日常业务处理
银行对账
自动转账
对账
结账
数据备份
打印账簿
月末处理
开始下月业务

图 4.2　总账子系统的操作流程

工作提示

① 在图 4.2 所示的系统初始化阶段，与总账子系统相关的基础档案（内框包含的部分）在 T3 基础设置中进行设置，此处仅为列示，以保持体系的完整性。

② 如果在总账子系统中设置了出纳凭证必须由出纳签字，则在凭证处理流程中就必须经过出纳签字环节。出纳签字和凭证审核没有先后次序之分。

4.2 总账子系统初始化

总账子系统初始化主要包括参数设置和期初余额输入。

4.2.1 参数设置

系统参数的设置决定了企业的应用模式和应用流程。为了明确各项参数的适用对象，软件一般对参数进行分门别类的管理。T3 总账子系统将参数分为以下 4 个选项卡。

1. “凭证”选项卡

(1) 制单控制

(2) 凭证控制

(3) 凭证编号方式

系统提供系统编号和手工编号两种方式。如果选用系统编号，则系统在填制凭证时按照设置的凭证类别按月自动编号。

(4) 外币核算

有外币业务时，企业可以选择固定汇率或浮动汇率处理方式。

(5) 预算控制

根据预算子系统或财务分析子系统设置的预算数对业务发生进行控制。

(6) 合并凭证显示、打印

选择此项，在填制凭证、查询凭证、出纳签字和凭证审核时，凭证按照“按科目、摘要相同方式合并”或“按科目相同方式合并”合并显示，在明细账显示界面提供是否合并显示的选项。

2. “账簿”选项卡

用来设置各种账簿的输出方式和打印要求等。

3. “会计日历”选项卡

在“会计日历”选项卡中可查看各会计期间的起始日期和结束日期，以及启用会计年度和启用日期。

4. “其他”选项卡

在“其他”选项卡中可以设置以下内容。

① 可查看建立账套时的一些信息，如账套名称、单位名称、账套存放的路径、行业性质和定义的科目级长等。

② 可以修改数量小数位、单价小数位和本位币精度。

③ 在参照部门目录、查询部门辅助账时，可以指定查询列表的内容是按编码顺序显示还是按名称顺序显示。对个人往来辅助核算和项目辅助核算也可以进行设置。

4.2.2 期初余额输入

企业账套建立之后，还需要在系统中建立基础档案和各账户的余额数据，才能接续手工业务处理进程。各账户余额数据的准备与总账子系统启用的会计期间相关。

1. 准备期初余额数据

为了保持账簿资料的连续性，应该将原有系统下截至总账子系统启用日的各账户年初余额、累计发生额和期末余额输入到计算机系统中。

选择年初启用和选择年中启用总账子系统需要准备的期初余额数据是不同的。

(1) 年初建账

如果选择年初建账，则只需要准备各账户上年年末的余额作为新一年的期初余额，且年初余额和月初余额是相同的。

(2) 年中建账

如果选择年中建账，则不仅要准备各账户启用会计期间上一期的期末余额作为启用期的期初余额，而且要整理自本年度开始截至启用期的各账户累计发生数据。

如果科目设置了某种辅助核算，那么还需要准备辅助核算项目的期初余额。如果应收账款科目设置了客户往来辅助核算，则除要准备应收账款总账科目的期初数据外，还要详细记录这些应收账款是哪些客户的销售未收。因此，要按客户整理详细的应收余额数据。

2. 输入期初余额

输入期初余额时，根据科目性质不同，分为以下几种情况。

① 末级科目的余额可以直接输入。

② 非末级科目的余额数据由系统根据末级科目数据逐级向上汇总而得。

③ 科目有数量和外币核算时，在输入完本位币金额后，还要输入相应的数量和外币信息。

④ 科目有辅助核算时，不能直接输入该账户的期初余额，而是必须输入辅助账的期初余额。辅助账期初余额输入完毕后，自动带回总账子系统。累计发生额可以直接输入。

3. 进行试算平衡

期初余额输入完毕后应进行试算平衡。如果期初余额试算不平衡，虽然可以填制、审核凭证，但不能进行记账处理。因为企业在信息化时，初始化工作量大，占用时间比较长，为了不影响日常业务的正常进行，故允许在初始化工作未完成的情况下进行凭证的填制。

凭证一经记账，期初数据就不能再修改。

4.3　实训 3：总账子系统初始化

实训目的

① 掌握 T3 总账子系统初始化的相关内容。
② 理解总账子系统初始化的意义。
③ 掌握总账子系统初始化的具体内容和操作方法。

实训重点

① 设置总账子系统选项。
② 输入期初余额，并试算平衡。

实训内容

1．本企业总账子系统选项（见表 4.1）

表 4.1　总账子系统选项设置

选项卡	选项设置
凭证	制单序时控制 支票控制 资金及往来赤字控制 允许修改、作废他人填制的凭证 允许查看他人填制的凭证 可以使用其他系统受控科目 打印凭证页脚姓名 出纳凭证必须经由出纳签字 凭证编号方式采用系统编号 外币核算采用固定汇率
账簿	账簿打印位数按软件的标准设定 明细账查询权限控制到科目 明细账打印按年排页
会计日历	会计日历为 1 月 1 日—12 月 31 日
其他	数量小数位和单价小数位设为 2 位 部门、个人、项目按编码方式排序

2．总账期初余额（见表 4.2）

表 4.2　总账期初余额　　元

科目编号及名称	辅助核算	方　向	币别/计量	期初余额	备　注
1001 库存现金	日记账	借		18 781.61	
1002 银行存款	银行账、日记账	借		318 941.19	
100201 中行存款	银行账、日记账	借		318 941.19	
10020101 人民币户	银行账、日记账	借		237 341.19	
10020102 美元户	银行账、日记账	借		81 600.00	
		借	美元	12 000.00	
1122 应收账款	客户往来	借		45 200.00	明细见表 4.3

（续表）

科目编号及名称	辅助核算	方　向	币别/计量	期初余额	备　注
1221 其他应收款		借		4 800.00	
122102 应收个人款	个人往来	借		4 800.00	明细见表 4.4
1403 原材料		借		38 000.00	
140301 光盘		借		3 000.00	
	数量核算——张	借		1 500.00	
140302 原纸		借		35 000.00	
	数量核算——包	借		1 000.00	
1405 库存商品		借		296 000.00	明细见表 4.5
1601 固定资产		借		362 300.00	
1602 累计折旧		贷		63 764.80	
2001 短期借款		贷		240 000.00	
2202 应付账款		贷		83 100.00	
220201 应付货款		贷		79 100.00	明细见表 4.6
220202 暂估应付款		贷		4 000.00	
2221 应交税费		贷		28 700.00	
222101 应交增值税		贷		28 700.00	
22210101 进项税额		贷		-19 620.00	
22210105 销项税额		贷		48 320.00	
4001 实收资本		贷		600 000.00	
4104 利润分配		贷		68 458.00	
410415 未分配利润		贷		68 458.00	

辅助账期初明细数据如下。

①“1122 应收账款”期初余额为借方 45 200 元。明细数据如表 4.3 所示。

表 4.3　应收账款期初明细　　元

日　期	凭证号	客　户	摘　要	方　向	金　额	业务员	发票号
2022-12-26	转-225	北京顺达	期初数据	借	45 200	肖义	FP0101

②“122102 应收个人款”期初余额为借方 4 800 元。明细数据如表 4.4 所示。

表 4.4　应收个人款期初明细　　元

日　期	凭证号	部　门	个　人	摘　要	方　向	期初余额
2022-12-28	付-105	企管部	孙云	出差借款	借	4 800

③“1405 库存商品”期初余额为借方 296 000 元。明细数据如表 4.5 所示。

表 4.5　库存商品期初明细　　元

项　目	方　向	金　额
智慧养生	借	80 000
瑜伽入门	借	36 000
纪念册	借	180 000

④“220201 应付货款”期初余额为贷方 79 100 元。明细数据如表 4.6 所示。

表 4.6　应付货款期初明细　　元

日　期	凭证号	供应商	摘　要	方　向	金　额	业务员	发票号
2022-12-30	转-338	利兴科技	期初数据	贷	79 100	吴越	CF1202

3．期初余额输入完毕后，进行试算平衡

4．备份为“总账初始化”账套

实训准备

以系统管理员的身份恢复“基础档案设置”账套。

实训指导

以账套主管的身份进行总账子系统初始设置。

工作任务 1　设置总账子系统选项

步骤 1　在 T3 主界面总账子系统中选择“设置”|“选项”命令，打开“选项”对话框。

步骤 2　单击“凭证”选项卡，按表 4.1 所示各项进行相应的设置。

步骤 3　在选择支票控制时，系统提示如图 4.3 所示。单击“确定”按钮返回。

图 4.3　支票控制提示

步骤 4　设置完成后，如图 4.4 所示。单击“确定”按钮返回。

步骤 5　单击“账簿”选项卡，按照表 4.1 所示进行相应的设置。选中“明细账查询权限控制到科目”复选框后，系统提示“希望对查询权限进一步细化时……，设置明细科目查询权限”。单击“确定”按钮。设置完成后，如图 4.5 所示。

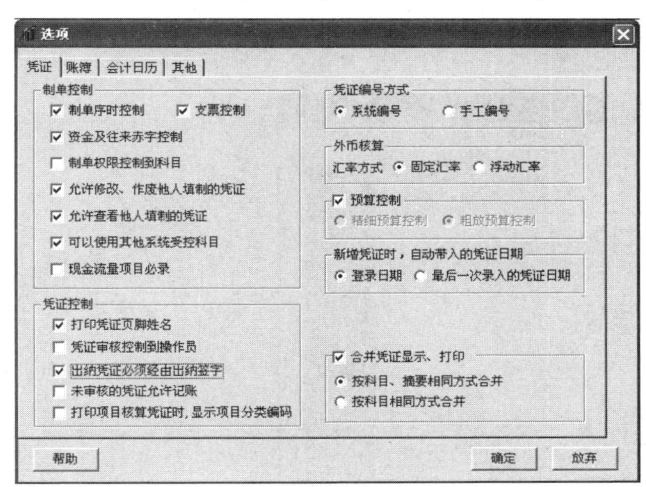

图 4.4　“凭证”选项卡

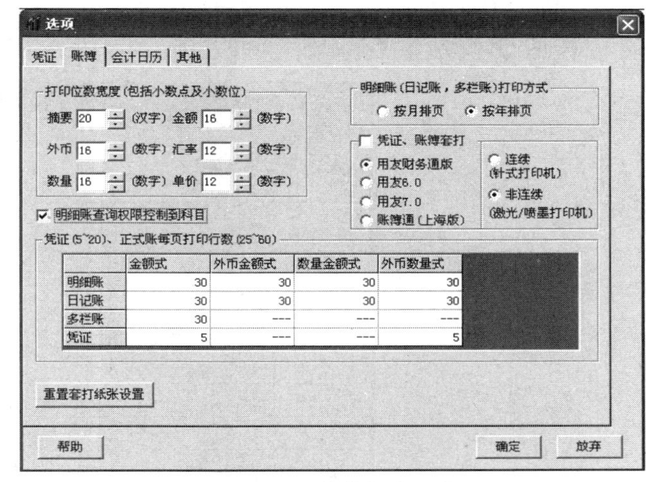

图 4.5　“账簿”选项卡

步骤 6　单击“会计日历”选项卡，查看会计期间起止日期。

工作提示

此处仅能查看会计日历的信息，修改应在系统管理中进行。

步骤 7　单击“其他”选项卡，按照表 4.1 所示进行相应的设置。完成后，如图 4.6 所示。单击“确定”按钮返回。

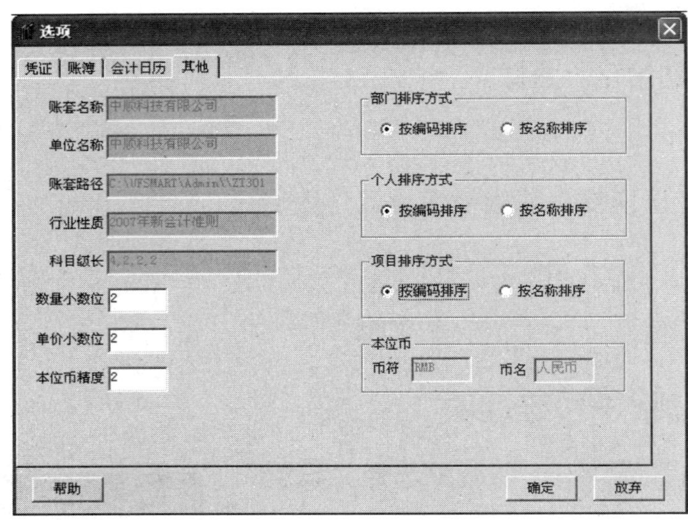

图 4.6 “其他”选项卡

工作任务 2 输入期初余额

1．末级科目期初余额输入

步骤 1 在总账子系统中，选择“总账”|“设置”|“期初余额”命令，打开“期初余额录入”对话框。在“1001 现金”科目的“期初余额”栏中，直接输入 18 783.61，然后按回车键。

步骤 2 在“22210101 进项税额”科目“期初余额”栏中输入-19 620，然后按回车键，再在“22210105 销项税额”科目“期初余额”栏输入 48 320。按回车键后，上级科目应交增值税和应交税费期初余额自动生成，如图 4.7 所示。

期初余额录入

设置 打印 预览 输出 方向 刷新 试算 查找 对账 清零 帮助 退出 □ 非末级科目 □ 辅助科目 □ 末级科目

科目编码	科目名称	方向	币别/计量	期初余额
2101	交易性金融负债	贷		
2111	卖出回购金融资产款	贷		
2201	应付票据	贷		
2202	应付账款	贷		
220201	应付货款	贷		
220202	暂估应付款	贷		
2203	预收账款	贷		
2211	应付职工薪酬	贷		
221101	应付工资	贷		
221102	应付福利费	贷		
221103	工会经费	贷		
221104	职工教育经费	贷		
221105	社会保险	贷		
221106	住房公积金	贷		
2221	应交税费	贷		28,700.00
222101	应交增值税	贷		28,700.00
22210101	进项税额	贷		-19,620.00
22210105	销项税额	贷		48,320.00
2231	应付利息	贷		
2232	应付股利	贷		
2241	其他应付款	贷		
2251	应付保单红利	贷		
2261	应付分保账款	贷		
2311	代理买卖证券款	贷		
2312	代理承销证券款	贷		

提示："科目余额录入从明细科目录入，如遇有辅助科目核算，则先完成辅助科目余额的初始"完成期初余额录入后，应进行"对账"和"试算"二个功能操作，在系统已经记账后，不能进行期初余额的修改操作。

期初：2020年01月

图 4.7 输入期初余额——末级科目示例

步骤 3 同理，输入其他末级科目期初余额。

2．外币/数量辅助核算科目期初余额输入

步骤 1 “10020102 美元户”科目设置了外币辅助核算，在“期初余额录入”对话框中显示为两行。在第 1 行“期初余额”栏输入人民币期初余额 81 600，在第 2 行“期初余额”栏输入美元期初余额 12 000，如图 4.8 所示。

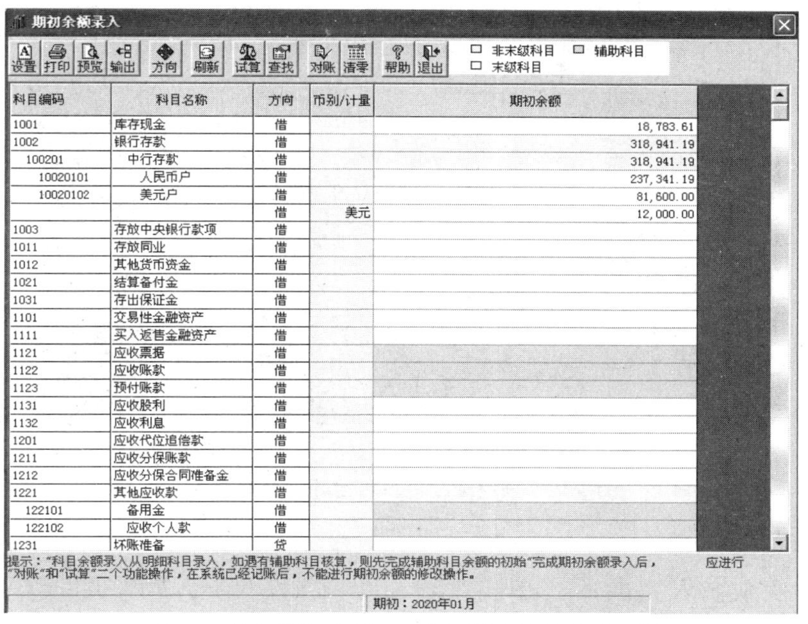

图 4.8　输入期初余额——美元辅助核算科目示例

步骤 2　“140301 光盘”科目设置了数量辅助核算，在“期初余额录入”对话框中显示为两行。在第 1 行“期初余额”栏输入人民币期初余额 3 000，在第 2 行“期初余额”栏输入数量期初余额 1 500。同理，输入“140302 原纸”期初余额后，“原材料”科目自动汇总。

3．客户往来、项目助核算科目的期初余额输入

（1）客户往来辅助核算

步骤 1　双击“1122 应收账款”科目的“期初余额”栏，打开“客户往来期初”对话框。

步骤 2　单击“增加”按钮，按表 4.3 所示输入明细记录，然后按回车键保存，如图 4.9 所示。

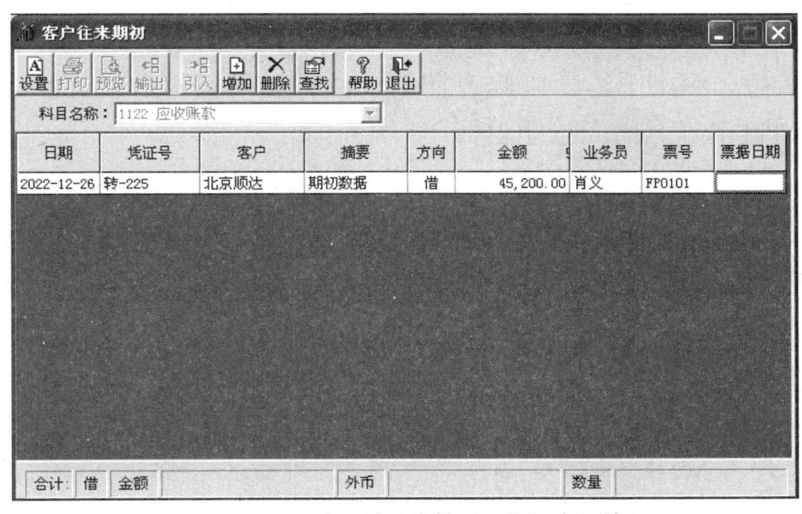

图 4.9　客户往来辅助核算科目期初余额输入

步骤 3　完成后单击“退出”按钮，辅助账余额自动带到总账。

步骤 4　同理，输入“122102 应收个人款”和“220201 应付货款”科目的期初余额。

（2）项目辅助核算

步骤 1　双击“1405 库存商品”科目的“期初余额”栏，打开“项目核算期初”对话框。

步骤 2　单击“增加”按钮，按表 4.5 所示输入明细记录，如图 4.10 所示。

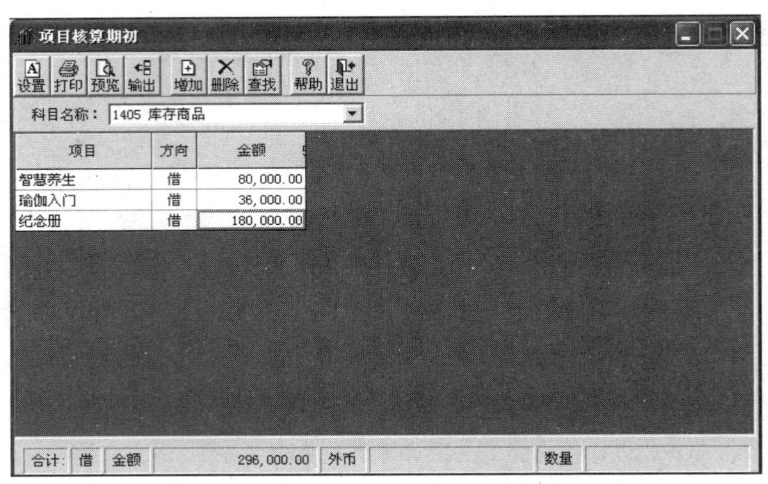

图 4.10　项目辅助核算科目期初余额输入

4．进行期初试算平衡

步骤 1　期初余额输入完成后，单击“试算”按钮，打开“期初试算平衡表”对话框，如图 4.11 所示。

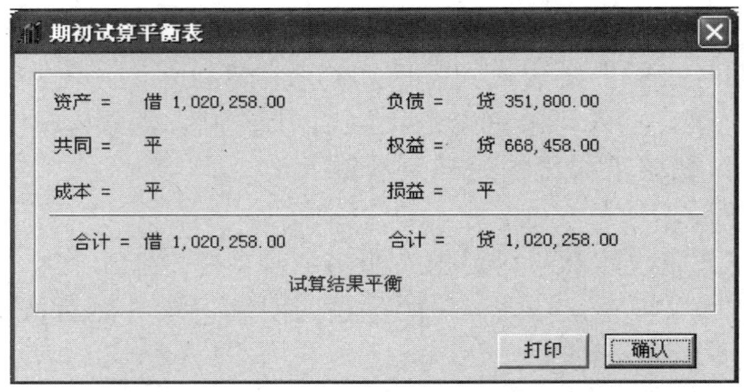

图 4.11　期初试算平衡

步骤 2　如果期初余额不平衡，则修改期初余额；如果期初余额试算平衡，则单击“确定”按钮返回。然后单击“退出”按钮返回 T3 主界面。

工作提示

期初余额试算不平衡，后续虽然可以填制凭证、审核凭证，但不能进行记账操作。

工作任务 3　备份账套

全部完成后，备份至“总账初始化”账套。

4.4　总账子系统日常业务处理

在总账子系统中，初始化工作完成后，就可以开始进行日常业务处理了。总账子系统日常业务处理主要包括凭证管理、出纳管理、账簿查询和月末处理。

记账凭证是登记账簿的依据，是总账子系统唯一的数据来源，因此凭证管理是总账子系统中最为核心的部分。

4.4.1　填制凭证

填制凭证时各项目应填制的内容和注意事项如下。

1. 凭证类别

填制凭证时可以直接选择所需的凭证类别。

2. 凭证编号

如果选择系统编号方式，则凭证按凭证类别和按月自动顺序编号；如果选择手工编号方式，则需要手工输入凭证号，但应注意凭证号的连续性、唯一性。

3. 凭证日期

填制凭证时，日期一般自动取登录系统时的业务日期。在选中“制单序时控制”复选框的情况下，凭证日期应晚于或与该类凭证最后一张凭证的日期相同，但不能晚于计算机系统日期。

4. 附单据数

记账凭证打印出来后，应将相应的原始凭证粘附其后。这里的附单据数就是指将来该记账凭证所附的原始单据数。

5. 摘要

摘要是对经济业务的概括说明。因为计算机记账时是以记录行为单位的，因此每行记录都要有摘要，不同记录行的摘要可以相同也可以不同，每行摘要将随相应的会计科目在明细账、日记账中出现。摘要可以直接输入，如果定义了常用摘要的话，则也可以调用常用摘要。

6. 会计科目

填制凭证时，要求会计科目必须是末级科目。既可以在凭证中输入科目编码、科目名称、科目助记码，也可以利用参照选择科目。

7. 金额

金额可以是正数或负数（即红字），但不能为0。凭证金额应符合“有借必有贷，借贷必相等”原则，否则将不能保存。

另外，如果设置了常用凭证，则可以在填制凭证时直接调用常用凭证，从而增加凭证输入的速度和规范性。

4.4.2　修改凭证

在信息化方式下，凭证的修改分为无痕迹修改和有痕迹修改。

1. 无痕迹修改

无痕迹修改只能针对已制单未审核的凭证，已审核的凭证需要取消审核才能修改。

2. 有痕迹修改

凭证审核、记账后发现错误时，可以采用红字冲销法或补充更正法进行修订。

能否修改他人填制的凭证，将取决于系统参数的设置。其他子系统生成的凭证，只能在总账子系统中进行查询、审核、记账，不能修改和作废；只能在生成该凭证的原子系统中进行修改和删除，以保证记账凭证与原子系统中的原始单据相一致。

修改凭证时，一般来说凭证类别和编号是不能修改的。修改凭证日期时，为了保持序时性，日期应介于前后两张凭证日期之间，且日期中的月份不能修改。

4.4.3 作废凭证

对于尚未审核和签字的凭证，如果不需要的话，则可以直接将其作废。作废凭证仍保留凭证内容和编号，仅显示“作废”字样。作废凭证不能修改、不能审核，但应参与记账，否则月末无法结账。记账时不对作废凭证进行数据处理，相当于一张空凭证。账簿查询时，查不到作废凭证的数据。

与作废凭证相对应，系统也提供对作废凭证的恢复，将已标识为“作废”的凭证恢复为正常凭证。如果作废凭证没有保留的必要，则可以通过整理凭证功能彻底将其删除。

4.4.4 凭证复核

为了保证会计事项处理正确和记账凭证填制正确，需要对记账凭证进行复核。凭证复核包括出纳签字和审核凭证。

1. 出纳签字

出纳签字时由出纳对涉及现金收付的业务凭证进行审核并签字确认。凭证是否需要出纳签字由是否选中“出纳凭证必须经由出纳签字”复选框决定：选中该复选框，账务处理程序为“填制凭证—出纳签字—审核凭证—记账”，其中出纳签字和审核凭证无先后顺序；不选中该复选框，账务处理程序为“填制凭证—审核凭证—记账”。

2. 审核凭证

所有凭证必须审核后才能记账。审核时发现凭证错误可以进行标错处理，审核无误后签字确认。注意，审核人与制单人不能是同一人。

如果设置了凭证审核明细权限的话，则审核凭证还会受到明细权限的制约。

4.4.5 凭证记账

记账凭证经过审核签字后，就可以记账了。在计算机系统中，记账是由计算机自动进行的。如果记账后发现输入的记账凭证有错误，需要进行修改，则需要人工调用恢复记账前状态功能。

系统提供了两种恢复记账前状态的方式：将系统恢复到最后一次记账前状态和将系统恢复到月初状态。只有账套主管才能选择将数据恢复到月初状态。

如果期初余额试算不平衡，则不能记账；如果上月未结账，则本月不能记账。

4.4.6　冲销凭证

冲销凭证是针对已记账凭证而言的。红字冲销既可以采用手工方式，也可以由系统自动进行。如果采用自动冲销，则只要告知系统要被冲销的凭证类型和凭证号，系统便会自动生成一张与该凭证相同，只是金额为红字（负数）的凭证。

4.4.7　凭证查询

查询是计算机系统较手工方式的强势之处：既可以查询已记账凭证，也可以查询未记账凭证；既可以查询作废凭证，也可以查询标错凭证；通过设置查询条件，可以按科目、摘要、金额、外币、数量、结算方式或各种辅助项查询，快捷方便。

4.4.8　凭证汇总

在凭证汇总时，可按一定条件对记账凭证进行汇总并生成凭证汇总表。

4.4.9　设置常用凭证

对于常见的经济业务，可以设置为常用凭证，这样在同样的业务发生时直接调用该凭证就可加快输入速度，提高准确性。

4.4.10　设置常用摘要

由于经济业务的重复性，因此在日常填制凭证的过程中，经常会反复用到许多相同的摘要。为了提高凭证的输入速度，可以将这些经常使用的摘要预先设置好，这样在填制凭证时就可以随时调用，从而提高处理业务的效率。

4.4.11　设置明细权限

如果在系统中设置了某些参数，如“制单权限控制到科目”“制单权限控制到凭证类别”“制单金额控制”“审核权限控制到操作员”“明细账查询控制到科目”等，那么此时还需要利用系统提供的相关功能进行明细权限的设置。

4.5　实训4：总账子系统日常业务处理

实训目的

① 掌握总账子系统日常业务处理的相关内容。

② 熟悉总账子系统日常业务处理的各种操作。

实训重点

① 填制凭证、修改凭证、删除凭证的操作方法。

② 出纳签字、审核凭证的操作方法。

③ 记账和反记账（即红字冲销）的操作方法。

实训内容

1．填制凭证

2023 年 1 月发生如下经济业务，由 1102 操作员进行凭证填制。

① 5 日，销售部肖义报销业务招待费 2 500 元。以现金支付。（附单据一张）

借：销售费用/招待费（660105）　　2 500

　　贷：库存现金（1001）　　2 500

② 5 日，财务部苏浩从中行人民币户提取现金 10 000 元。作为备用金。（现金支票号 190101）

借：库存现金（1001）　　10 000

　　贷：银行存款/中行存款/人民币户（10020101）　　10 000

③ 5 日，收到宏达集团电汇投资资金 20 000 美元。汇率为 1:6.80。

借：银行存款/中行存款/美元户（10020102）　　136 000

　　贷：实收资本（4001）　　136 000

④ 12 日，生产部领用光盘 500 张，单价为 2 元。用于生产《智慧养生》套装。

借：生产成本/直接材料（500101）　　1 000

　　贷：原材料/光盘（140301）　　1 000

⑤ 12 日，销售部收到北京顺达转账支票一张，金额为 45 200 元。用以偿还前欠货款。（转账支票号 ZZ0102）

借：银行存款/中行存款/人民币户（10020101）　　45 200

　　贷：应收账款（1122）　　45 200

⑥ 12 日，从利兴科技购入原纸，收到增值税专用发票一张，注明数量为 600 包，单价为 35 元，适用税率为 13%。已办理入库，货款未付。

借：原材料/原纸（140302）　　21 000

　　应交税费/应交增值税/进项税额（22210101）　　2 730

　　贷：应付账款/应付货款（220201）　　23 730

⑦ 25 日，企管部购买办公用品花费 1 050 元。以现金支付。

借：管理费用/办公费（660203）　　1 050

　　贷：库存现金（1001）　　1 050

⑧ 25 日，企管部孙云出差归来，报销差旅费 3 800 元（单据 5 张），交回现金 1 000 元。

借：管理费用/差旅费（660204）　　3 800

　　库存现金（1001）　　1 000

　　贷：其他应收款/应收个人款（122102）　　4 800

⑨ 25 日，销售部销售给广州浩达 200 套《瑜伽入门》套装，无税单价为 60 元。开具增值税专用发票，适用税率为 13%。

借：应收账款（1122）　　13 560

　　贷：主营业务收入（6001）　　12 000

　　　　应交税费/应交增值税/销项税额（22210105）　　1 560

2．审核凭证

2023 年 1 月 25 日，由 1101 白兵对所有凭证进行审核，发现付-0003 凭证有两处错误：一是金额应为 1 005，误记为 1 050；二是财务部报销办公费而非企管部。因此，对其他凭证进行审核签字，对付-0003 凭证进行标错。

3．修改凭证

2023 年 1 月 25 日，由 1102 李炎修改付-0003 凭证错误，由 1101 白兵重新审核付-0003 凭证。

4．出纳签字

2023 年 1 月 25 日，由 1103 苏浩对收付凭证进行出纳签字。

5．记账

2023 年 1 月 25 日，由 1102 李炎对所有凭证进行记账处理。

6．红字冲销

记账后发现付-0001 凭证的报销业务招待费属个人行为，不予报销，钱款已追回。2023 年 1 月 25 日，1102 李炎对该凭证进行红字冲销处理。

7．删除凭证

经确认，付-0001 凭证的业务属于正常业务，准予报销。2023 年 1 月 25 日，1102 李炎将前面生成的红字冲销凭证删除。

8．备份为"总账日常业务"账套

实训准备

以系统管理员的身份恢复"总账初始化"账套。

实训指导

工作任务 *1*　填制凭证

以 1102 李炎的身份登录 T3，T3 主界面中显示设置了系统启用且当前操作员有权限操作的菜单项。

1．第 1 笔业务处理

步骤 1　选择"总账"|"凭证"|"填制凭证"命令，打开"填制凭证"对话框。

步骤 2　单击"增加"按钮，系统自动增加一张空白收款凭证。

步骤 3　在凭证左上角单击"参照"按钮，选择凭证类型"付款凭证"，如图 4.12 所示。输入制单日期为"2023.01.05"、附单据数为 1。

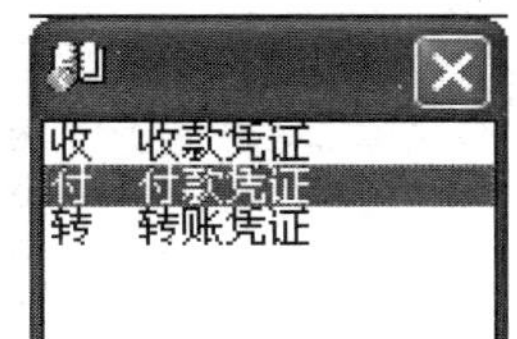

图 4.12　选择凭证类型

步骤 4　输入摘要为"报销业务招待费"，选择或输入科目名称为 660105，输入借方金额为 2 500，然后按回车键。摘要自动带到下一行，选择或输入科目名称为 1001、贷方金额为 2 500，如图 4.13 所示。

步骤 5　单击"保存"按钮，系统弹出"凭证已成功保存！"信息提示框。然后单击"确定"按钮。

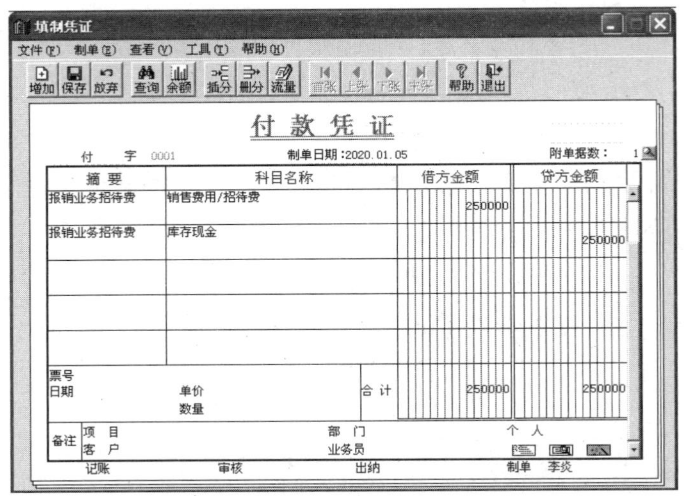

图 4.13　填制凭证——第 1 笔业务

工作提示

① 凭证一旦保存，其凭证类别、凭证编号就不能修改。

② 正文中不同行的摘要可以相同也可以不同，但不能为空。每行摘要将随相应的会计科目在明细账、日记账中出现。

③ 科目编码必须是末级的科目编码。

④ 金额不能为 0；红字以“—”号表示。

⑤ 可按“=”键取当前凭证借贷方金额的差额到当前光标位置。

⑥ 单击“增加”按钮，可在保存凭证的同时增加一张新凭证。

2．第 2 笔业务处理

操作视频

在该笔业务中，可调用常用摘要；分录中包含选择了“银行账”、选择了结算方式为“票据管理”的科目；需要登记“银行账”辅助信息和支票登记簿。

步骤 1　单击“增加”按钮，选择“付款凭证”。输入摘要时，单击“参照”按钮，选择预先设置的常用摘要“从中行提现金”，如图 4.14 所示。

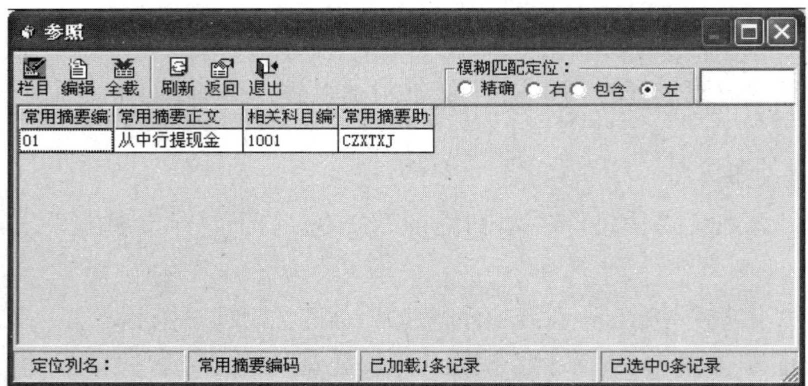

图 4.14　选择常用摘要

步骤 2　输入完银行科目 10020101 后，打开“辅助项”对话框。

步骤 3　输入结算方式为 201、票号为 190101、发生日期为“2023.01.05”，如图 4.15 所示。然后单击“确认”按钮。

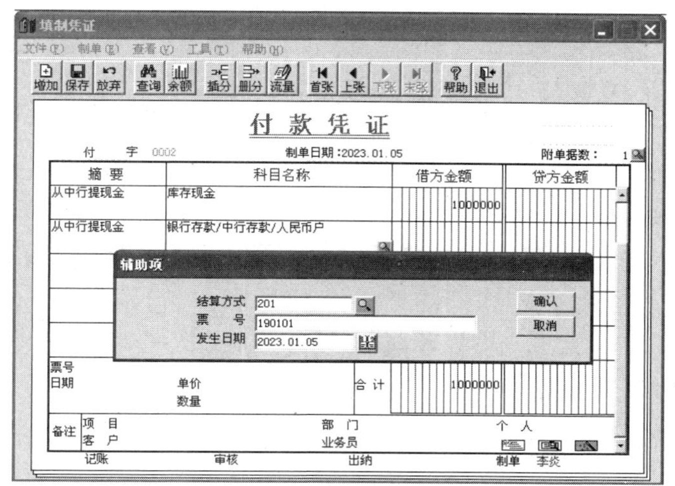

图 4.15　银行辅助核算

步骤 4　凭证保存时，如果该支票未登记，则系统弹出“此支票尚未登记，是否登记？”信息提示框。单击“是”按钮，打开“票号登记”对话框。

步骤 5　输入领用日期为“2023-01-05”、领用部门为“财务部”、姓名为“苏浩”、限额为 10 000、用途为“备用金”，如图 4.16 所示。

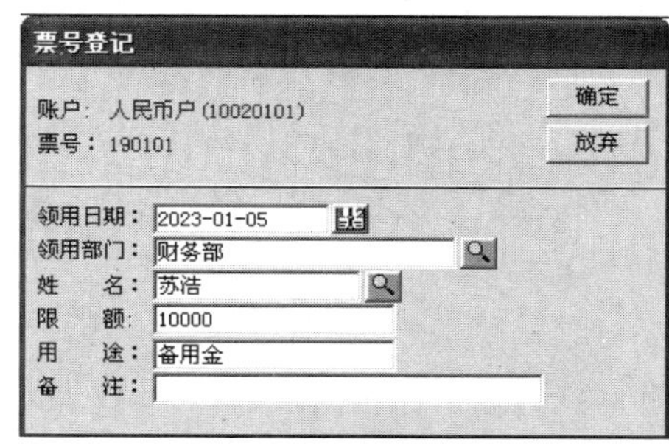

图 4.16　票号登记

步骤 6　单击“确定”按钮，系统弹出“凭证已成功保存！”信息提示框。单击“确定”按钮返回。

3．第 3 笔业务处理

在该笔业务中，使用了设置有外币核算的会计科目，需要输入外币和汇率。

步骤 1　单击“增加”按钮，选择“收款凭证”，输入摘要信息为“收投资款”、外币科目为 10020102；输入结算方式信息，系统自动显示外币汇率 6.80；输入外币金额为 20 000，系统自动算出并显示本币金额 136 000，如图 4.17 所示。

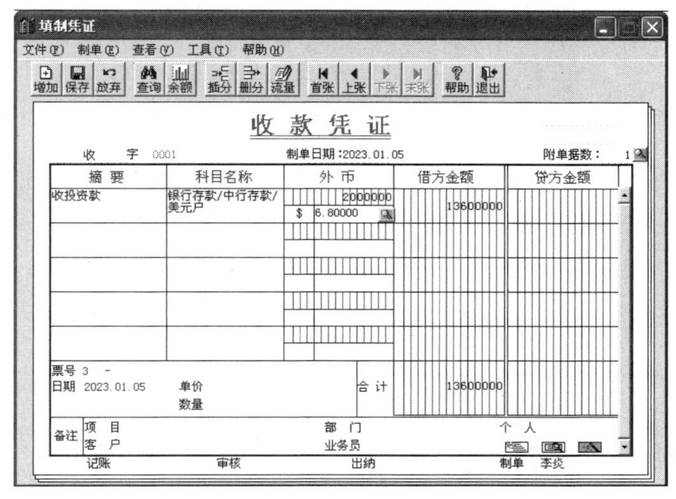

图 4.17　外币核算科目需要输入外币

步骤 2　全部输入完后，单击“保存”按钮保存凭证。

工作提示

汇率栏中的内容是固定的，不能输入或修改。如果使用浮动汇率，则汇率栏中显示最近的一次汇率——可以直接在汇率栏中修改。

4．第 4 笔业务处理

在该笔业务中，“500101 直接材料”科目设置了项目辅助核算，需要指定项目名称；“140301 光盘”科目设置了数量核算，需要输入数量和单价，由系统自动计算金额。

步骤 1　单击“增加”按钮，选择“转账凭证”，输入摘要为“领用光盘”、会计科目为 500101 后，打开“辅助项”对话框。

步骤 2　选择项目名称为“智慧养生”，如图 4.18 所示。单击“确认”按钮，输入金额 1 000，然后按回车键至下一行。

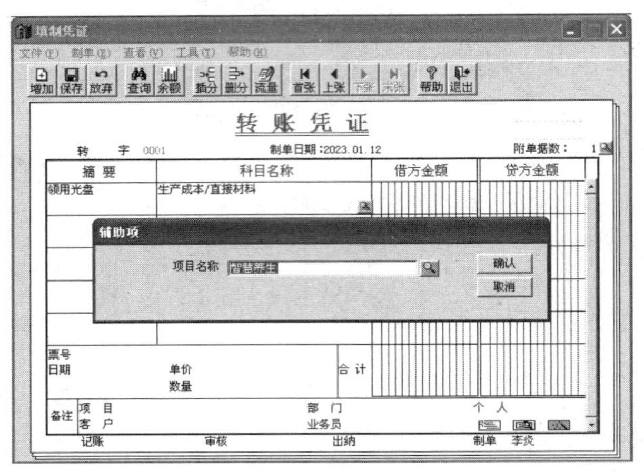

图 4.18　项目核算科目需要选择项目

步骤 3　输入会计科目 140301 后，打开“辅助项”对话框。输入数量为 500、单价为 2，如图 4.19 所示。然后单击“确认”按钮。

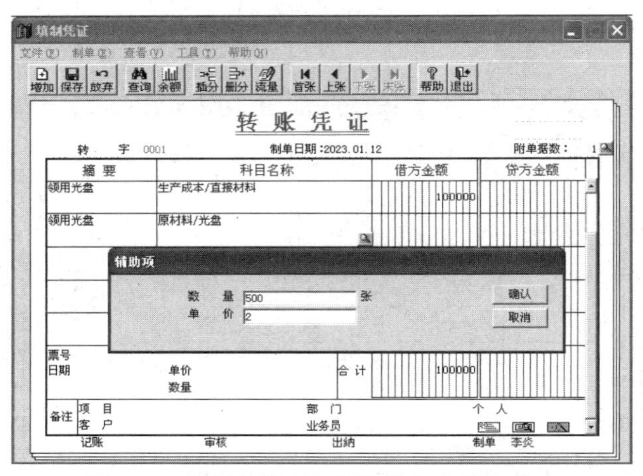

图 4.19　数量核算科目需要输入数量和单价

步骤 4　按空格键调整金额方向。完成信息输入后，保存凭证。

工作提示

系统根据“数量×单价”自动计算出金额，并将金额先放在借方。如果方向不符，则将光标移动到贷方后，按空格键即可调整金额方向。

5．第5笔业务处理

在该笔业务中，“1122 应收账款”科目设置了客户往来辅助核算，需要输入客户信息。

步骤1 单击“增加”按钮，选择“收款凭证”。在填制凭证的过程中，输入客户往来科目1122，打开“辅助项”对话框。

步骤2 选择客户“北京顺达”，系统自动带出业务员和当前业务日期，如图4.20所示。然后单击“确认”按钮。

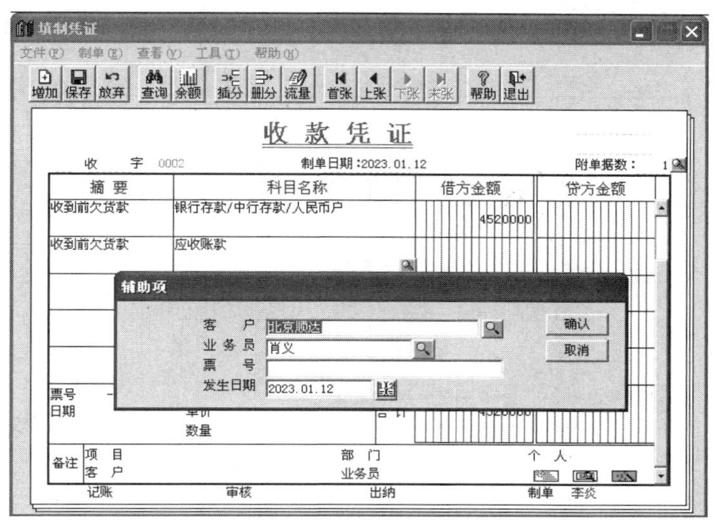

图 4.20 客户往来辅助核算需要输入客户

步骤3 完成信息输入后，保存凭证。

6．第6笔业务处理

在该笔业务中，“220201 应付货款”科目设置了供应商往来辅助核算，需要输入供应商信息。

步骤1 在填制凭证的过程中，输入完供应商往来科目2202后，打开“辅助项”对话框。

步骤2 输入供应商为“利兴科技”，如图4.21所示。单击“确认”按钮。

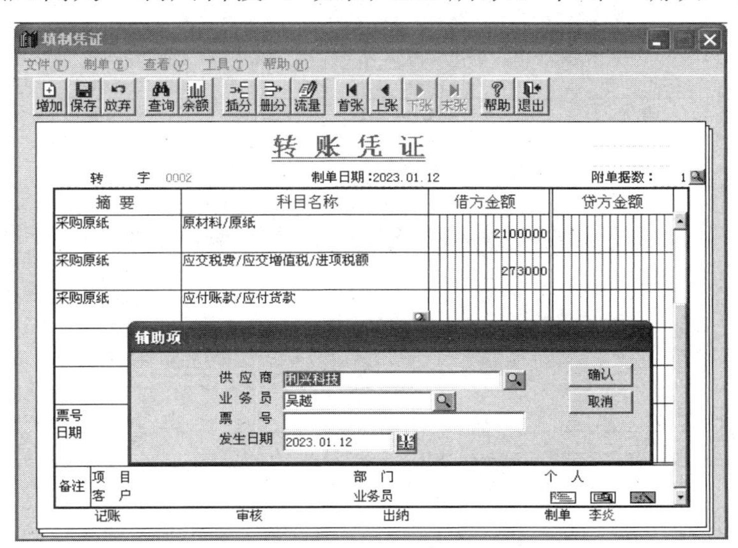

图 4.21 供应商往来辅助核算需要输入供应商

步骤3 完成信息输入后，保存凭证。

7. 第 7 笔业务处理

在该笔业务中，“660203 办公费”科目设置了部门辅助核算，需要输入部门信息。

步骤 1　在填制凭证的过程中，输入部门核算科目 660203 后，打开“辅助项”对话框。

步骤 2　选择部门为“企管部”，如图 4.22 所示。然后单击“确认”按钮。

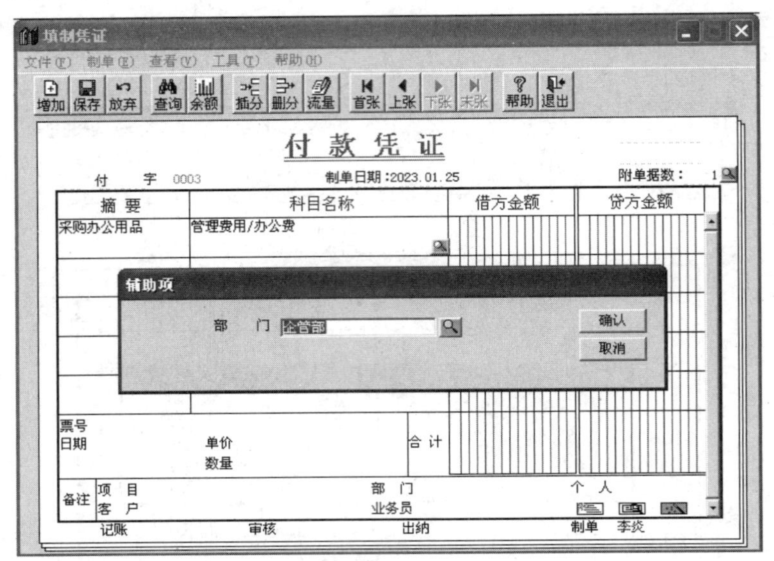

图 4.22　部门核算科目需要选择部门

步骤 3　完成信息输入后，保存凭证。

8. 第 8 笔业务处理

在该笔业务中，“122102 应收个人款”科目设置了个人往来辅助核算，需要输入个人信息。

步骤 1　在填制凭证的过程中，输完个人往来科目 122102 后，打开“辅助项”对话框。

步骤 2　选择部门为“企管部”、个人为“孙云”，如图 4.23 所示。单击“确认”按钮。

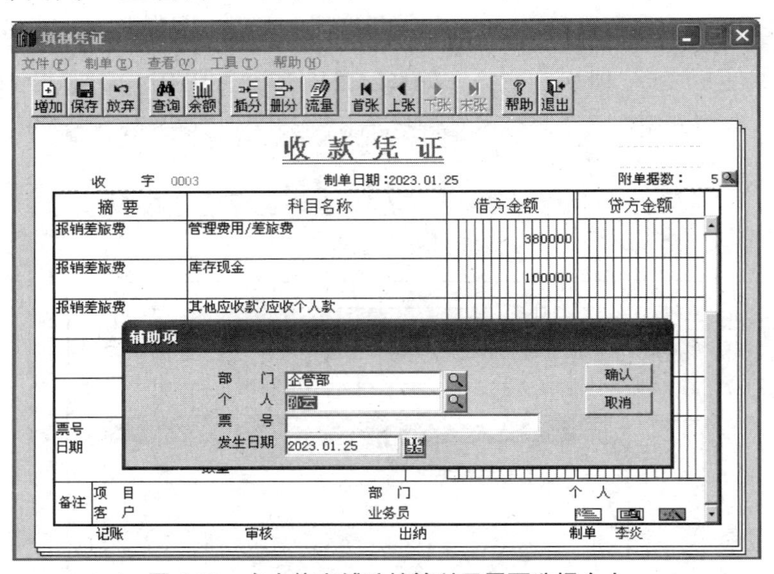

图 4.23　个人往来辅助核算科目需要选择个人

步骤 3　完成信息输入后，保存凭证。

9. 第 9 笔业务处理

请自行完成。

工作任务 2　审核凭证

步骤 1　在 T3 主界面中，选择“文件”|“重新注册”命令，打开“登录”对话框。以 1101 白兵的身份重新进入总账子系统。

步骤 2　选择“总账”|“凭证”|“审核凭证”命令，打开“凭证审核”查询条件对话框。输入查询条件，单击“确认”按钮，打开“凭证审核”的凭证列表窗口。

步骤 3　双击要审核的凭证或单击“确定”按钮，打开凭证审核的“审核凭证”窗口。

步骤 4　检查要审核的凭证，无误后单击“审核”按钮，凭证底部的“审核”处自动签上审核人姓名，如图 4.24 所示。

步骤 5　发现付-0003 凭证错误，可单击“标错”按钮，系统会在凭证上标识“有错”字样，如图 4.25 所示。

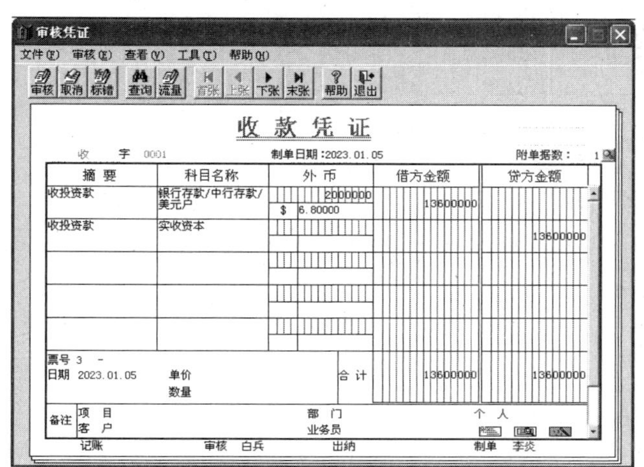

图 4.24　凭证审核

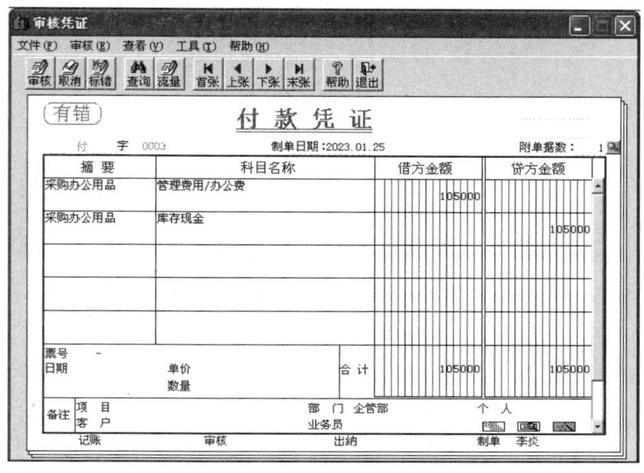

图 4.25　凭证标错

步骤 6　单击“下张”按钮，对其他凭证签字。也可以先审核过目，完成后选择“审核”|“成批审核签字”命令进行成批签字处理。完成后，单击“退出”按钮。

工作提示

① 审核人必须具有审核权。当通过选中“凭证审核权限”复选框设置了明细审核权限时，还需要有对制单人所制凭证的审核权。

② 作废凭证不能被审核，也不能被标错。

③ 审核人和制单人不能是同一个人，凭证一经审核就不能被修改、删除，只有取消审核签字后才可修改或删除；已标记作废的凭证需要先取消“作废”标记后才能审核。

④ 取消审核只能由审核人本人取消。

工作任务 3　修改凭证

步骤 1　由 1102 李炎登录 T3，选择“总账”|“凭证”|“填制凭证”命令，打开“填制凭证”窗口。

步骤 2　单击首张 上张 下张 末张按钮，找到要修改的付-0003 凭证。

步骤 3　将光标放置于借方金额处，直接修改为 1005，并同步修改贷方金额。

步骤 4　将光标放置于“660204 管理费用/办公费”所在行，鼠标指针下移至凭证下方的

“备注”栏，当鼠标指针变为✎时双击，打开“辅助项”对话框。删除“企管部”，重新选择“财务部”，如图 4.26 所示。

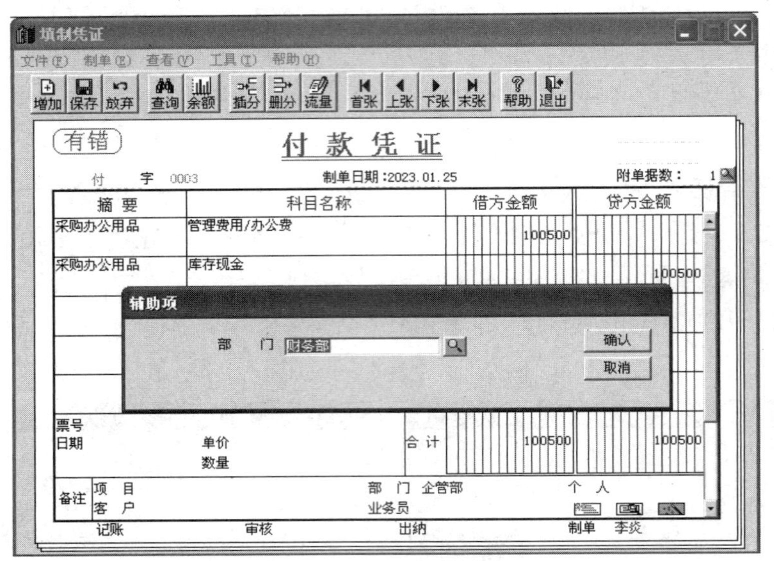

图 4.26 修改凭证

步骤 5 单击“确认”按钮，再单击“保存”按钮保存凭证，“有错”字样即不再显示。

步骤 6 由 1101 白兵对修改后的付-0003 号凭证进行审核。

工作提示

① 未经审核的错误凭证可通过填制凭证功能直接修改；已审核的凭证应先取消审核，再进行修改。

② 如果已采用制单序时控制，则在修改制单日期时，修改的日期不能在上一张凭证的制单日期之前。

③ 如果选中了“不允许修改或作废他人填制的凭证”复选框，则不能修改或作废他人填制的凭证。

④ 如果涉及银行科目的分录已输入支票信息，并对该支票做过报销处理，则修改操作将不会影响支票登记簿中的内容。

⑤ 对于凭证上的基本项目，如金额，将光标放在要修改的地方直接修改；如果要修改凭证的辅助项信息，则首先选中辅助核算科目行，然后将光标置于“备注”栏辅助项，待鼠标指针变为✎时双击，打开“辅助项”对话框，在对话框中修改相关的信息。

工作任务 4 出纳签字

步骤 1 选择“文件”|“重新注册”命令，打开“注册〖控制台〗”对话框。以 1103 苏浩的身份重新进入 T3。

步骤 2 选择“总账”|“凭证”|“出纳签字”命令，打开“出纳签字”查询条件对话框。单击“确认”按钮，进入“出纳签字”的凭证列表，对话框如图 4.27 所示。

步骤 3 双击某一要签字的凭证或单击“确定”按钮，打开“出纳签字”的签字窗口。

步骤 4 审核无误后，单击“签字”按钮，凭证底部的“出纳”处自动签上出纳人姓名，如图 4.28 所示。

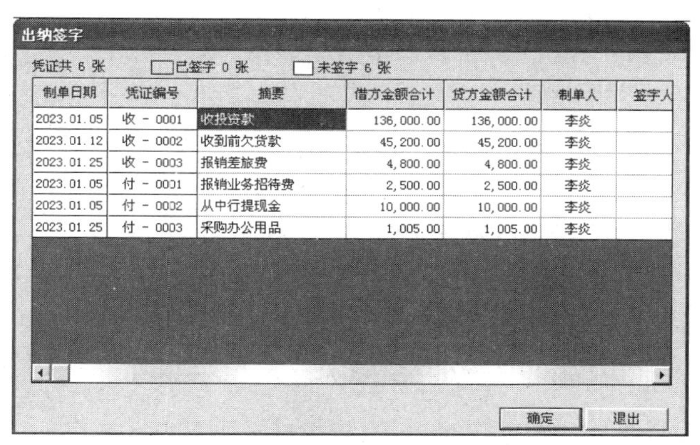

出纳签字

凭证共 6 张　已签字 0 张　未签字 6 张

制单日期	凭证编号	摘要	借方金额合计	贷方金额合计	制单人	签字人
2023.01.05	收 - 0001	收投资款	136,000.00	136,000.00	李炎	
2023.01.12	收 - 0002	收到前欠货款	45,200.00	45,200.00	李炎	
2023.01.25	收 - 0003	报销差旅费	4,800.00	4,800.00	李炎	
2023.01.05	付 - 0001	报销业务招待费	2,500.00	2,500.00	李炎	
2023.01.05	付 - 0002	从中行提现金	10,000.00	10,000.00	李炎	
2023.01.25	付 - 0003	采购办公用品	1,005.00	1,005.00	李炎	

确定　退出

图 4.27　出纳签字凭证列表

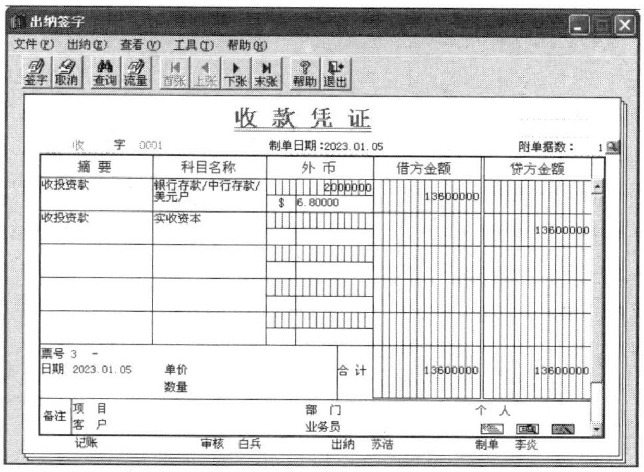

图 4.28　出纳签字

步骤 5　单击“下张”按钮，对其他凭证签字。也可以全部审核完成后选择“出纳”|“出纳成批签字”命令，对所有的凭证进行签字确认。完成后，单击“退出”按钮。

工作提示

① 凭证填制人和出纳签字人既可以为不同的人，也可以为同一个人。

② 在进行出纳签字和审核之前，通常需要先更换操作员。

③ 涉及指定为现金科目和银行科目的凭证才需要出纳签字。

④ 凭证一经签字，就不能被修改、删除，只有取消签字后才可以修改或删除。取消签字只能由出纳自己进行。

⑤ 凭证签字并非审核凭证的必要步骤。如果在设置总账子系统的参数时不选中“出纳凭证必须经由出纳签字”复选框，则可以不执行出纳签字功能。

⑥ 出纳签字和审核凭证不分先后顺序。

工作任务 5　记账

步骤 1　以 1102 李炎的身份登录 T3，选择“总账”|“凭证”|“记账”命令，打开“记账”对话框。

步骤 2　选择要进行记账的凭证范围。本例单击“全选”按钮选择所有凭证，如图 4.29 所示。

步骤 3　单击“下一步”按钮，系统显示预记账报告，可以进行查看。

步骤 4　单击“下一步”按钮进行记账。单击“记账”按钮，打开“期初试算平衡表”对话框。单击“确认”按钮，系统开始登记有关的总账和明细账、辅助账。登记完后，弹出“记账完毕！”信息提示框。

步骤 5　单击“确定”按钮，记账完毕。

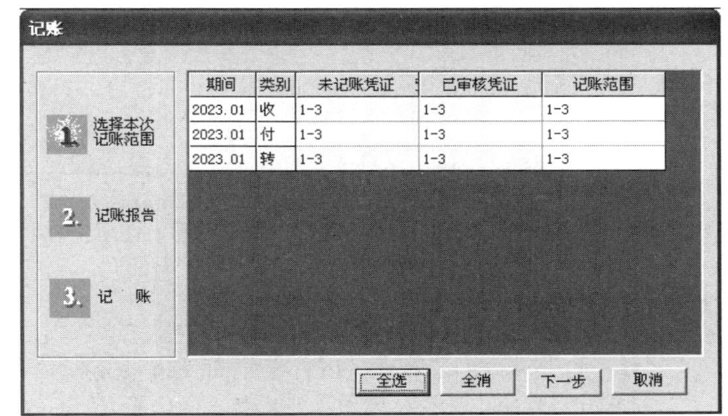

期间	类别	未记账凭证	已审核凭证	记账范围
2023.01	收	1-3	1-3	1-3
2023.01	付	1-3	1-3	1-3
2023.01	转	1-3	1-3	1-3

图 4.29　选择本次记账范围

工作提示

① 未审核的凭证不能记账，且记账范围应小于等于已审核范围。

② 作废凭证不需要审核即可直接记账。

③ 系统提供反记账功能，已结账月份的数据不能取消记账。只有账套主管才有权限恢复记账前状态。反记账的操作是：首先，选择“总账”|“期末”|“对账”命令，在打开的“对账”对话框中按 Ctrl+H 组合键，系统弹出“恢复记账前状态功能已被激活。”信息提示框，单击“确定”按钮返回，再单击“退出”按钮退出“对账”对话框；然后，选择“凭证”|“恢复记账前状态”命令，打开“恢复记账前状态”对话框，选中“最近一次记账前状态”单选按钮，单击“确定”按钮，打开“请输入主管口令”对话框；之后，输入主管口令，单击“确定”按钮，稍候系统弹出“恢复记账完毕!”信息提示框；最后，单击“确定”按钮完成反记账。

工作任务 6 红字冲销

步骤 1 以 1102 李炎的身份登录 T3，选择“总账”|“凭证”|“填制凭证”命令，打开“填制凭证”窗口。

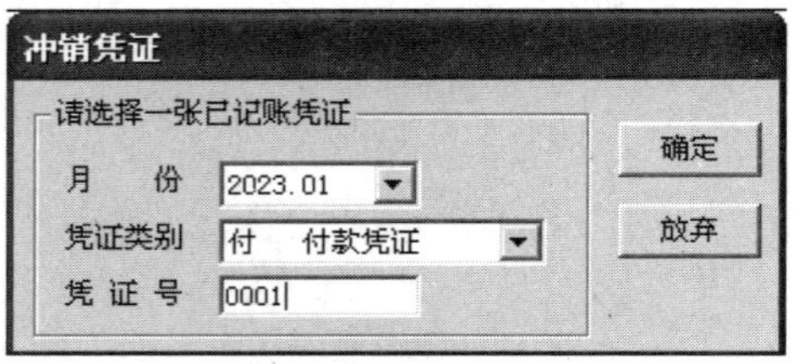

冲销凭证
请选择一张已记账凭证
月 份 2023.01
凭证类别 付 付款凭证
凭 证 号 0001
确定
放弃

图 4.30 冲销凭证

步骤 2 选择“制单”|“冲销凭证”命令，打开“冲销凭证”对话框。选择凭证类别为“付 付款凭证”，输入凭证号为 0001，如图 4.30 所示。

步骤 3 单击“确定”按钮，系统自动生成一张红字冲销凭证，如图 4.31 所示。

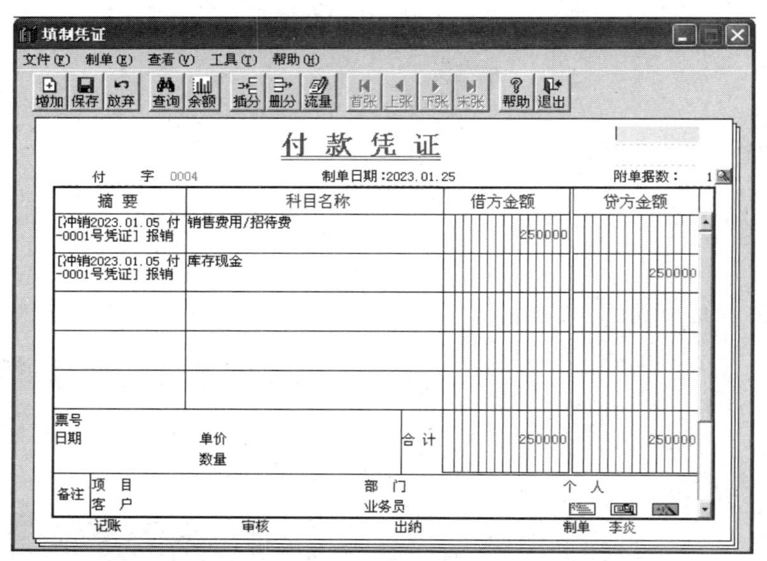

图 4.31 红字冲销凭证

工作提示

① 也可以手工填制红字冲销凭证，红字金额用“–”表示。

② 生成的红字冲销凭证仍需要经过审核、记账处理，才能冲抵对应的业务数据。本例暂不进行处理。

工作任务 7　删除凭证

步骤 1　以 1102 李炎的身份登录 T3，选择“总账”|“凭证”|“填制凭证”命令，打开“填制凭证”窗口。

步骤 2　找到要删除的凭证，选择“制单”|“作废/恢复”命令，凭证的左上角显示“作废”字样，表示该凭证已作废，如图 4.32 所示。

步骤 3　选择“制单”|“整理凭证”命令，打开“选择凭证期间”对话框。选择要整理的月份为“2023.01”，单击“确定”按钮，打开“作废凭证表”对话框。双击选择需要删除的作废凭证或单击“全选”按钮，如图 4.33 所示。

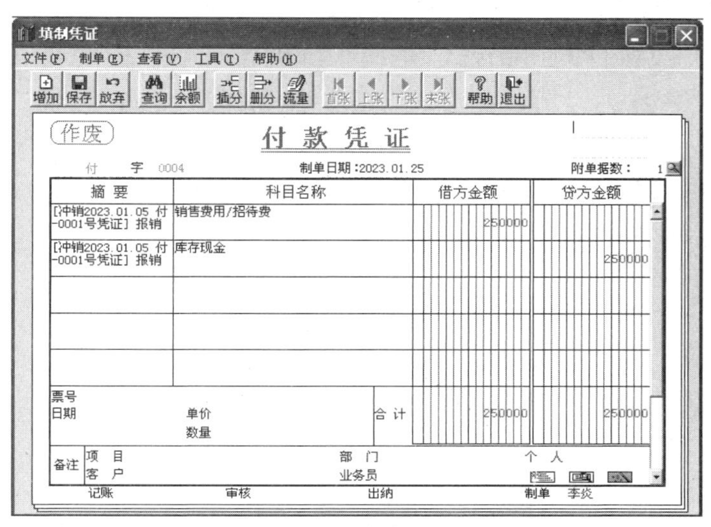

图 4.32　作废凭证

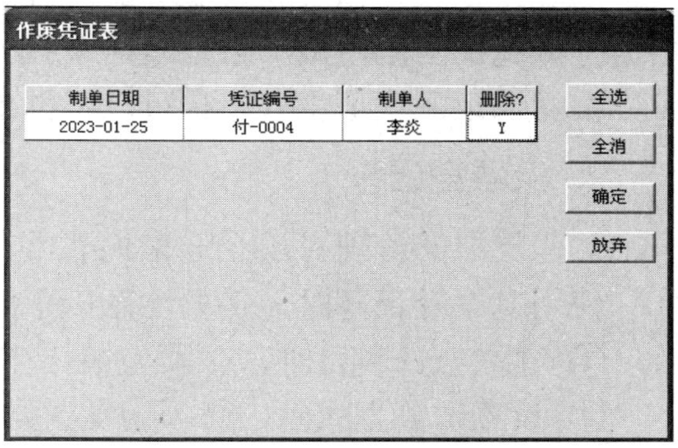

作废凭证表

制单日期	凭证编号	制单人	删除?
2023-01-25	付-0004	李炎	Y

全选　全消　确定　放弃

图 4.33　选择作废凭证

步骤 4　单击“确定”按钮，系统弹出“是否还需整理凭证断号”信息提示框。单击“是”按钮，系统将把这些凭证从数据库中删除并对剩下的凭证重新编号。

工作提示

① 作废凭证仍保留凭证内容和编号，只显示“作废”字样。

② 作废凭证既不能修改，也不能审核。

③ 查询账簿时，查不到作废凭证的数据。

④ 如果当前凭证已作废，则可选择“编辑”|“作废/恢复”命令，取消作废标志，并将当前凭证恢复为有效凭证。

⑤ 如果不想保留作废凭证，则可以通过整理凭证功能将其彻底删除，并对未记账凭证重新编号。

⑥ 只能对未记账凭证做凭证整理。如果要对已记账凭证做凭证整理，则应先恢复本月月初的记账前状态，再做凭证整理。

工作任务 8　备份账套

备份至“总账日常业务”文件夹。操作步骤略。

4.6　总账子系统的辅助管理

T3 提供了辅助管理功能，包括现金管理、账簿管理、客户核算和供应商核算、项目核算。

4.6.1　现金管理

现金管理是总账子系统为出纳人员提供的一套管理工具和工作平台，包括出纳签字、现金和银行存款日记账及资金日报表的查询打印、支票登记簿及银行对账。

1. 现金、银行日记账及资金日报表的查询打印

现金日记账和银行存款日记账不同于一般科目的日记账，是属于出纳管理的，因此将其查询与打印功能放置于出纳管理平台。

资金日报表可以反映现金和银行存款日发生额及余额情况。资金日报表可由总账子系统根据记账凭证自动生成，以便及时掌握当日借贷金额合计、余额和当日业务量等信息。它既可以根据已记账凭证生成，也可以根据未记账凭证生成。

2. 支票登记簿

加强支票的管理对于企业来说非常重要，因此总账子系统提供了支票登记簿功能。

使用支票登记簿时，需要注意以下问题。

① 建立会计科目时，必须为银行存款科目设置银行账属性。

② 设置结算方式时，必须为支票结算方式设置票据管理属性。

③ 领用支票时，银行出纳必须据实填写领用日期、领用部门、领用人、支票号、用途、预计金额、备注等信息。

④ 经办人持原始单据报销支票时，会计人员据此填制记账凭证。在输入该凭证时，系统要求输入结算方式和支票号。填制完凭证后，在采取支票控制的方式下，系统自动在支票登记簿中将该支票填上报销日期，表示该支票已报销。否则，出纳人员需要自己填写报销日期。

3. 银行对账

思政教育

银行对账是出纳在月末应进行的一项工作。企业为了了解未达账项的情况，通常都会定期与开户银行进行对账。在信息化方式下，银行对账的程序如下。

（1）输入银行对账期初数据

在第 1 次利用总账子系统进行银行对账前，应该输入银行启用日期时的银行对账期初数据。输入期初数据后，应保证银行日记账的调整后余额等于银行对账单的调整后余额，否则会影响以后的银行对账。

（2）输入银行对账单

在开始对账前，必须将银行开出的银行对账单输入到系统中，以便将其与企业银行日记账进行核对。有些系统还提供了银行对账单导入的功能，避免了烦琐的手工输入过程。

（3）银行对账

银行对账可采用自动对账和手工对账相结合的方式，先进行自动对账，然后在此基础上再进行手工对账。

(4) 查询打印余额调节表

在进行对账后，系统会根据对账结果自动生成银行存款余额调节表，以供用户查询、打印或输出。

对账后，还可以查询银行日记账和银行对账单对账的详细情况，包括已达账项和未达账项。

(5) 核销银行账

为了避免文件过大，占用磁盘空间，可以利用核销银行账功能将已达账项删除。对于企业银行日记账已达账项的删除不会影响企业银行日记账的查询和打印。

(6) 长期未达账项审计

通过设置截止日期和至截止日期未达天数，系统可以自动将至截止日期未达账项的未达天数超过指定天数的所有未达账项显示出来，以便企业了解长期未达账项的情况，从而采取措施对其追踪，加强监督，避免不必要的损失。

4.6.2 账簿管理

以下分别介绍基本会计账簿查询和辅助账簿查询。

1. 基本会计账簿

基本会计账簿就是手工处理方式下的总账、发生额余额表、明细账、序时账、日记账、多栏账等。

① 总账。查询总账时，可单独显示某科目的年初余额、各月发生额合计、全年累计发生额和月末余额。

② 发生额及余额表。发生额及余额表可以同时显示各科目的期初余额、本期发生额、累计发生额和期末余额。

③ 明细账。明细账以凭证为单位显示各账户的明细发生情况，包括日期、凭证号、摘要、借方发生额、贷方发生额和余额。

④ 序时账。序时账是根据记账凭证以流水账的形式反映各账户的信息，一般包括日期、凭证号、科目、摘要、方向、数量、外币和金额等信息。

⑤ 日记账。日记账一般包括日期、凭证号、摘要、对方科目、借方发生额、贷方发生额和余额。

⑥ 多栏账。在查询多栏账之前，必须先定义多栏账的格式。多栏账格式设置可以有两种方式：自动编制栏目和手工编制栏目。

2. 辅助核算账簿

辅助账在手工处理方式下一般作为备查账。

(1) 个人核算

个人核算可以提供个人往来明细账、催款单、余额表、账龄分析报告和自动清理核销已清账等功能。

(2) 部门核算

部门核算可以提供各级部门的总账、明细账，以及对各部门收入与费用进行部门收支分析等功能。

4.6.3 客户核算和供应商核算

客户核算和供应商核算主要进行客户与供应商往来款项的发生、清欠管理工作，以便及时掌握往来款项的最新情况。客户核算和供应商核算可以提供往来款的总账、明细账、催款单、对账单、往来账清理、账龄分析报告等功能。

4.6.4 项目核算

项目核算用于收入、成本、在建工程等业务的核算，目的是以项目为中心向使用者提供各项目的成本、费用、收入、往来等汇总和明细信息，以及项目计划执行报告等。

4.7 实训 5：账簿管理

实训目的

① 掌握凭证查询的操作方法。
② 掌握账簿管理的具体内容和操作方法。
③ 掌握往来管理和项目管理的操作方法。
④ 掌握现金管理的具体内容和操作方法。

实训重点

① 凭证的查询方法。
② 总账、科目明细账、明细账、辅助账的查询方法。
③ 往来管理——个人往来清理与往来账账龄分析。
④ 项目管理——项目明细账查询与项目统计分析。
⑤ 现金日记账和资金日报表的查询。
⑥ 登记支票登记簿的操作方法。
⑦ 银行对账的操作方法。

实训准备

① 以系统管理员的身份引入“总账日常业务”账套。

② 以 1101 账套主管的身份完成工作任务 1 至工作任务 8，以 1103 出纳的身份完成工作任务 9 至工作任务 12。

实训内容

1．查询现金支出在 1 000 元以上的凭证
2．查询 2023 年 1 月余额表
3．查询“140301 原材料/光盘”的数量金额明细账

4. 定义并查询管理费用多栏账

5. 查询企管部孙云个人往来清理情况

6. 进行供应商往来账龄分析

7. 查询“智慧养生”项目明细账

8. 进行项目统计分析

9. 查询现金日记账

10. 查询 2023 年 1 月 25 日资金日报表

11. 登记支票登记簿

2023 年 1 月 19 日，采购部吴越借转账支票一张，用以采购光盘。票号为 3845，预计金额为 3 600 元。

12. 银行对账

（1）银行对账期初

中顺科技银行账的启用日期为 2023 年 1 月 1 日；中行人民币户企业日记账调整前余额为 237 341.19 元，银行对账单调整前余额为 266 341.19 元；未达账项一笔，系银行已收企业未收款项 29 000 元，票号为 ZZ0119。

（2）银行对账单（见表 4.7）

表 4.7　1 月份银行对账单

元

日　期	结算方式	票　号	借方金额	贷方金额
2023.01.05	201	190101		10 000
2023.01.12	202	ZZ0102	45 200	
2023.01.16	202	190023	32 000	

（3）进行银行对账

（4）输出余额调节表

13. 备份账套

实训指导

以 1101 账套主管的身份登录 T3，完成工作任务 1 至工作任务 8。

工作任务 *1*　查询现金支出在 1 000 元以上的凭证

步骤 1　选择“总账”|“凭证”|“查询凭证”命令，打开“凭证查询”对话框。

步骤 2　单击“辅助条件”按钮，输入科目为“库存现金”、金额为 1 000，选择方向为“贷方”，如图 4.34 所示。

步骤 3　单击“确认”按钮，打开“查询凭证”对话框，如图 4.35 所示。

步骤 4　双击某一记录行，打开“查询凭证”窗口查看详细情况。

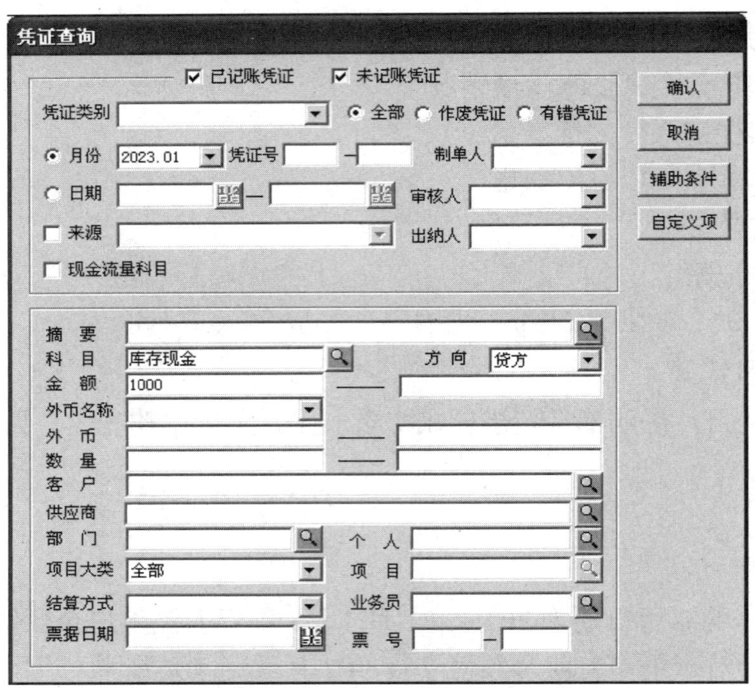

图 4.34　查询凭证

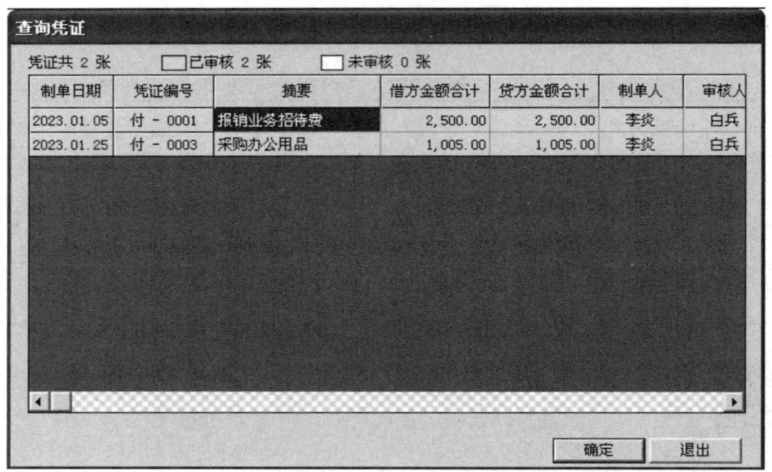

图 4.35　查询凭证列表

工作任务 2　查询 2023 年 1 月余额表

步骤 1　选择“总账”|“账簿查询”|“余额表”｜命令，打开“发生额及余额表查询条件”对话框。

步骤 2　选择查询条件，单击“确定”按钮，打开“发生额及余额表”对话框，如图 4.36 所示。

步骤 3　单击“累计”按钮，系统自动增加借贷方累计发生额两个栏目。

工作提示

① 在查询条件中，可以设置科目级次。

② 如果选中“包含未记账凭证”复选框，则未记账凭证数据也包含在发生额及余额表数据中。

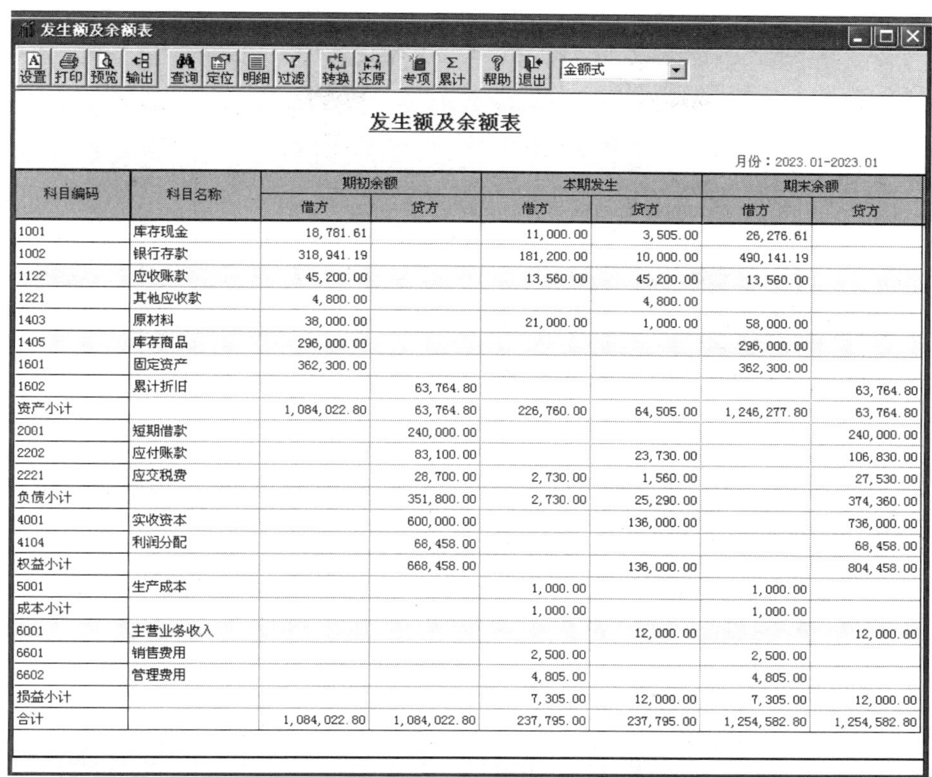

发生额及余额表

设置 打印 预览 输出 查询 定位 明细 过滤 转换 还原 专项 累计 帮助 退出 金额式

发生额及余额表

月份：2023.01-2023.01

科目编码	科目名称	期初余额		本期发生		期末余额	
		借方	贷方	借方	贷方	借方	贷方
1001	库存现金	18,781.61		11,000.00	3,505.00	26,276.61	
1002	银行存款	318,941.19		181,200.00	10,000.00	490,141.19	
1122	应收账款	45,200.00		13,560.00	45,200.00	13,560.00	
1221	其他应收款	4,800.00			4,800.00		
1403	原材料	38,000.00		21,000.00	1,000.00	58,000.00	
1405	库存商品	296,000.00				296,000.00	
1601	固定资产	362,300.00				362,300.00	
1602	累计折旧		63,764.80				63,764.80
资产小计		1,084,022.80	63,764.80	226,760.00	64,505.00	1,246,277.80	63,764.80
2001	短期借款		240,000.00				240,000.00
2202	应付账款		83,100.00		23,730.00		106,830.00
2221	应交税费		28,700.00	2,730.00	1,560.00		27,530.00
负债小计			351,800.00	2,730.00	25,290.00		374,360.00
4001	实收资本		600,000.00		136,000.00		736,000.00
4104	利润分配		68,458.00				68,458.00
权益小计			668,458.00		136,000.00		804,458.00
5001	生产成本			1,000.00		1,000.00	
成本小计				1,000.00		1,000.00	
6001	主营业务收入				12,000.00		12,000.00
6601	销售费用			2,500.00		2,500.00	
6602	管理费用			4,805.00		4,805.00	
损益小计				7,305.00	12,000.00	7,305.00	12,000.00
合计		1,084,022.80	1,084,022.80	237,795.00	237,795.00	1,254,582.80	1,254,582.80

图 4.36　查询发生额及余额表

工作任务 3　查询“140301 原材料/光盘”的数量金额明细账

步骤 1　选择“总账”|“账簿查询”|“明细账”命令，打开“明细账查询条件”对话框。

步骤 2　选择查询科目 140301—140301，单击“确认”按钮，打开“明细账”对话框。

步骤 3　选择“数量金额式”账页形式，显示数量金额明细账，如图 4.37 所示。

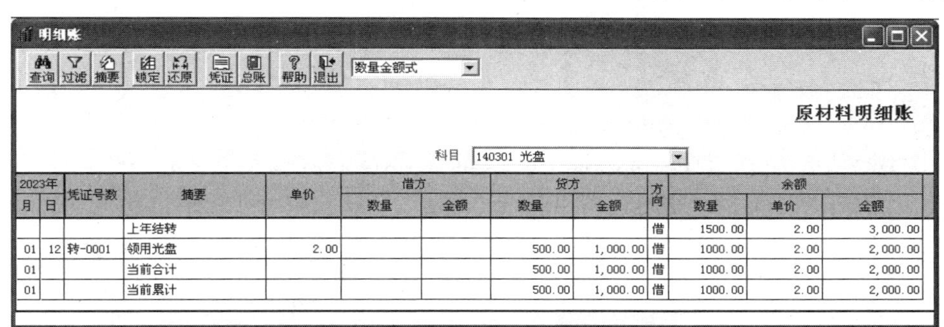

明细账

查询 过滤 摘要 锁定 还原 凭证 总账 帮助 退出 数量金额式

原材料明细账

科目 140301 光盘

2023年 月	日	凭证号数	摘要	单价	借方 数量	借方 金额	贷方 数量	贷方 金额	方向	余额 数量	余额 单价	余额 金额
			上年结转						借	1500.00	2.00	3,000.00
01	12	转-0001	领用光盘	2.00			500.00	1,000.00	借	1000.00	2.00	2,000.00
01			当前合计				500.00	1,000.00	借	1000.00	2.00	2,000.00
01			当前累计				500.00	1,000.00	借	1000.00	2.00	2,000.00

图 4.37　数量金额明细账

工作任务 4　定义并查询管理费用多栏账

步骤 1　选择“总账”|“账簿查询”|“多栏账”命令，打开“多栏账”对话框。

步骤 2　单击“增加”按钮，打开“多栏账定义”对话框。选择核算科目为“6602 管理费用”，单击“自动编制”按钮，系统自动将管理费用下的明细科目作为多栏账的栏目，如图 4.38 所示。

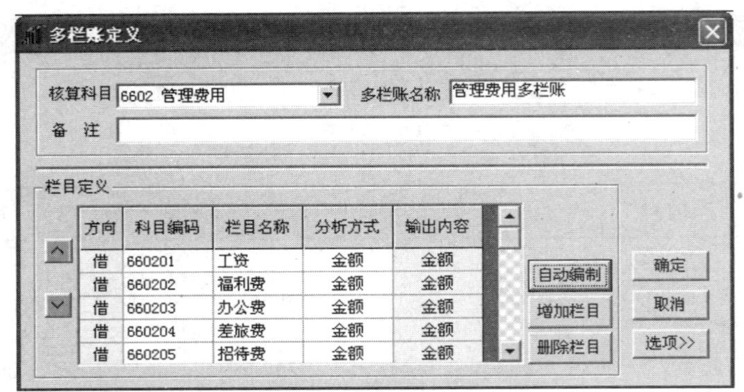

图 4.38　定义多栏账

步骤 3　单击“确定”按钮，完成管理费用多栏账的定义，返回“多栏账”对话框。

步骤 4　选择“管理费用多栏账”记录，单击“查询”按钮，选择多栏账查询条件，单击“确认”按钮，打开“多栏账查询”对话框，如图 4.39 所示。

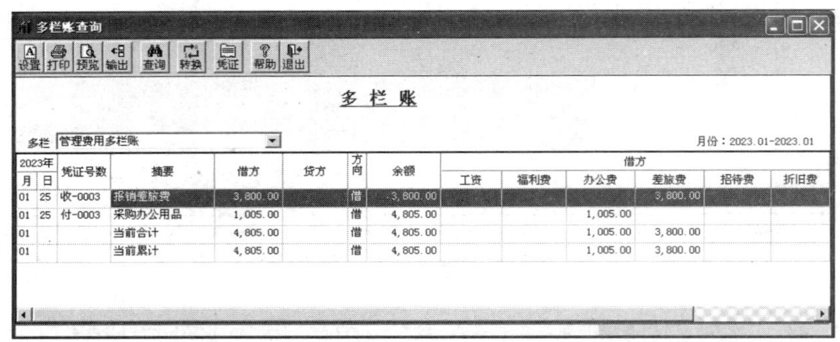

图 4.39　查询管理费用多栏账

工作任务 5　查询企管部孙云个人往来清理情况

步骤 1　选择“总账”|“辅助查询”|“个人往来清理”命令，打开“个人往来两清条件”对话框。

步骤 2　选择部门为“企管部”、个人为“孙云”，选中“显示已两清”复选框，如图 4.40 所示。

步骤 3　单击“确认”按钮，打开“个人往来两清”对话框。单击“勾对”按钮，系统显示勾对结果。单击“返回”按钮，系统自动将已达账项打上两清的标志，如图 4.41 所示。

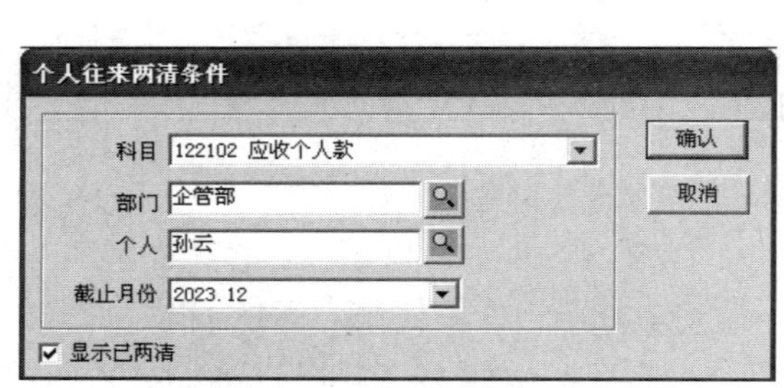

图 4.40　个人往来两清条件

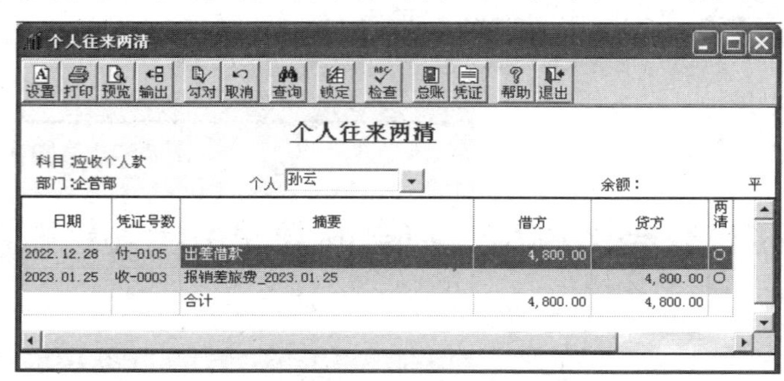

图 4.41　个人往来两清

工作任务 6　进行供应商往来账龄分析

步骤 1　选择“往来”|“账簿”|“往来管理”|“供应商往来账龄分析”命令，打开“供

应商往来账龄”对话框。

步骤 2　选择查询科目为“220201 应付货款”。单击“确定”按钮，打开“供应商往来账龄”对话框，其中显示了供应商往来账龄分析情况，如图 4.42 所示。

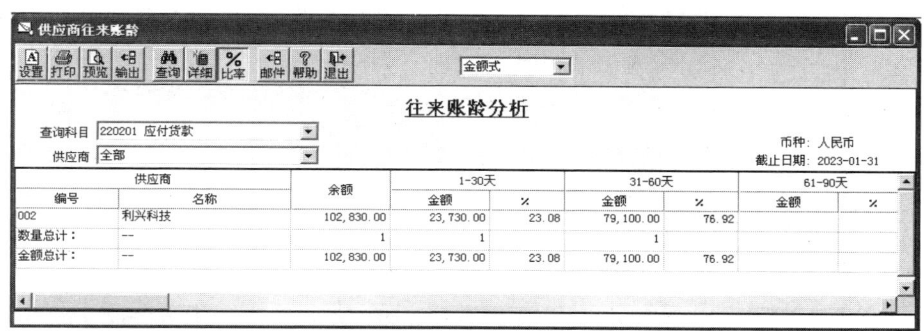

供应商编号	供应商名称	余额	1-30天 金额	1-30天 %	31-60天 金额	31-60天 %	61-90天 金额	61-90天 %
002	利兴科技	102, 830. 00	23, 730. 00	23. 08	79, 100. 00	76. 92		
数量总计：	--	1	1		1			
金额总计：	--	102, 830. 00	23, 730. 00	23. 08	79, 100. 00	76. 92		

图 4.42　供应商往来账龄分析

工作任务 7　查询“智慧养生”项目明细账

步骤 1　选择“项目”|“账簿”|“项目明细账”|“项目明细账”命令，打开“项目明细账条件”对话框。

步骤 2　选择项目为“智慧养生”，如图 4.43 所示。

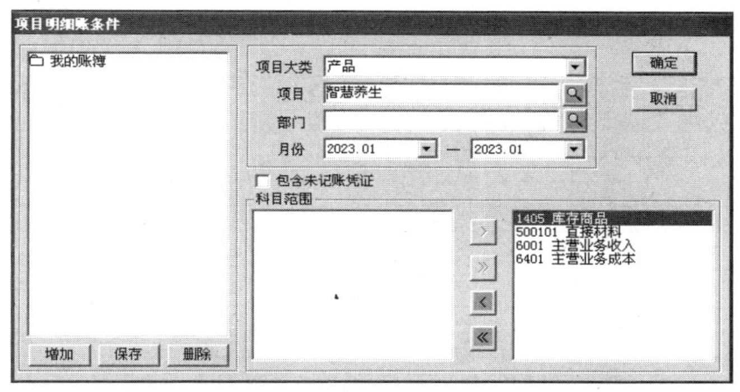

图 4.43　设置项目明细账条件

步骤 3　单击“确定”按钮，显示项目明细账，如图 4.44 所示。

项目明细账

设置 打印 预览 输出 查询 定位 摘要 转换 还原 凭证 总账 帮助 退出　金额式

项目明细账

项目 智慧养生

部门

月份:2023. 01-2023. 01

2023年 月	日	凭证号数	科目编码	科目名称	摘要	借方	贷方	方向	余额
			1405	库存商品	上年结转			借	80, 000. 00
01	12	转-0001	500101	直接材料	领用光盘	1, 000. 00		借	1, 000. 00
01					当前合计	1, 000. 00		借	1, 000. 00
01					当前累计	1, 000. 00		借	1, 000. 00
					合计	1, 000. 00		借	81, 000. 00

图 4.44　项目明细账

工作任务 8　进行项目统计分析

步骤 1　选择“项目”|“账簿”|“项目统计分析”命令，打开“项目统计条件”对话框。选择统计项目后，单击“下一步”按钮。

步骤 2　选择全部科目作为统计科目，如图 4.45 所示。然后单击“下一步”按钮。

步骤 3　选择统计的起始月份与终止月份为“2023.01”。单击“完成”按钮，显示项目统计情况，如图 4.46 所示。

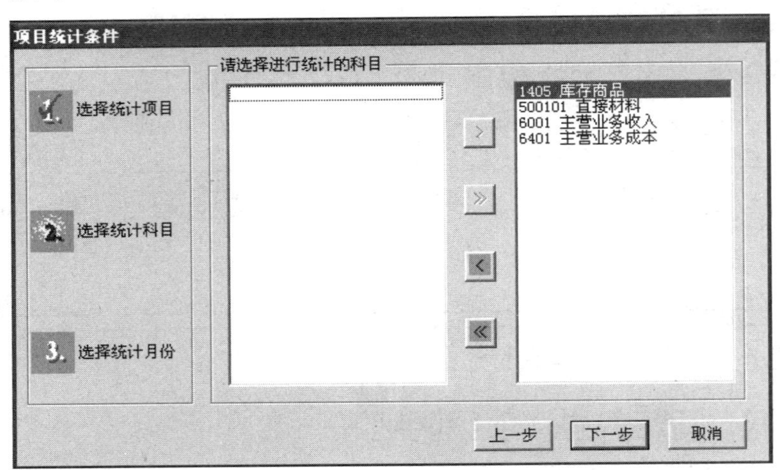

图 4.45　项目统计条件

项目统计表

2023.01-2023.01

项目分类及项目名称	项目编号	统计方式	合计		库存商品(1405)	直接材料(500101)	主营业务收入(6001)	主营业务成本(6401)
			方向	金额	金额	金额	金额	金额
多媒体套件(1)		期初	借	116,000.00	116,000.00			
		借方		1,000.00		1,000.00		
		贷方		12,000.00			12,000.00	
		期末	借	105,000.00	116,000.00	1,000.00	12,000.00	
智慧养生	101	期初	借	80,000.00	80,000.00			
		借方		1,000.00		1,000.00		
		贷方						
		期末	借	81,000.00	80,000.00	1,000.00		
瑜伽入门	102	期初	借	36,000.00	36,000.00			
		借方						
		贷方		12,000.00			12,000.00	
		期末	借	24,000.00	36,000.00		12,000.00	
定制礼品(2)		期初	借	180,000.00	180,000.00			
		借方						
		贷方						
		期末	借	180,000.00	180,000.00			
纪念册	201	期初	借	180,000.00	180,000.00			
		借方						
		贷方						
		期末	借	180,000.00	180,000.00			
合计		期初	借	296,000.00	296,000.00			
		借方		1,000.00		1,000.00		
		贷方		12,000.00			12,000.00	

图 4.46　项目统计表

以 1103 出纳的身份登录 T3，完成工作任务 9 至工作任务 12。

工作任务 9　查询现金日记账

步骤 1　选择“现金”|“现金管理”|“日记账”|“现金日记账”命令，打开“现金日记账查询条件”对话框。

步骤 2　选择科目为“1001 库存现金”、默认月份为“2023.01”。单击“确认”按钮，打开“现金日记账”对话框，如图 4.47 所示。

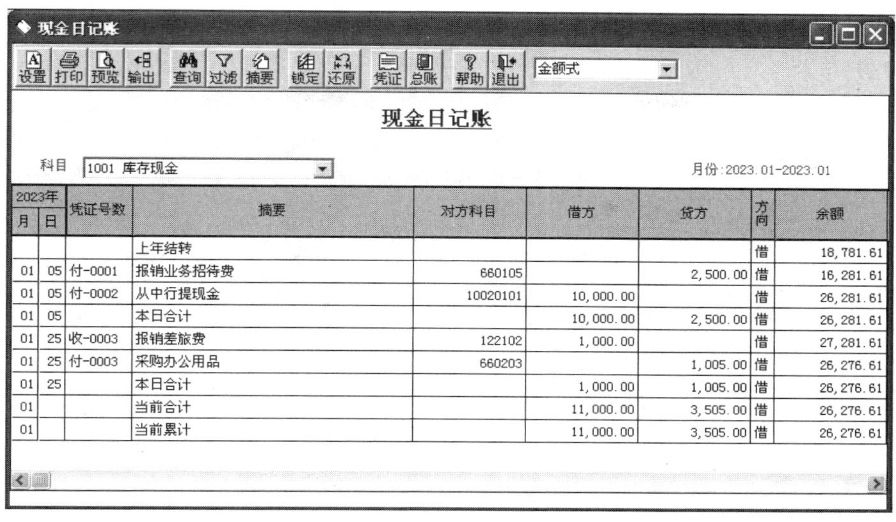
现金日记账

科目 1001 库存现金　　月份：2023.01-2023.01

2023年 月	日	凭证号数	摘要	对方科目	借方	贷方	方向	余额
			上年结转				借	18,781.61
01	05	付-0001	报销业务招待费	660105		2,500.00	借	16,281.61
01	05	付-0002	从中行提现金	10020101	10,000.00		借	26,281.61
01	05		本日合计		10,000.00	2,500.00	借	26,281.61
01	25	收-0003	报销差旅费	122102	1,000.00		借	27,281.61
01	25	付-0003	采购办公用品	660203		1,005.00	借	26,276.61
01	25		本日合计		1,000.00	1,005.00	借	26,276.61
01			当前合计		11,000.00	3,505.00	借	26,276.61
01			当前累计		11,000.00	3,505.00	借	26,276.61

图 4.47　现金日记账

步骤 3　双击某行或将光标定在某行后再单击“凭证”按钮，可查看相应的凭证。单击“总账”按钮，可查看此科目的三栏式总账。然后单击“退出”按钮。

工作任务 *10*　查询 2023 年 1 月 25 日资金日报表

步骤 1　选择“现金”|“现金管理”|“日记账”|“资金日报”命令，打开“资金日报表查询条件”对话框。

步骤 2　输入查询日期为“2023.01.25”，选中“有余额无发生也显示”复选框，如图 4.48 所示。

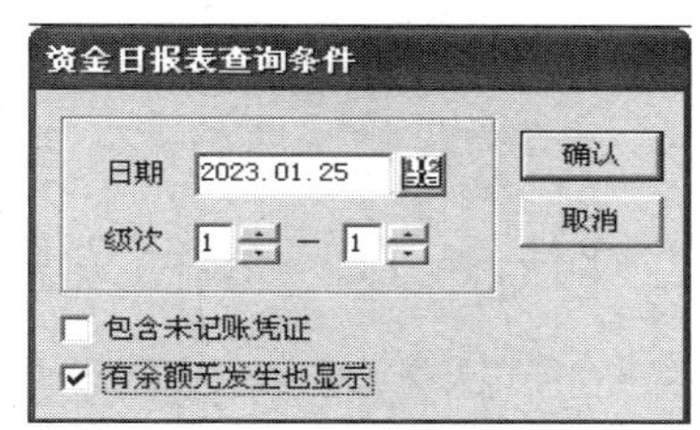

图 4.48　资金日报表查询条件

步骤 3　单击“确认”按钮，打开“资金日报表”对话框，如图 4.49 所示。

资金日报表

日期：2023.01.25

科目编码	科目名称	币种	今日共借	今日共贷	方向	今日余额	借方笔数	贷方笔数
1001	库存现金		1,000.00	1,005.00	借	26,276.61	1	1
1002	银行存款				借	490,141.19		

图 4.49　资金日报表

步骤 4　单击“日报”按钮，查看日报单。

工作任务 *11*　登记支票登记簿

步骤 1　选择“现金”|“票据管理”|“支票登记簿”命令，打开“银行科目选择”对话框。

步骤 2　选择科目为“10020101 人民币户”，单击“确定”按钮，打开“支票登记”复选框。

步骤 3　单击“增加”按钮，输入领用日期为“2023.01.19”、领用部门为“采购部”、领用人为“吴越”、支票号为 3845、预计金额为 3 600、用途为“采购光盘”。然后单击“保存”按钮，如图 4.50 所示。

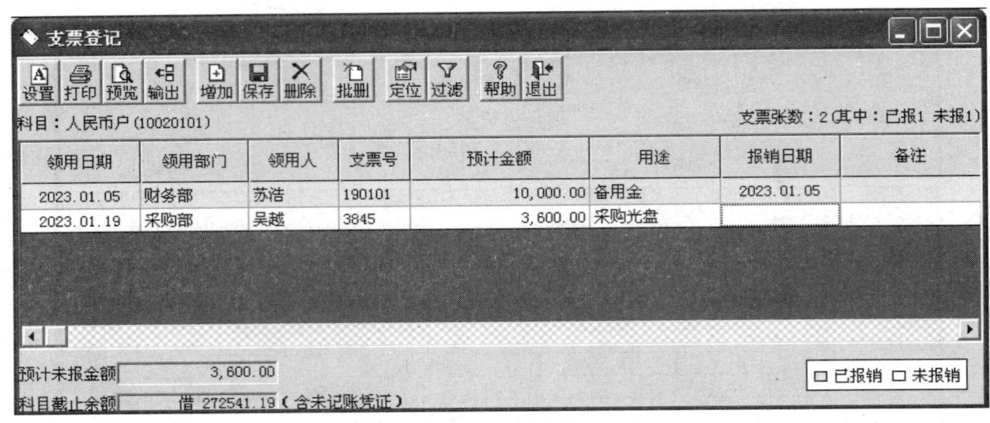

图 4.50 支票登记

步骤 4 单击“退出”按钮返回。

工作提示

① 只有在结算方式设置中选中“票据管理标志”复选框才能在此选择登记。
② 领用日期和支票号必须输入，其他内容可选择输入。
③ 报销日期不能早于领用日期。
④ 已报销的支票可成批删除。

工作任务 12 银行对账

1．输入银行对账期初

步骤 1 在总账子系统中，选择“现金”|“设置”|“银行期初录入”命令，打开“银行科目选择”对话框。

步骤 2 选择科目为“人民币户（10020101）”，单击“确定”按钮，打开“银行对账期初”对话框。确定启用日期为“2023.01.01”。

步骤 3 输入单位日记账的调整前余额为 237 341.19、银行对账单的调整前余额为 266 341.19。

步骤 4 单击“对账单期初未达项”按钮，打开“银行方期初”对话框。

步骤 5 单击“增加”按钮，输入日期为“2022.12.31”、结算方式为 202、借方金额为 29 000。

步骤 6 单击“保存”按钮，如图 4.51 所示。

步骤 7 单击“退出”按钮，返回“银行对账期初”对话框，如图 4.52 所示。

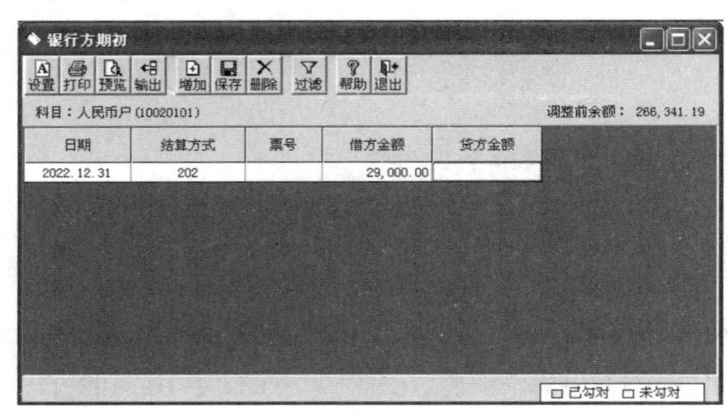

图 4.51 输入银行方期初

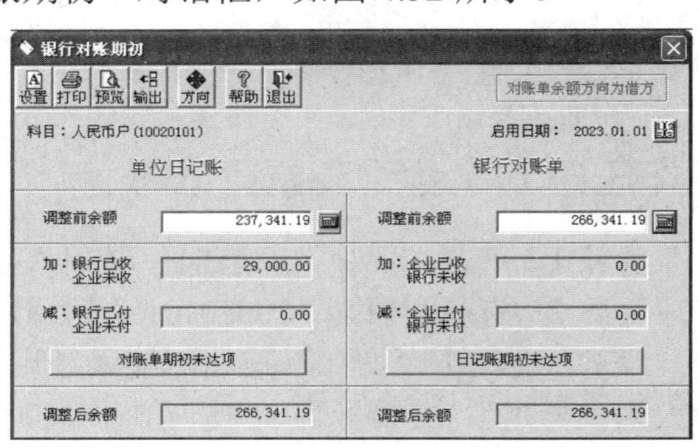

图 4.52 银行对账期初

步骤 8　单击“退出”按钮返回。

工作提示

① 在第 1 次使用银行对账功能前，系统会要求输入单位日记账和银行对账单期初未达账项。

② 在输入单位日记账、银行对账单期初未达账项后，不要随意调整启用日期，尤其是不能向前调，这样可能会造成启用日期后的期初数不能再参与对账。

2．输入银行对账单

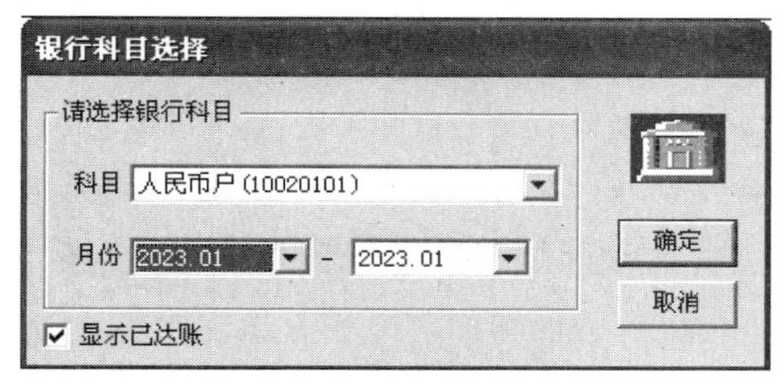

图 4.53　银行对账单条件

步骤 1　选择“现金”|“现金管理”|“银行账”|“银行对账单”命令，打开“银行科目选择”对话框。

步骤 2　选择科目为“人民币户（10020101）”、月份为“2023.01-2023.01”，如图 4.53 所示。单击“确定”按钮，打开“银行对账单”对话框。

步骤 3　单击“增加”按钮，输入银行对账单数据，再单击“保存”按钮，如图 4.54 所示。然后单击“退出”按钮返回。

银行对账单

设置 打印 预览 输出 增加 保存 删除 过滤 引入 帮助 退出

科目：人民币户 (10020101)

日期	结算方式	票号	借方金额	贷方金额	余额
2023.01.05	201	190101		10,000.00	256,341.19
2023.01.12	202	ZZ0102	45,200.00		301,541.19
2023.01.16	202	190023	32,000.00		333,541.19

□ 已勾对　□ 未勾对

图 4.54　输入银行对账单

3．自动对账

步骤 1　选择“现金”|“现金管理”|“银行账”|“银行对账”命令，打开“银行科目选择”对话框。

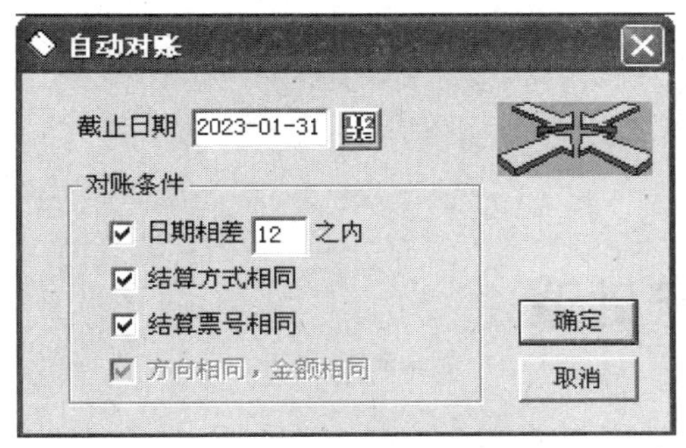

图 4.55　自动对账条件

步骤 2　选择科目为“人民币户（10020101）”、月份为“2023.01-2023.01”，单击“确定”按钮，打开“银行对账”对话框。

步骤 3　单击“对账”按钮，打开“自动对账”对话框。

步骤 4　输入截止日期为“2023.01.31”，默认系统提供的其他对账条件，如图 4.55 所示。

步骤 5　单击“确定”按钮，显示自动对账结果，如图 4.56 所示。

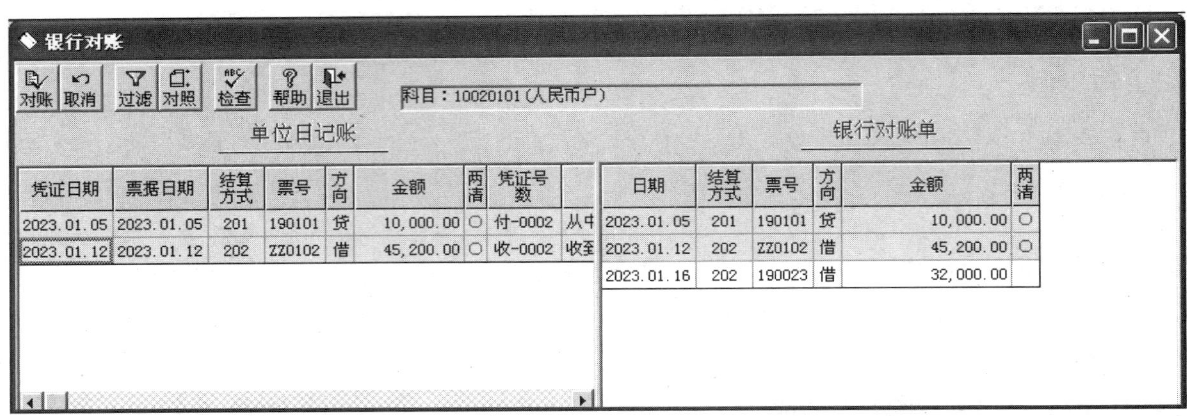

图 4.56　银行对账

工作提示

①“自动对账”对话框“对账条件”选项组中的“方向相同，金额相同”是必选条件，对账截止日期既可输入，也可不输入。

② 对于已达账项，系统自动在银行存款日记账和银行对账单双方的“两清”栏中打上圆圈标志。

4．手工对账

步骤 1　在“银行对账”对话框中，对于一些应勾对而未勾对上的账项，可分别双击“两清”栏，直接进行手工调整。手工对账的标记为 Y，以区别于自动对账标记。

步骤 2　对账完毕，单击“检查”按钮，检查结果是否平衡。然后单击“确定”按钮。

工作提示

在自动对账不能完全对上的情况下，可采用手工对账。

5．查看余额调节表

步骤 1　选择“现金”|“现金管理”|“银行账”|“余额调节表查询”命令，打开“银行存款余额调节表”对话框。

步骤 2　选中科目“人民币户（10020101）”。

步骤 3　单击“查看”按钮或双击该行，就会显示该银行账户的银行存款余额调节表。

工作任务 13　备份账套

全部完成后，将账套备份至“账簿管理”。

4.8　总账子系统期末处理

每个会计期间结束，都要完成一些特定的工作，主要包括自动转账、对账及试算平衡、月末结账。

4.8.1　自动转账

1. 转账的分类

转账分为内部转账和外部转账两类。

2. 定义转账凭证

要利用自动转账功能自动生成记账凭证，应该先定义凭证模板。定义凭证模板时，应设置凭证类别、摘要、借贷会计科目及其金额。

定义转账凭证时，一定要注意这些凭证的生成顺序。

凭证模板只需要定义一次即可，各月不必重复定义。

3. 生成记账凭证

凭证模板定义好以后，当每个月发生相关经济业务时就可不必再通过手工输入凭证，而可以直接调用已定义好的凭证模板来自动生成相关的记账凭证了。

利用凭证模板生成记账凭证需要各月重复进行。

利用自动转账生成的凭证属于机制凭证，仅仅代替了人工查账和填制凭证的环节，仍然需要进行审核记账。

4.8.2　对账及试算平衡

对账是指对账簿数据进行核对，以检查记账是否正确、是否账账相符。对账包括总账与明细账、总账与辅助账的核对。试算平衡时系统会将所有账户的期末余额按照会计平衡公式"借方余额＝贷方余额"进行平衡检验，并输出科目余额表。

4.8.3　月末结账

每月工作结束后，月末都要进行结账，结账前最好进行数据备份。结账后，当月不能再填制凭证，并终止各账户的记账工作。同时，系统会自动计算当月各账户发生额合计和余额，并将其转入下月月初。本月结账时，系统会进行下列检查工作。

① 检查本月业务是否已全部记账，有未记账凭证时不能结账。

② 检查上月是否已结账，如果上月未结账，则本月不能结账。实际上，如果上月未结账，本月也不能记账，只能填制、复核凭证。

③ 核对总账与明细账、总账与辅助账，账账不符时不能结账。

④ 对科目余额进行试算平衡，试算结果不平衡时将不能结账。

⑤ 损益类账户是否已结转至本年利润。

⑥ 当各子系统集成应用时，总账子系统必须在其他各子系统结账后才能最后结账。

4.9　实训 6：总账子系统期末结账

实训目的

① 掌握总账子系统进行月末处理的相关内容。

② 熟悉总账子系统月末处理业务的各种操作。

③ 掌握自动转账设置与生成、对账和月末结账的操作方法。

实训重点

① 自动转账。

② 对账。

③ 月末结账。

实训准备

以系统管理员的身份引入“账簿管理”账套。

实训内容

1．自动转账

（1）自定义结转设置

按短期借款期初余额的 8%计提短期借款利息。

借：财务费用——利息（660301）　　用 JG( )取对方科目计算结果

　　贷：应付利息（2231）　　“短期借款（2001）”科目的期初余额×0.08/12

（2）期间损益结转设置

设置本年利润科目为 4103。

（3）对应结转设置

将“本年利润”期末余额结转到“利润分配——未分配利润”。

2．生成自动转账凭证，对凭证审核记账

3．对账

4．月末结账

5．取消月末结账

6．备份账套

实训指导

工作任务 1　自动转账设置

1．自定义转账设置

步骤 1　以 1102 李炎的身份进入 T3，选择“总账”|“期末”|“转账定义”|“自定义转账”命令，打开“自动转账设置”对话框。

操作视频

步骤 2　单击“增加”按钮，打开“转账目录”对话框。

步骤 3　输入转账序号为 0001、转账说明为“计提短期借款利息”，选择凭证类别为“转 转账凭证”，如图 4.57 所示。

图 4.57　转账目录定义

步骤 4　单击“确定”按钮，继续定义转账凭证分录信息。确定分录的借方信息：选择科目编码为 660301、方向为“借”，输入金额公式“JG( )”。

步骤 5　单击“增行”按钮。确定分录的贷方信息：选择科目编码为 2231、方向为“贷”；在“金额

公式”栏单击“参照”按钮，打开“公式向导”对话框，选择“期初余额”“QC( )”，如图 4.58 所示。

步骤 6　单击“下一步”按钮，选择科目为 2001，如图 4.59 所示。

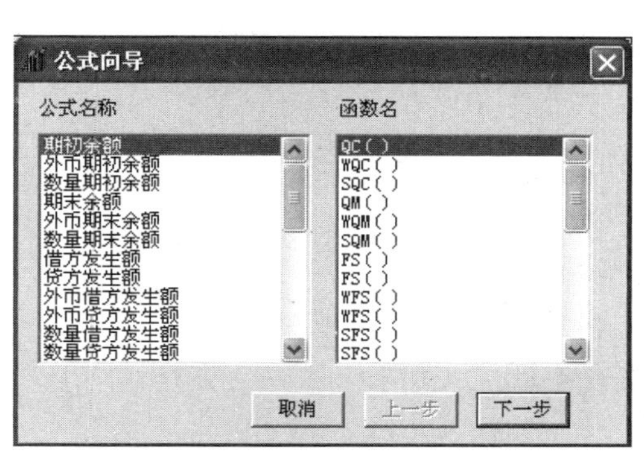

图 4.58　公式向导——选择公式

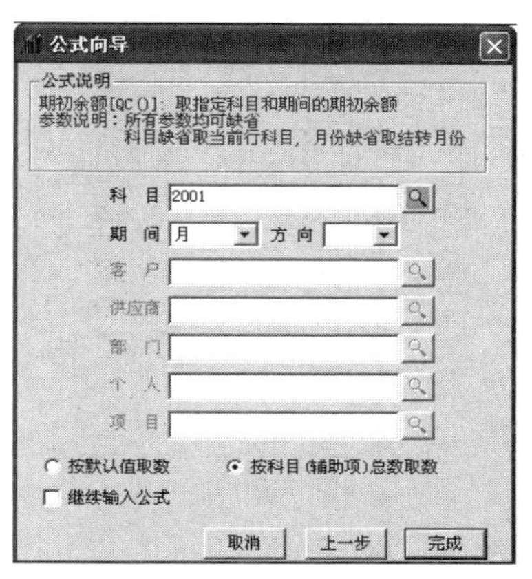

图 4.59　公式向导——选择内容

步骤 7　单击“完成”按钮，返回“自动转账设置”对话框。在“金额公式”栏输入“*0.08/12”，如图 4.60 所示。然后单击“保存”按钮。

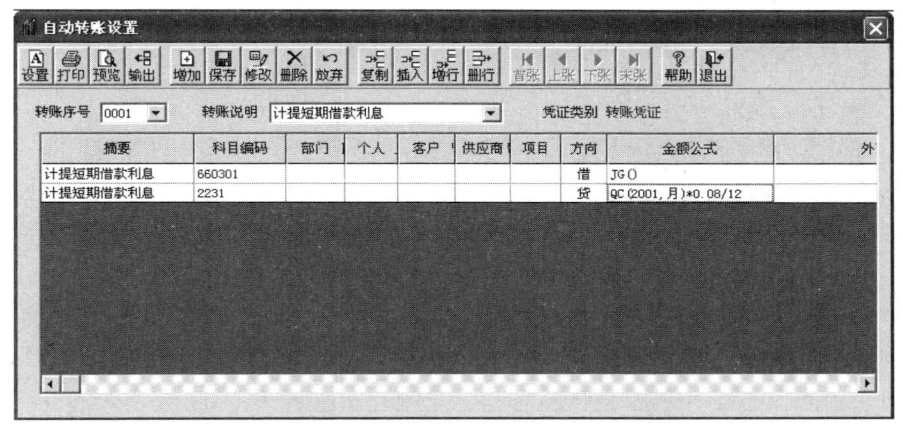

摘要	科目编码	部门	个人	客户	供应商	项目	方向	金额公式	外
计提短期借款利息	660301						借	JG()	
计提短期借款利息	2231						贷	QC(2001,月)*0.08/12	

图 4.60　自动转账设置

工作提示

① 转账科目可以为非末级科目，部门可为空，表示所有部门。

② 输入转账计算公式有两种方法：一是直接输入计算公式；二是用引导方式输入公式。

③ JG()的功能为取对方科目的计算结果，其中的“()”必须为英文符号，否则系统会提示“金额公式不合法：未知函数名”。

2．期间损益结转设置

步骤 1　选择“总账”|“期末”|“转账定义”|“期间损益”命令，打开“期间损益结转设置”对话框。

步骤 2　选择凭证类别为“转　转账凭证”、本年利润科目为 4103，如图 4.61 所示。然后单击“确定”按钮。

图 4.61　期间损益结转设置

3．对应结转设置

步骤 1　选择“总账”|“期末”|“转账定义”|“对应结转”命令，打开“对应结转设置”对话框。

步骤 2　输入编号 0001，选择凭证类别为“转 转账凭证”、摘要为“结转本年利润”，转出科目编码为 4103。

步骤 3　单击“增行”按钮，选择转入科目编码为 410415、结转系数为 1，如图 4.62 所示。然后单击“保存”按钮。

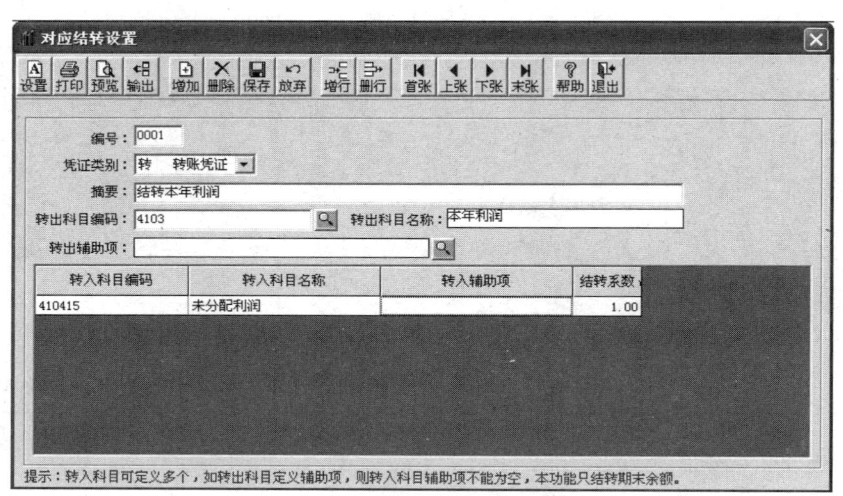

图 4.62　对应结转设置

工作任务 2　生成自动转账凭证

1．生成自定义转账凭证

步骤 1　以 1102 李炎的身份登录 T3，选择“总账”|“期末”|“转账生成”命令，打开“转账生成”对话框。

步骤 2　选中“自定义转账”单选按钮，然后单击“全选”按钮，如图 4.63 所示。

步骤 3　单击“确定”按钮，系统生成转账凭证。

步骤 4　单击“保存”按钮，系统自动将当前凭证追加到未记账凭证中，凭证左上角出现“已生成”字样，如图 4.64 所示。

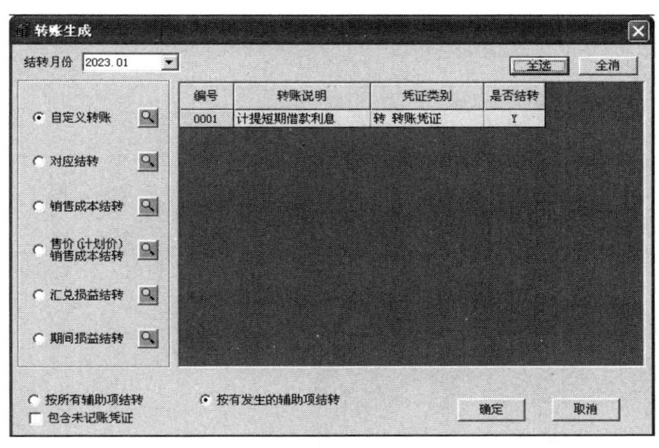

图 4.63　自定义转账凭证生成

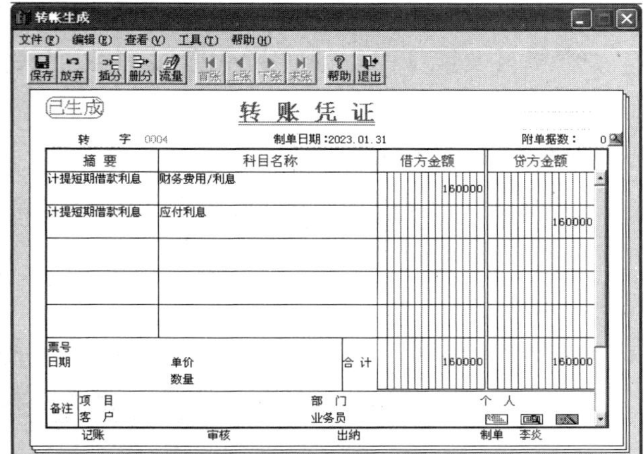

图 4.64　转账凭证生成

步骤 5　由 1101 白兵登录 T3，对该凭证进行审核记账。

2．生成期间损益结转凭证

步骤 1　以 1102 李炎的身份登录 T3，选择“总账”|“期末”|“转账生成”命令，打开“转账生成”对话框。

步骤 2　选中“期间损益结转”单选按钮，然后单击“全选”按钮，如图 4.65 所示。

步骤 3　单击“确定”按钮，生成期间损益结转凭证。

步骤 4　单击“保存”按钮，结果如图 4.66 所示。

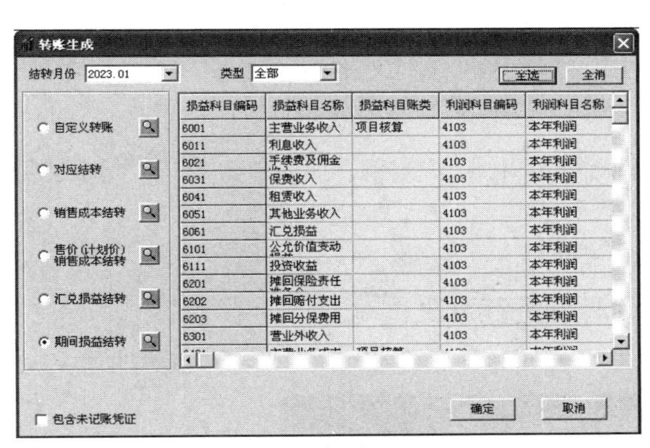

图 4.65　期间损益结转凭证生成

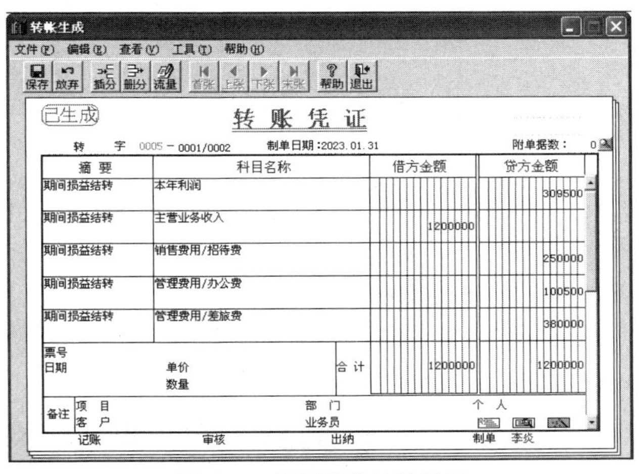

图 4.66　期间损益结转凭证

步骤 5　以 1101 白兵的身份对期间损益结转凭证进行审核和记账。

工作提示

① 转账生成之前，注意转账月份应为当前会计月份。

② 进行转账生成之前，应先将相关经济业务的记账凭证登记入账。

③ 转账凭证每月只能生成一次。

④ 生成的转账凭证仍需要审核，然后才能记账。

3．生成对应结转凭证

步骤 1　以 1102 李炎的身份登录 T3，选择“总账”|“期末”|“转账生成”命令，打开“转账生成”对话框。

步骤 2　选中“对应结转”单选按钮，然后单击“全选”按钮。

步骤 3　单击“确定”按钮，生成转账凭证。然后单击“保存”按钮。

步骤 4　以 1101 白兵的身份对对应结转凭证进行审核和记账。

工作任务 3　对账

步骤 1　以 1101 白兵的身份，选择“总账”|“期末”|“对账”命令，打开“对账”对话框。

步骤 2　将光标定位在要进行对账的月份“2023.01”，单击“选择”按钮，在“是否对账”栏中出现选中标记 Y。

步骤 3　单击“对账”按钮，开始自动对账，并显示对账结果，如图 4.67 所示。

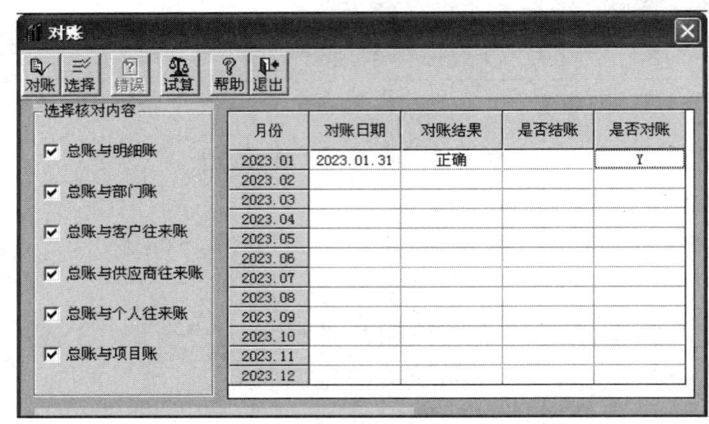

图 4.67　对账

步骤 4　单击“试算”按钮，可以对各科目类别余额进行试算平衡。

工作任务 4　月末结账

步骤 1　以 1101 白兵的身份，选择“总账”|“期末”|“结账”命令，打开“结账”对话框。

步骤 2　选择要结账的月份“2023.01”，单击“下一步”按钮。

步骤 3　单击“对账”按钮，系统对要结账的月份进行账账核对。

步骤 4　单击“下一步”按钮，系统显示“2023 年 01 月工作报告”，如图 4.68 所示。

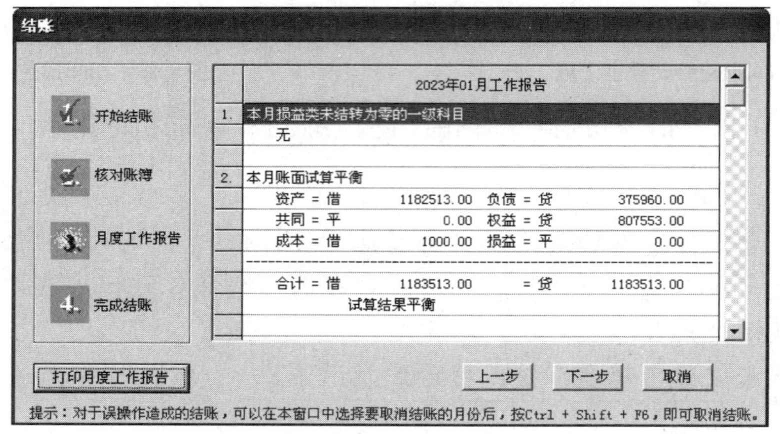

图 4.68　结账——月度工作报告

步骤 5　查看工作报告后，单击“下一步”按钮，再单击“结账”按钮。如果符合结账要求，则系统进行结账，否则不予结账。

工作提示

① 结账只能由有结账权限的人进行。
② 如果本月还有未记账凭证，则本月不能结账。
③ 结账必须按月连续进行，上月未结账，则本月不能结账。
④ 如果总账与明细账对账不符，则不能结账。
⑤ 如果与其他子系统联合使用，而其他子系统未全部结账，则本月不能结账。
⑥ 结账前，要进行数据备份。

工作任务 5　取消月末结账

步骤 1　以 1101 白冰的身份，选择“总账”|“期末”|“结账”命令，打开“结账”对话框。

步骤 2　选择要取消结账的月份“2023.01”。

步骤 3　按 Ctrl+Shift+F6 组合键激活取消结账功能。

步骤 4　输入主管口令，如图 4.69 所示。

步骤 5　单击“确认”按钮，取消结账标记。

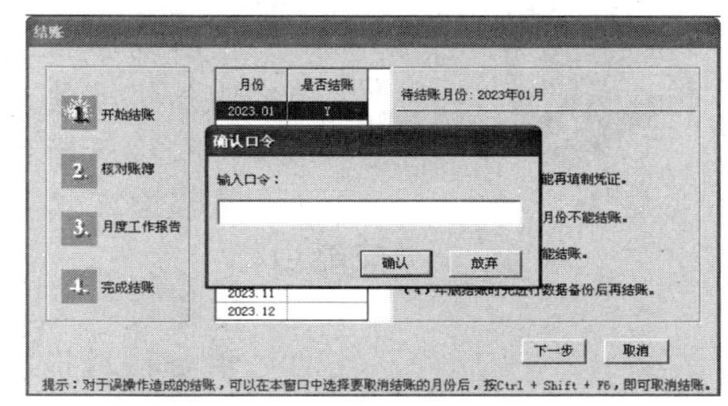

图 4.69　取消月末结账

工作提示

在结完账后，如果由于非法操作、计算机病毒或其他原因造成数据被破坏，则可以在此使用取消结账功能。

工作任务 6　备份账套

全部完成后，备份至“总账期末处理”账套。

探究与挑战

1. 白兵审核凭证“付-0003”时发现有错，可以修改吗？
2. 凭证处于何种状态才能无痕迹修改？
3. 出纳签字是必需的吗？审核凭证呢？
4. 计提短期借款利息和结转期间损益凭证可以一起生成后，再审核记账吗？
5. 企业里还有哪些业务可以利用自定义转账功能？

工作项目 *5*

财务报表

知识目标

1. 了解财务报表子系统的主要功能。
2. 认知报表格式设计的主要工作事项。
3. 认知报表数据处理的主要工作内容。
4. 掌握自定义报表的基本工作流程。

技能目标

1. 掌握自定义报表的基本操作。
2. 学会利用报表模板生成资产负债表、利润表。

工作情境

企业通过总账子系统和其他子系统的记录、记账、核算工作，把各项经济业务分类登记到会计账簿中。但会计账簿记录的会计信息，虽然比会计凭证反映的信息更具条理化、系统化，但就某一会计期间的经济活动的整体情况而言，其所能提供的信息仍然是分散的、部分的，不能集中反映和揭示该会计期间经营活动和财务收支的全貌。因此，还需要编制财务报表，对企业经营状况、财务成果、现金流量等进行分类说明。

企业购买了 T3，就相当于购置了一套用于制表的工具。财务报表分为对外财务报表和对内管理报表：对外财务报表的格式由国家统一规定，软件中一般会提供报表模板供财务人员调用；对内管理报表需要根据企业实际需求自行定义。

5.1 知识准备

5.1.1 财务报表子系统概述

财务报表是综合反映企业某一特定日期财务状况和某一会计期间经营成果、现金流量的书面文件，是财会部门提供会计信息资料的一种重要手段。

1. 财务报表子系统的主要功能

财务报表子系统主要完成报表格式设计和报表数据处理，从总账子系统或其他业务子系统中取得有关会计核算信息生成财务报表，进行报表汇总，生成各种分析图，并按预定格式输出各种财务报表。

财务报表子系统是 T3 的重要组成部分。其主要功能如下。

（1）财务报表的格式设计

报表中相对固定的内容包括报表的标题、表格部分、表中的项目、表中数据的来源等；相对变动的内容主要是报表中的数据。财务报表子系统提供了丰富的格式设计功能，包括设置报表行列数、定义组合单元格、画表格线、定义报表关键字、设置公式等。

（2）财务报表的数据处理

报表数据处理是指根据预先设置的报表格式和报表公式进行数据采集、计算、汇总等，以生成财务报表。除此以外，财务报表子系统还提供了排序、审核、舍位平衡、汇总等功能。

（3）图表处理功能

图表具有比数据报表直观的优势。财务报表子系统的图表处理功能能够方便地对报表数据进行图形组织，制作包括直方图、立体图、圆饼图、折线图等多种分析图表，并能编辑图表的位置、大小、标题、字体、颜色等，打印输出各种图表。

（4）文件管理功能

利用文件管理功能可以方便地完成报表文件的创建、保存等一般文件管理功能；能够进行不同文件格式的转换，包括文本文件、*.mdb 文件、Excel 文件等；提供标准财务数据的导入、导出功能。

（5）行业报表模板

在财务报表子系统中，按照会计制度提供了不同行业的标准财务报表模板，简化了用户的报表格式设计工作。如果标准行业报表仍不能满足需要，则系统还提供了自定义模板的功能。

思政教育

此外，财务报表子系统还提供了强大的二次开发功能，方便用户进行各种定制。

（6）财务报表子系统和其他子系统之间的数据关联

财务报表子系统主要是从其他子系统中提取编制报表所需的数据——总账子系统、工资管理子系统、固定资产子系统、应收子系统、应付子系统、采购管理子系统、库存管理子系统、核算子系统和销售管理子系统均可向财务报表子系统传递数据，以生成财务部门所需的各种会计报表。

2. 财务报表子系统的相关概念

（1）格式状态和数据状态

财务报表子系统将报表制作分为两大部分来处理，即财务报表格式设计工作和财务报表数据处理工作。

① 在报表的格式状态下进行有关格式设计的操作，如表的尺寸、行高和列宽、单元格属性、单元格风格、组合单元格、关键字及定义报表的单元格公式（计算公式）、审核公式和舍位平衡公式。在格式状态下，所看到的是报表的格式，报表的数据全部隐藏；在格式状态下所做的操作对本报表所有的表页都发生作用；在格式状态下不能进行数据的输入、计算等操作。

② 在报表的数据状态下管理报表的数据，如输入数据、增加或删除表页、审核、舍位平衡、制作图形、汇总、合并报表等。在数据状态下不能修改报表的格式，看到的是报表的全部内容，包括格式和数据。

报表工作区的左下角有一个“格式/数据”按钮，单击这个按钮可以在格式状态和数据状态之间切换。

（2）单元格

单元格是组成报表的最小单位。单元格名称由所在行、列标识，行号用数字 1 至 9 999 表示，列标用字母 A 至 IU 表示。例如，D3 表示第 4 列第 3 行的单元格。单元格类型有数值型、字符型和表样型 3 种。

（3）组合单元格

一个单元格只能输入有限个字符，而在实际工作中有的单元格有超长输入的情况，这时就可以采用系统提供的组合单元格。组合单元格是由相邻的两个或更多的单元格组成的，这些单元格必须是同一种类型（表样型、数值型、字符型）。财务报表子系统在处理报表时将组合单元格视为一个单元格。既可以组合同一行相邻的几个单元格、同一列相邻的几个单元格，也可以把一个多行多列的平面区域设为一个组合单元格。

（4）区域

区域由一张表页上的一组单元格组成，自起点单元格至终点单元格是一个完整的长方形矩阵。起点单元格与终点单元格用“:”连接。例如，B2 到 E5 的长方形区域表示为 B2:E5。

（5）表页

每一张表页是由许多单元格组成的。一个报表中的所有表页具有相同的格式，但其中的数据不同。报表中表页的序号在表页的下方以标签的形式出现，称为页标。例如，当前表的第 2 页，可以表示为“@2”。

（6）二维表和三维表

确定某一数据位置的要素称为“维”。在一张有方格的纸上填写一个数字，这个数字的位置可通过行和列（二维）来描述。

① 如果将一张有方格的纸称为表，那么这个表就是二维表，通过行（横轴）和列（纵轴）可以找到这个二维表中任何位置的数据。

② 如果将多个相同的二维表叠在一起，那么要找到某一个数据，其要素就需要增加一个，即表页号（*Z* 轴）。这一叠表称为一个三维表。

③ 如果将多个不同的三维表放在一起，那么要从这样多个三维表中找到一个数据，又需要增加一个要素，即表名。三维表中的表间操作即称为“四维运算”。

（7）固定区和可变区

① 固定区是组成一个区域的行数和列数的数量。它是固定的数目，设定以后，在固定区域内其单元格总数是不变的。

② 可变区是屏幕显示一个区域的行数或列数。它是不固定的数字，最大行数或最大列数是在格式状态中设定的。

（8）关键字

关键字是游离于单元格之外的特殊数据单元格，可以唯一标识一个表页，用于在大量表页中快速选择表页。关键字的显示位置在格式状态下设置，关键字的值则在数据状态下输入。每张报表可以定义多个关键字。

通常关键字可以有以下几种。

① 单位名称。单位名称是指该报表表页编制单位的名称。

② 单位编号。单位编号是指该报表表页编制单位的编号。

③ 年。年是指该报表表页反映的年度。

④ 季。季是指该报表表页反映的季度。

⑤ 月。月是指该报表表页反映的月份。

⑥ 日。日是指该报表表页反映的日期。

除了以上常见的关键字之外，系统通常还会提供一个自定义关键字功能，方便用户灵活定义并运用这些关键字。

3. 制作一个报表的流程

下面给出制作一个报表的完整流程。一般来说，在下面讨论的制表流程中，第（1）、（2）、（4）、（7）步是必需的，因为要完成报表处理，一定要有建立报表、设计报表的格式、报表数据处理、退出这些基本过程。

（1）启动财务报表子系统，建立报表

在财务报表子系统中新建报表时，系统会自动建立一张空表，默认表名为report1，并进入格式状态。这时可以在这张报表上开始设计报表格式，在保存文件时按照文件命名的基本规定为这张报表命名。

（2）设计报表的格式

报表的格式设计在格式状态下进行，格式对整个报表都有效。其包括以下操作内容。

① 设置表尺寸。设置表尺寸就是设定报表的行数和列数。

② 输入表内文字。输入表内文字包括输入表头、表体和表尾（关键字值除外）。在格式状态下定义了内容的单元格自动默认为表样型，定义为表样型的单元格在数据状态下不允许修改和删除。

③ 确定关键字在表页上的位置，如单位名称、年、月等。

④ 定义行高和列宽。

⑤ 定义组合单元格。定义组合单元格就是把几个单元格作为一个单元格使用。

⑥ 设置单元格风格。设置单元格风格是指设置单元格的字形、字体、字号、颜色、图案、折行显示等。

⑦ 设置单元格属性。设置单元格属性是指把需要输入数字的单元格设定为数值型单元，把需要输入字符的单元格设定为字符型单元格。

⑧ 画表格线。画表格线是指选中表格中需要画表格线的区域并选择画线类型，为报表添加表格线。

⑨ 设置可变区。设置可变区就是确定可变区在表页上的位置和大小。

（3）定义各类公式

公式的定义在格式状态下进行。计算公式定义了报表数据之间的运算关系，可以实现财务报表子系统从其他子系统取数。在单元格中输入“=”就可直接定义计算公式，所以称为单元格公式。

① 审核公式用于审核报表内或报表之间的钩稽关系是否正确。

② 舍位平衡公式用于财务报表数据进行进位或小数取整时调整数据，从而避免破坏原数据平衡。

（4）报表数据处理

报表格式和报表中的各类公式定义好之后，就可以输入数据并进行处理了。报表数据处理在数据状态下进行，包括以下操作内容。

① 因为新建的报表只有一张表页，所以需要追加多个表页。

② 如果报表中定义了关键字，则输入每张表页上关键字的值。

③ 在数值型单元格或字符型单元格中输入数据。

④ 如果报表中有可变区，可变区初始只有一行或一列，则需要追加可变行或可变列，并在可变行或可变列中输入数据。

随着数据的输入，当前表页的单元格公式将自动运算并显示结果。如果报表中有审核公式和舍位平衡公式，则执行审核和舍位。需要的话，做报表汇总和合并报表。

（5）报表图形处理

选取报表数据后可以制作各种图形，如直方图、圆饼图、折线图、面积图、立体图。图形可随意移动，图形的标题、数据组也可按照要求设置，图形还可以打印输出。

（6）打印报表

打印报表时，可以控制打印方向，做横向或纵向打印；可以控制行列打印顺序；不但可以设置页眉和页脚，而且可以设置财务报表的页首和页尾；可以缩放打印；利用打印预览可以观看打印效果。

（7）退出

所有操作进行完毕之后，不要忘记保存报表文件，保存后就可以退出财务报表子系统了。如果忘记保存文件，则财务报表子系统在退出时会有提示。

5.1.2 财务报表格式设计

报表格式就是一张报表的框架。财务报表的格式在格式状态下设计，整个报表文件的所有表页格式都相同。财务报表格式设计主要包括报表尺寸定义、单元格属性定义、组合单元格定义和关键字设置等内容。报表格式设计工作虽然烦琐，但属于一次性工作，一旦设计完成，以后就可以重复使用，可谓一劳永逸。

1. 固定表的格式设计

固定表是指报表的行和列相对固定的报表。

（1）设置表尺寸

设置表尺寸就是定义报表的行数和列数。报表的行数包括了标题、表头、表体和表尾几个部分。

（2）输入报表标题

标题用来描述报表的名称，一般会采用稍大一些的字号和与表中项目不同的字体，且居中显示。这就需要通过设置单元格风格、组合单元格来实现。

（3）定义表头和关键字

表头一般用来描述报表的编制单位的名称、日期等辅助信息和报表栏目。如果报表的编制单位是固定的，则可以作为表样型数据处理；报表的编制日期是从总账子系统和其他子系统采集数据的依据，一般需要定义为关键字；报表的栏目定义了报表的内容和结构。

（4）定义表体

表体是报表的核心内容，主要包括各种项目和数据。项目一般作为表样型数据输入；数据部分根据编报日期不断变化，一般是根据函数从总账子系统或者其他子系统采集或汇总计算得到，属于数值型数据。因此，定义表体的关键内容是对表中项目的数据来源的定义。

表中项目的数据可能来源于以下几处。

① 从总账子系统或其他子系统中取得。

② 通过表中项目的计算得到。

③ 从本表其他表页取数得到。

④ 从其他报表中取数得到。

针对以上种种情况，财务报表子系统中提供了多种函数供定义数据公式使用。

（5）定义表尾

表尾是指表体以下的辅助说明信息，如制表人、审核人等。

(6) 保存报表

报表格式设计完成后应及时保存，以备下次调用。

2. 可变表格式设计

一般来说，企业常用报表的格式比较固定，即使有变化，也可以通过修改固定表来实现。

制作可变表的步骤基本与固定表相同，所不同的是增加了可变区的设计。

一个报表只能定义一个可变区。本表属于列固定、行可变。

3. 报表公式的设置

由于各种报表之间存在密切的数据间的逻辑关系，所以报表中各种数据的采集、运算和钩稽关系的检测就用到了不同的公式。报表公式主要有计算公式、审核公式和舍位平衡公式。

(1) 计算公式

计算公式的作用是从其他子系统的账簿文件中或者本表其他表页中或其他报表中采集数据，直接填入表中相应的单元格或经过简单计算填入相应的单元格。通过计算公式来组织报表数据，既经济又省事，把大量重复、复杂的劳动简单化了。合理地设置计算公式能极大地节约劳动时间，提高工作效率。

财务报表允许在报表中的每个数值型、字符型的单元格内写入代表一定运算关系的公式，用来建立表内各单元格之间、报表和报表之间或财务报表子系统和其他子系统之间的运算关系。描述这些运算关系的表达式，称为单元格公式。为了规范和简化单元格公式的定义过程，一般财务报表子系统会提供公式向导，逐步引导公式的建立过程。

(2) 审核公式

财务报表中的数据往往存在一定的钩稽关系。例如，资产负债表中的资产合计应等于负债与所有者权益合计。在实际工作中，为了确保报表数据的准确性，可以利用这种报表之间或报表内的钩稽关系对报表进行编制的正确性检查。用于这种用途的公式称为审核公式。

(3) 舍位平衡公式

如果对财务报表进行汇总，得到的汇总数据可能位数很多，这时就需要把以元为单位的报表转换为以千元、万元为单位的报表。在转换过程中，原报表的平衡关系可能会被破坏，因此需要进行调整，使之符合指定的平衡公式。报表经舍位之后，用于重新调整平衡关系的公式称为舍位平衡公式。

4. 报表模板

财务报表包括对外报表和内部报表。资产负债表、利润表和现金流量表是主要的 3 张对外财务报表，而这些表的格式是国家会计制度统一规定的。既然表样是规范的，财务报表子系统为了简化用户的报表格式设计工作，一般会预先设置一系列的报表模板供用户选择使用。用户可以利用报表模板迅速建立一张符合本企业需要的财务报表。此外，对于一些本企业常用而报表模板中没有提供的报表，在设置了这些报表的格式和公式以后，可以将其定义为报表模板，以便今后直接调用。灵活运用报表模板无疑可以加快报表处理的效率。如果报表模板与本企业的实际需要存在差异，则用户也可以充分利用报表格式和公式设置功能对原来的报表模板进行修改，以生成新的报表模板。

5.1.3 财务报表数据处理

在格式设计工作完成以后，就可以进行财务报表数据处理了。财务报表数据处理主要包括报表编制、图表处理、表页管理、数据管理等内容。

1. 报表编制

报表编制的主要任务是根据预先设定的公式完成报表数据的采集和计算，得到完整的数据表。利用财务报表子系统编制报表一般包括如下步骤。

(1) 打开报表文件

打开已定义好表样格式和公式的报表文件。一个报表文件可能包含多个表页，每个表页用来存放不同会计期间的数据。如果没有存放当期数据的表页，就需要插入或追加表页。

(2) 输入关键字

在不同会计期间，企业经营的数据有所不同，如何判定本表页数据取自哪个单位、哪个会计期呢？在财务报表子系统中是通过设置关键字来识别的，因此生成报表数据前的重要工作就是输入关键字的值。

(3) 输入基本数据

如果某些报表单元的数据每月不同，且无法从计算机内的账簿文件中获取，与其他子系统的数据之间也不存在关联关系，那么只能在报表编制时临时输入。

(4) 生成报表

在完成基本数据输入和关键字输入后，系统将自动根据计算公式从总账子系统或其他子系统中采集数据进行计算，生成报表。在生成报表的过程中，系统将对公式的格式进行检查，如果有语法或句法错误，则系统将给予提示。

(5) 报表审核

报表数据生成后，如果设置了审核公式，则系统将根据审核公式中设定的逻辑关系进行检查。如果报表数据不符合钩稽关系，则系统会给出预先设定的提示信息。用户应按照系统提示修改报表数据，并重新进行审核，直到审核通过。每次对报表数据进行修改后，都应该重新进行审核，以保证报表各项钩稽关系正确。

(6) 舍位平衡处理

如果使用了舍位平衡公式，则还可以进行舍位平衡处理，生成舍位表。

2. 图表处理

图表处理可以实现以图表的方式对数据进行直观分析的功能。财务报表子系统提供的图表格式一般包括直方图、圆饼图、折线图、面积图等，不同格式的图表的建立方法是类似的。

图表是利用报表文件中的数据生成的，图表与报表存在着密切的联系：当报表中的源数据发生变化时，图表也随之变化；当报表文件被删除后，由该报表生成的图表也同时被删除。

图表以图表窗口的形式存在，并不是独立的文件，依附于源数据所在的报表文件，只有打开报表文件后，才能打开相应的图表。

对图表既可以进行命名、修改、保存或删除等操作，也可以进行打印输出。

3. 表页管理

表页管理包括插入、追加、删除表页。此外，还可以对表页进行排序。

表页排序是指财务报表子系统可以按照表页关键字的值或按照报表中任何一个单元格的值重新排列表页，以方便用户进行查询和管理。

4. 数据管理

数据管理主要包括对报表数据进行透视和汇总。

(1) 报表透视

在财务报表子系统中，大量的数据是以表页的形式分布的，正常情况下每次只能看到一张表页。如果想对各个表页的数据进行比较，那么可以利用数据透视功能，把多张表页的多个区域的数据显示在一个平面上。数据透视的结果可以保存在报表中。

(2) 数据汇总

报表的数据汇总是报表数据不同形式的叠加。通过数据汇总功能可以把结构相同、数据不同的两张报表经过简单叠加生成一张新的报表。在实际工作中，数据汇总主要用于同一报表不同时期的汇总，以便得到某一期间的汇总数据，或者同一单位不同部门、同一张报表的汇总，从而得到整个单位的合计数字。

5.2 重点难点

由于各种报表之间存在密切的数据关系，所以报表中各种数据的采集、运算和钩稽关系的检测就用到了不同的公式。计算公式是完成数据计算的，也是使用最多的。计算公式可以完成从总账子系统取数、从本表其他表页取数和从其他报表取数。

5.2.1 账务函数

常用的账务函数如表5.1所示。

表5.1 常用的账务函数

分 类	函数名	含义及用法示例
金额函数	QC()	期初余额。取指定会计科目的期初余额
	QM()	期余余额。取指定会计科目的期末余额
	FS()	发生额。取指定会计科目的发生额
	LFS()	累计发生额。取某科目从年初至今累计发生额
	DFS()	对方发生额。DFS(1405,6401,月,d)提取凭证中贷方为1405科目且借方为6401科目的当月贷方发生额
	JE()	净发生额。JE(1001,月)计算库存现金科目本月净发生额
	TFS()	条件发生额。TFS(22210101,月,j,"固定资产","＝")提取进项税额科目22210101摘要中包含固定资产的当月借方发生额
数量函数	在金额函数的前面加S表示数量	SQC()表示取科目的数量期初余额
外币函数	在金额函数的前面加W表示外币	WQC()表示取科目的外币期初余额
现金流量函数	XJLL()	现金流量。提取现金流量项目特定会计期间或指定日期范围的发生额

5.2.2 统计函数

常用的统计函数如表5.2所示。

表 5.2　常用的统计函数

函数名	含　义
PTOTAL()	指定区域内所有满足区域筛选条件的固定区单元格的合计
TOTAL()	符合页面筛选条件的所有页面的区域内各单元格值的合计
PAVG()	指定区域内所有满足区域筛选条件的固定区单元格的平均值
PMAX()	指定区域内所有满足区域筛选条件的固定区单元格中最大的单元格的数值
PMIN()	指定区域内所有满足区域筛选条件的固定区单元格中最小的单元格的数值

5.2.3　本表他页取数函数

本表他页取数是指要取数的表（目的表）和存放数据来源的表（源表）之间是一个文件的不同表页。本表他页取数主要有两种情况：取确定页号表页的数据和按一定关键字取数。

1. 取确定页号表页的数据

当所取数据所在的表页页号已知时，用以下格式可以方便地取得本表他页的数据。

<目标区域> ＝ <数据源区域> @ <页号>

例如，B2＝C5@1 的含义为各页 B2 单元格取当前表第 1 页 C5 单元格的值。

2. 按一定关键字取数

可用 SELECT 函数按一定关键字从本表他页取得数据。

例如，D＝C+SELECT(D,年@＝年 and 月@＝月+1)表示当前表的 D 列等于当前表的 C 列加上同年上个月 D 列的值。

在 SELECT 函数中，“@”前的“年”和“月”代表目的表的“年”关键字值与“月”关键字值；“@”后面的“年”和“月”代表源表的“年”关键字值与“月”关键字值。

5.2.4　他表取数函数

他表取数是指目的表和源表不在一个表文件中。同样，他表取数也主要有两种情况：取确定页号表页的数据和按一定关键字取数。

1. 取确定页号表页的数据

当所取数据所在的表页页号已知时，用以下格式可以方便地取得他表的数据。

<目标区域> ="<他表表名>"-><数据源区域>[@ <页号>]

例如，B2＝"LRB"->C5@1 的含义为各页 B2 单元格取 LRB 表第 1 页 C5 单元格的值。

2. 按一定关键字取数

当从他表取数时，已知条件并不是页号，而是希望按照“年”“月”“日”等关键字的对应关系来取他表数据，就必须用到关联条件。

RELATION <单元格 | 关键字 | 变量 | 常量> WITH "<他表表名>"-> <单元格 | 关键字 | 变量 | 常量>

例如，“A1＝"FYB"->A1 FOR ALL RELATION 月 WITH"FYB"->月”意为取 FYB 表的与当前表页月相同的月的 A1 单元格的值。

5.3　实训 7：财务报表管理

实训目的

① 掌握报表格式定义、公式定义的操作方法，掌握报表单元格公式的用法。
② 掌握如何利用报表模板生成一张报表。

实训重点

① 自定义报表。
② 利用报表模板生成报表。

实训准备

以系统管理员的身份引入“总账期末业务”账套。
以 1102 李炎的身份完成报表编制工作。

实训内容

1．编制管理费用明细表

（1）定义管理费用明细表（见表 5.3）

表 5.3　管理费用明细表

编制单位：中顺科技　　　　2023 年 01 月　　　　元

部　门	办公费	差旅费	招待费	折旧费	合　计
企管部		*			*
财务部	*				
采购部					
合　计	*				

制表人：

① 表头。标题“管理费用明细表”设置为黑体、18 号、水平垂直均居中。
② 表体。表体中文字设置为宋体、12 号、水平垂直均居中。
③ 表尾。B8 中的制表人设置为字符型。
④ 年、月应设为关键字。
⑤ 仅以表格中标注了“*”的单元格公式定义为例。

（2）生成管理费用明细表

2．调用报表模板编制对外财务报表

（1）编制资产负债表

（2）编制利润表

实训指导

工作任务 *1*　自定义管理费用明细表

1．新建报表

步骤 1　以 1102 李炎的身份进入 T3，单击左侧“财务报表”按钮，默认系统提示，进入财务报表子系统。

步骤 2　选择“文件”|“新建”命令，打开“新建”对话框。选择左侧列表框中的“常

用”选项，在右侧列表框中选择“空报表”选项，然后单击“确定”按钮。也可以直接单击“新建”按钮，建立一张空白报表，报表名默认为 report1，如图 5.1 所示。

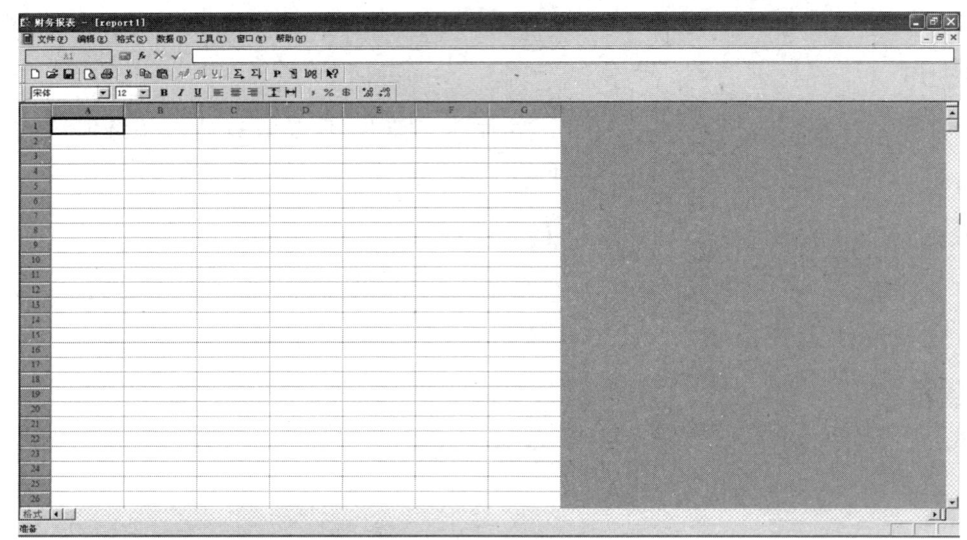

图 5.1　新建报表

2．设置表尺寸

步骤 1　查看空白报表底部左下角的“格式/数据”按钮，使当前状态为格式状态。

步骤 2　选择“格式”|“表尺寸”命令，打开“表尺寸”对话框。

步骤 3　输入行数为 8、列数为 6，如图 5.2 所示。单击“确认”按钮，系统只保留 8 行×6 列的区域。

3．定义组合单元格

步骤 1　单击行标 1，选中需要合并的区域 A1:F1。

步骤 2　选择“格式”|“组合单元”命令，打开“组合单元”对话框。

步骤 3　选择组合方式为“整体组合”或“按行组合”，将 A1:F1 合并成一个单元格，如图 5.3 所示。

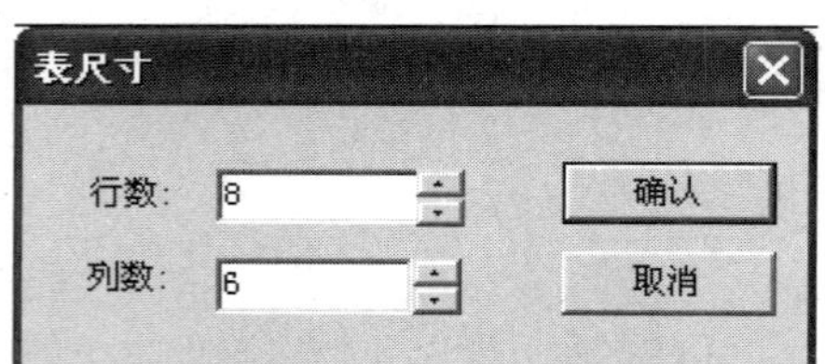

图 5.2　设置表尺寸

图 5.3　“组合单元”对话框

4．画表格线

步骤 1　选中报表需要画线的区域 A3:F7。

步骤 2　选择“格式”|“区域画线”命令，打开“区域画线”对话框，如图 5.4 所示。

步骤 3　选中“网线”单选按钮，单击“确认”按钮，将所选区域画上表格线。

5．输入报表项目

步骤 1　选中需要输入内容的单元格或组合单元格。

步骤 2　在该单元格或组合单元格中输入相关文字内容，如在 A1 组合单元格中输入“管理费用明细表”，在 A2 单元格中输入“编制单位：中顺科技”。

步骤 3　在相应单元格中输入对应项目，完成后如图 5.5 所示。

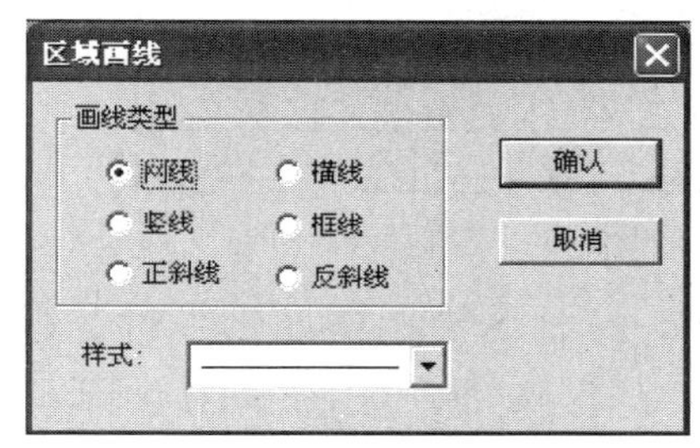

图 5.4　“区域画线”对话框

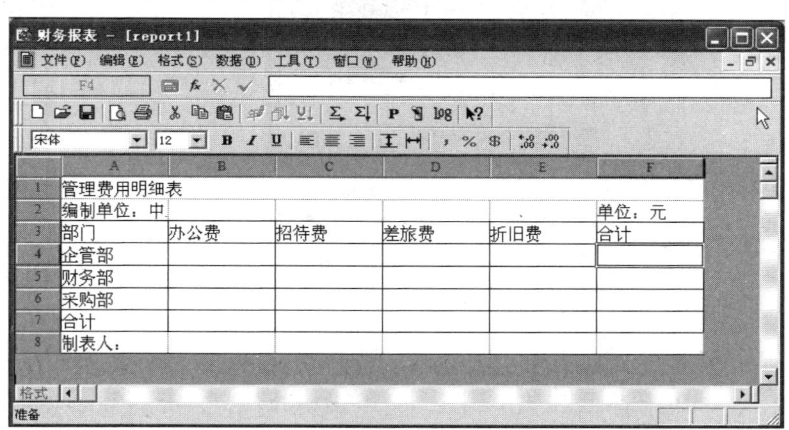

图 5.5　输入表内项目

工作提示

① 报表项目是指报表的文字内容，主要包括表头内容、表体项目、表尾项目等，不包括关键字。

② 日期一般不作为文字内容输入，而是需要设置为关键字。

6．定义行高和列宽

步骤 1　选中需要调整的单元格所在行 A1。

步骤 2　选择“格式”|“行高”命令，打开“行高”对话框。

步骤 3　输入行高为 7，单击“确认”按钮，如图 5.6 所示。

步骤 4　选中需要调整的单元格所在的 A 列，选择“格式”|“列宽”命令，打开“列宽”对话框。设置列宽为 40，如图 5.7 所示。然后单击“确认”按钮。

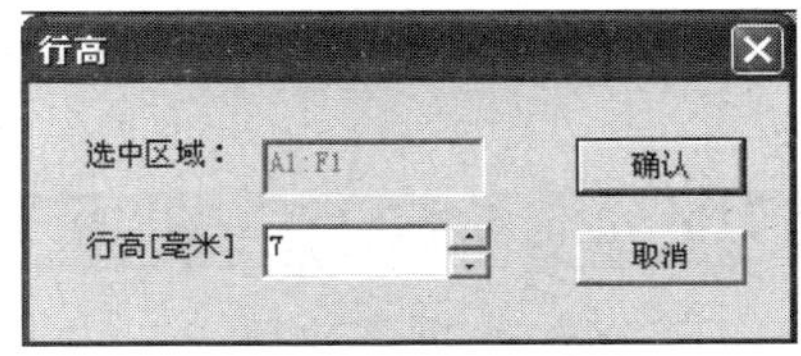

图 5.6　设置行高

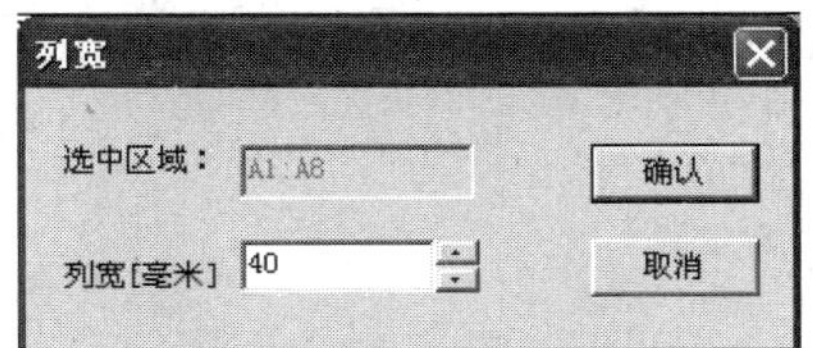

图 5.7　设置列宽

工作提示

行高、列宽的单位为毫米。

7．设置单元格属性

步骤 1　选中标题所在组合单元格 A1。

步骤 2　选择“格式”|“单元属性”命令，打开“单元格属性”对话框。

步骤 3　切换到“字体图案”选项卡，设置字体为黑体、字号为 18，如图 5.8 所示。

步骤 4　切换到“对齐”选项卡，设置水平方向和垂直方向均为“居中”，如图 5.9 所示。同理，设置表体字体。

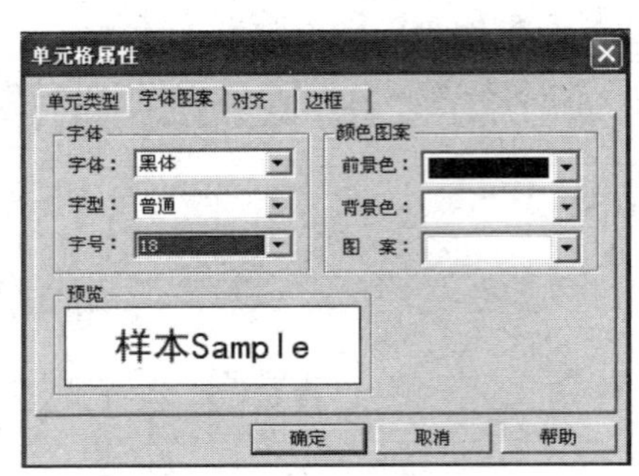
图 5.8　设置字体

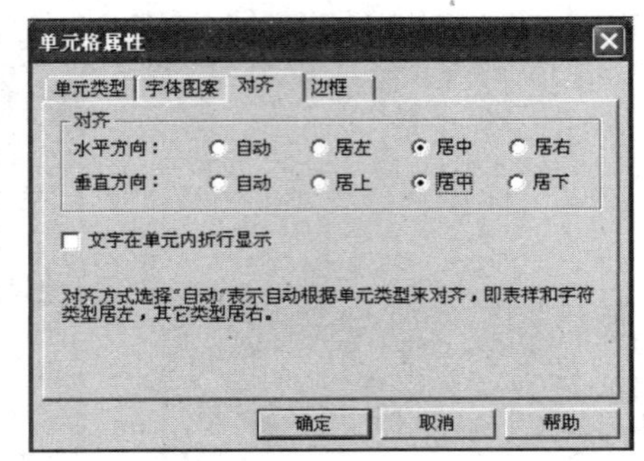
图 5.9　设置对齐

步骤 5　选中单元格 B8，选择“格式”|“单元属性”命令，打开“单元格属性”对话框。进入“单元类型”选项卡，在“单元类型”列表框中选择“字符”选项，如图 5.10 所示。然后单击“确定”按钮。

工作提示

① 在格式状态下输入内容的单元格均默认为表样型单元格，未输入内容的单元格均默认为数值型单元格，在数据状态下可输入数值。如果希望在数据状态下输入字符，则应将其定义为字符型单元格。

② 字符型单元格和数值型单元格输入后只对本表页有效，表样型单元格输入后对所有表页有效。

8．设置关键字

步骤 1　选中需要输入关键字的单元格 C2。

步骤 2　选择“数据”|“关键字”|“设置”命令，打开“设置关键字”对话框。

步骤 3　选中“年”单选按钮，单击“确定”按钮，如图 5.11 所示。同理，在 D2 单元中设置“月”关键字。

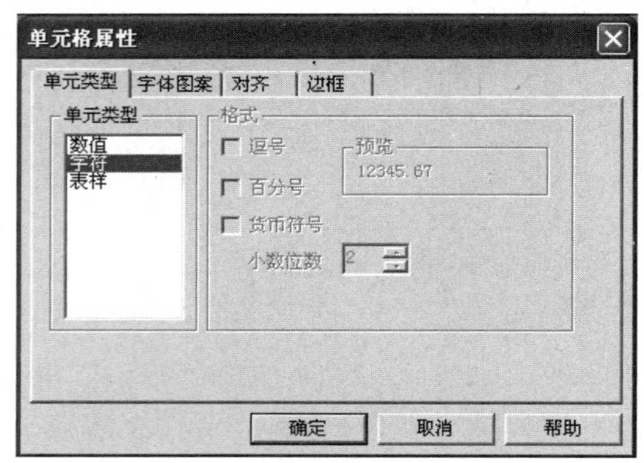
图 5.10　设置单元格属性

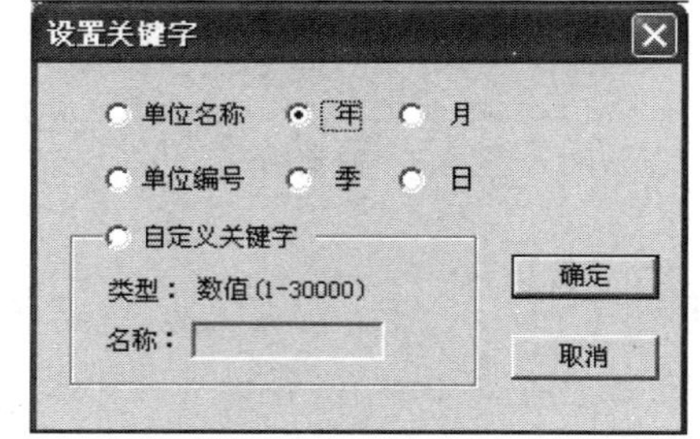
图 5.11　设置关键字

工作提示

① 每个报表可以同时定义多个关键字。

② 如果在一个单元格中设置了两个关键字，那么关键字会重叠在一起，这时可以利用偏移功能调整关键字的位置。关键字的位置可以用偏移量来表示，负数值表示向左移，正数值表示向右移。在调整时，可以通过输入正或负的数值来调整。关键字偏移量单位为像素。

9. 报表公式定义

（1）定义单元格公式——利用账务函数取数

操作视频

步骤 1　选定被定义单元格 B5，即财务部办公费。

步骤 2　单击 *fx* 按钮，打开“定义公式”对话框。

步骤 3　单击“函数向导”按钮，打开“函数向导”对话框。

步骤 4　在“函数分类”列表框中选择“用友账务函数”，在右边的“函数名”列表框中选择“发生（FS）”选项，如图 5.12 所示。

步骤 5　单击“下一步”按钮，打开“用友账务函数”对话框。单击“参照”按钮，打开“账务函数”对话框。

步骤 6　选择科目为 660203、部门编码为 2，如图 5.13 所示。单击“确定”按钮，返回“用友账务函数”对话框。

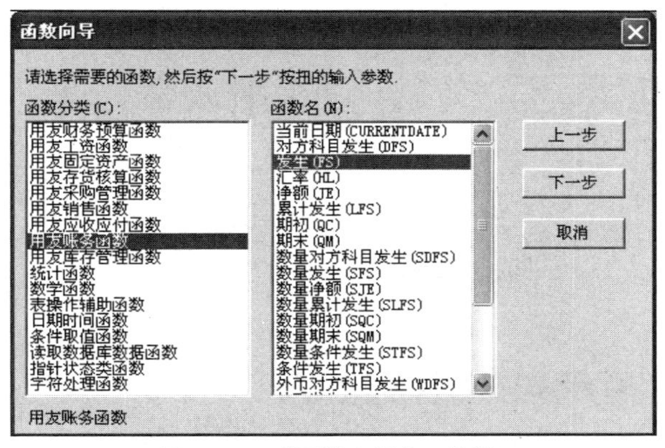

图 5.12　“函数向导”对话框

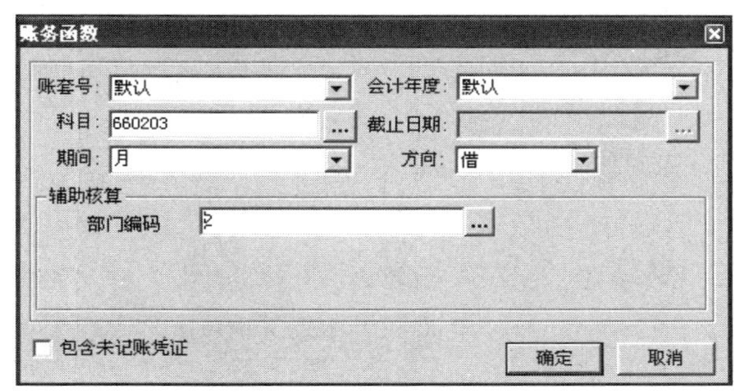

图 5.13　定义账务函数

步骤 7　单击“确定”按钮，返回“定义公式”对话框。单击“确认”按钮返回，B5 单元格中显示“公式单元”字样，编辑栏中可看到定义的公式内容。

步骤 8　请自行定义 D4 单元格企管部差旅费的单元格公式。

（2）定义单元格公式——直接输入公式

步骤 1　选定需要定义公式的单元格 B7，即“办公费”的合计数。

步骤 2　选择“数据”|“编辑公式”|“单元公式”命令或单击 *fx* 按钮，打开“定义公式”对话框。

步骤 3　在“定义公式”对话框内直接输入“B4+B5+B6”，如图 5.14 所示。然后单击“确认”按钮。

图 5.14　直接输入公式

工作提示

① 单元格公式中涉及的符号均为英文半角字符。

② 单击 *fx* 按钮、双击某公式单元格或者按“=”键，均可打开“定义公式”对话框。

（3）定义单元格公式——利用统计函数

步骤 1　选定被定义单元格 F4，单击 *fx* 按钮，打开“定义公式”对话框。

步骤 2　单击“函数向导”按钮，打开“函数向导”对话框。

步骤 3　在“函数分类”列表框中选择“统计函数”，在右边的“函数名”列表框中选中 PTOTAL 选项，如图 5.15 所示。

步骤 4　单击“下一步”按钮，打开“固定区统计函数”对话框。

步骤 5　在“固定区区域”文本框中输入“B4:E4”，单击“确认”按钮，返回“定义公式”对话框，如图 5.16 所示。

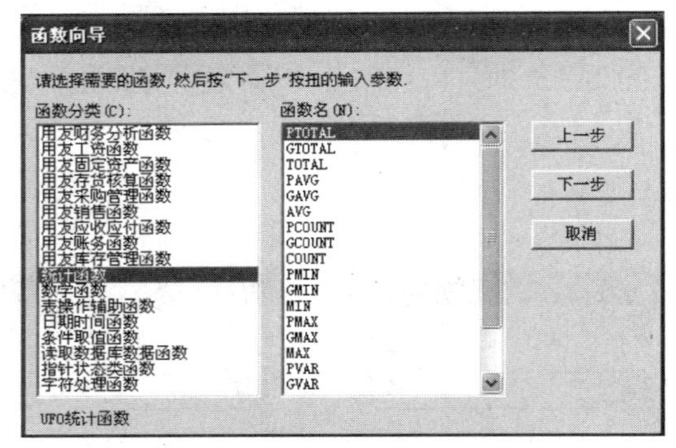

图 5.15　定义统计函数

图 5.16　利用统计函数求合计

步骤 6　公式定义完成后如图 5.17 所示。

	A	B	C	D	E	F
1	管理费用明细表					
2	编制单位：中顺科技		xxxx 年	xx 月		单位：元
3	部门	办公费	招待费	差旅费	折旧费	合计
4	企管部			公式单元		公式单元
5	财务部	公式单元				
6	采购部					
7	合计	公式单元				
8	制表人：					

图 5.17　完成报表公式定义

10．保存报表格式

步骤 1　选择“文件”|“保存”命令，如果是第 1 次保存，则会打开“另存为”对话框。

步骤 2　选择保存文件的文件夹，输入报表文件名“管理费用明细表”，选择保存类型为 *.rep，然后单击“保存”按钮。

工作提示

① 报表格式设置完以后切记要及时将这张报表的格式保存下来，以便随时调用。
② 如果没有保存就退出，则系统会出现提示“是否保存报表？”，以防止误操作。
③ .rep 为用友报表文件的专用扩展名。

工作任务 2　生成管理费用明细表

1．打开报表

步骤 1　在财务报表子系统中，选择“文件”|“打开”命令。

步骤 2　选择存放报表格式的文件夹中的报表文件“管理费用明细表.rep”，单击“打开”按钮。

步骤 3　单击空白报表底部左下角的“格式/数据”按钮，使当前状态为数据状态。

工作提示

报表数据处理必须在数据状态下进行。

2．输入关键字值

步骤 1　选择“数据”|“关键字”|“录入”命令，打开“录入关键字”对话框。

步骤 2　输入年为 2023、月为 1，如图 5.18 所示。

步骤 3　单击“确认”按钮，系统弹出“是否重算第 1 页？”信息提示框。

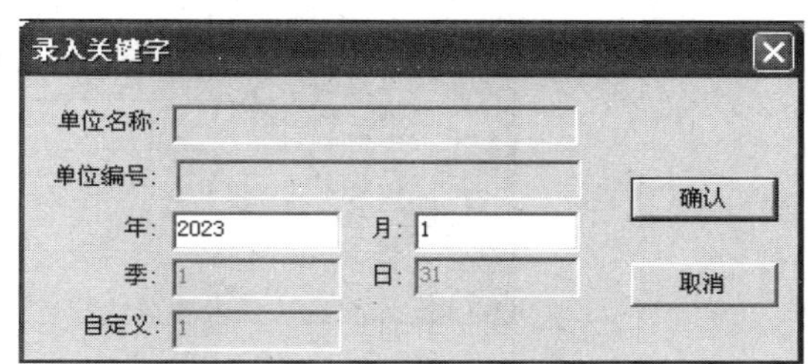

图 5.18　“录入关键字”对话框

步骤 4　单击“是”按钮，系统会自动根据单元格公式计算 1 月份的数据，如图 5.19 所示。单击“否”按钮，系统不计算 1 月份的数据，以后可选择“数据”|“表页重算”命令生成 1 月份的数据。

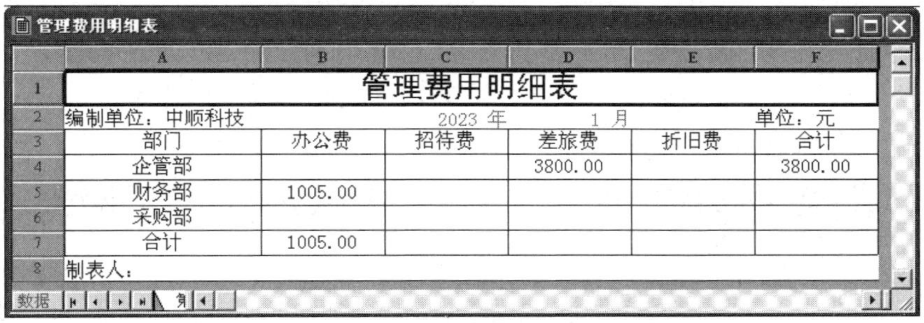

管理费用明细表

编制单位：中顺科技		2023 年	1 月		单位：元
部门	办公费	招待费	差旅费	折旧费	合计
企管部			3800.00		3800.00
财务部	1005.00				
采购部					
合计	1005.00				
制表人：					

图 5.19　生成管理费用明细表

工作提示

日期关键字可以确认报表数据取数的时间范围，即确定数据生成的具体日期。

工作任务 3　利用报表模板生成报表

步骤 1　新建一张空白报表，在格式状态下选择“格式”|“报表模板”命令，打开“报表模板”对话框。

步骤 2　选择所在的行业为“一般企业(2007 年新会计准则)”、财务报表为“资产负债表”，如图 5.20 所示。

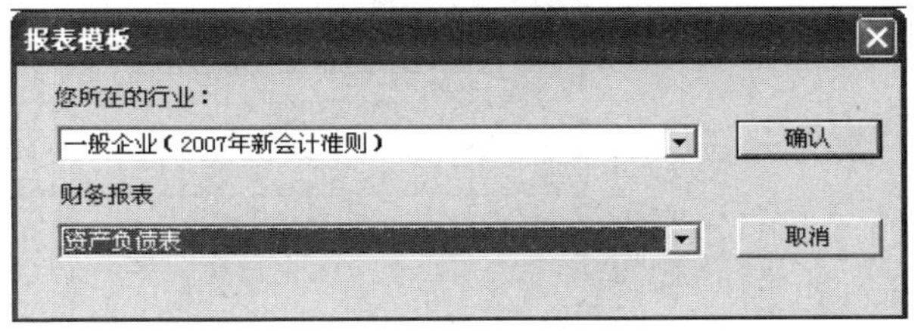

图 5.20　导入报表模板

步骤 3　单击“确认”按钮，系统弹出“模板格式将覆盖本表格式！是否继续？”信息提示框。

步骤 4　单击“确定”按钮，即可打开“资产负债表”模板，如图 5.21 所示。

财务报表 - [report1]

资产负债表

资　　产	期末余额	年初余额	负债及所有者权益（或股东权益）	期末余额	年初余额
单位名称：xxxxxxxxxxxxxxxxxxxxxxxxxxxxxx年		xx 月	xx 日		会企01表 单位：元
流动资产：			流动负债：		
货币资金	公式单元	公式单元	短期借款	公式单元	公式单元
交易性金融资产	公式单元	公式单元	交易性金融负债	公式单元	公式单元
应收票据	公式单元	公式单元	应付票据	公式单元	公式单元
应收账款	公式单元	公式单元	应付账款	公式单元	公式单元
预付款项	公式单元	公式单元	预收款项	公式单元	公式单元
应收利息	公式单元	公式单元	应付职工薪酬	公式单元	公式单元
应收股利	公式单元	公式单元	应交税费	公式单元	公式单元
其他应收款	公式单元	公式单元	应付利息	公式单元	公式单元
存货	公式单元	公式单元	应付股利	公式单元	公式单元
一年内到期的非流动资产	公式单元	公式单元	其他应付款	公式单元	公式单元
其他流动资产			一年内到期的非流动负债		
流动资产合计	公式单元	公式单元	其他流动负债	公式单元	公式单元
非流动资产：			流动负债合计	公式单元	公式单元
可供出售金融资产	公式单元	公式单元	非流动负债：		
持有至到期投资	公式单元	公式单元	长期借款	公式单元	公式单元
长期应收款	公式单元	公式单元	应付债券	公式单元	公式单元
长期股权投资	公式单元	公式单元	长期应付款	公式单元	公式单元
投资性房地产	公式单元	公式单元	专项应付款	公式单元	公式单元
固定资产	公式单元	公式单元	预计负债	公式单元	公式单元
在建工程	公式单元	公式单元	递延所得税负债	公式单元	公式单元

图 5.21　“资产负债表”模板

步骤 5　单击“格式”按钮，切换到数据状态。

步骤 6　选择“数据”|“关键字”|“录入”命令，打开“录入关键字”对话框。输入关键字，年为 2023、月为 1。

步骤 7　单击“确认”按钮，系统弹出“是否重算第 1 页？”信息提示框。单击“是”按钮，系统会自动根据单元格公式计算 1 月份的数据，如图 5.22 所示。

步骤 8　单击工具栏中的“保存”按钮，将生成的报表数据保存。

步骤 9　同理，请自行生成利润表。

资产负债表

资　　产	期末余额	年初余额	负债及所有者权益（或股东权益）	期末余额	年初余额
单位名称：中顺科技	2023 年	1 月	31 日		会企01表 单位：元
流动资产：			流动负债：		
货币资金	516,417.80	337,722.80	短期借款	240,000.00	240,000.00
交易性金融资产			交易性金融负债		
应收票据			应付票据		
应收账款	13,560.00	45,200.00	应付账款	106,830.00	83,100.00
预付款项			预收款项		
应收利息			应付职工薪酬		
应收股利			应交税费	27,530.00	28,700.00
其他应收款		4,800.00	应付利息	1,600.00	
存货	355,000.00	334,000.00	应付股利		
一年内到期的非流动资产			其他应付款		
其他流动资产			一年内到期的非流动负债		
流动资产合计	884,977.80	721,722.80	其他流动负债		
非流动资产：			流动负债合计	375,960.00	351,800.00
可供出售金融资产			非流动负债：		
持有至到期投资			长期借款		
长期应收款			应付债券		
长期股权投资			长期应付款		
投资性房地产			专项应付款		
固定资产	298,535.20	298,535.20	预计负债		

图 5.22　生成的资产负债表

探究与挑战

1. 表样型和字符型数据的区别在哪里？
2. 单位名称在哪些情况下考虑设置为关键字？
3. 必须结账才能编制报表吗？
4. 编制的财务报表包含在输出的账套里吗？
5. 利润表中C5单元格的公式如何设置？

工作项目 *6*

工资管理

知识目标

1. 了解工资管理子系统的主要功能。
2. 熟悉工资管理子系统的操作流程。
3. 熟悉工资管理子系统初始化的工作内容。
4. 掌握工资日常业务处理的工作内容。
5. 了解针对不同企业需求的工资解决方案。

技能目标

1. 掌握建立工资账套、增加工资类别的操作。
2. 掌握设置工资项目和工资计算公式的操作。
3. 掌握工资变动、计算个人所得税的操作。
4. 学会月末工资分摊设置和处理的操作。

工作情境

为了保证对中顺科技的职工工资进行准确有效的管理，项目组需要启用工资管理子系统，并准备企业工资的各项基本信息和期初数据等信息，将其准确地输入到工资管理子系统中，然后对企业的职工工资进行核算管理。

6.1 知识准备

6.1.1 工资管理子系统概述

职工工资是产品成本的重要组成部分，是企业进行各种费用计提的基础。工资核算是每个单位财会部门最基本的业务，是一项重要的经常性工作，关系到每个职工的切身利益。采用计算机处理保证了工资核算的准确性和及时性。

1. 功能概述

工资管理子系统的工作任务是：以职工个人的工资原始数据为基础，计算应发工资、扣款和实发工资等，编制工资结算单；按部门和人员类别进行汇总，进行个人所得税计算；提供对工资相关数据的多种方式的查询和分析，进行工资费用的分配和计提，并实现自动转账处理。

工资管理子系统的主要功能包括工资类别管理、人员档案管理、工资数据管理等。

（1）工资类别管理

工资管理子系统提供了处理多个工资类别的功能。

① 如果公司有多种不同类别（部门）的人员，工资发放项目不同，计算公式也不同，但需要进行统一工资核算管理，则应选择建立多个工资类别。

② 如果单位中所有人员的工资统一管理，而人员的工资项目、工资计算公式全部相同，则只需要建立单个工资类别，以便提高系统的运行效率。

（2）人员档案管理

人员档案管理可以设置人员的基础信息并对人员变动进行调整，另外系统也提供了设置人员附加信息的功能。

（3）工资数据管理

工资数据管理可以根据不同企业的需要设计工资项目和计算公式；管理所有人员的工资数据，并对平时发生的工资变动进行调整；自动计算个人所得税，结合工资发放形式进行扣零处理或向代发工资的银行传输工资数据；自动计算、汇总工资数据；自动完成工资分摊、计提、转账业务。

（4）工资报表管理

工资报表管理提供多层次、多角度的工资数据查询。

（5）工资管理子系统和其他子系统之间的数据关联

工资管理子系统与系统管理共享基础数据；工资管理子系统将工资分摊的结果生成转账凭证，传递到总账子系统。

2. 工资管理子系统的操作流程

（1）新用户的操作流程

采用多工资类别核算的企业，第 1 次启用工资管理子系统时应按图 6.1 所示的步骤进行操作。

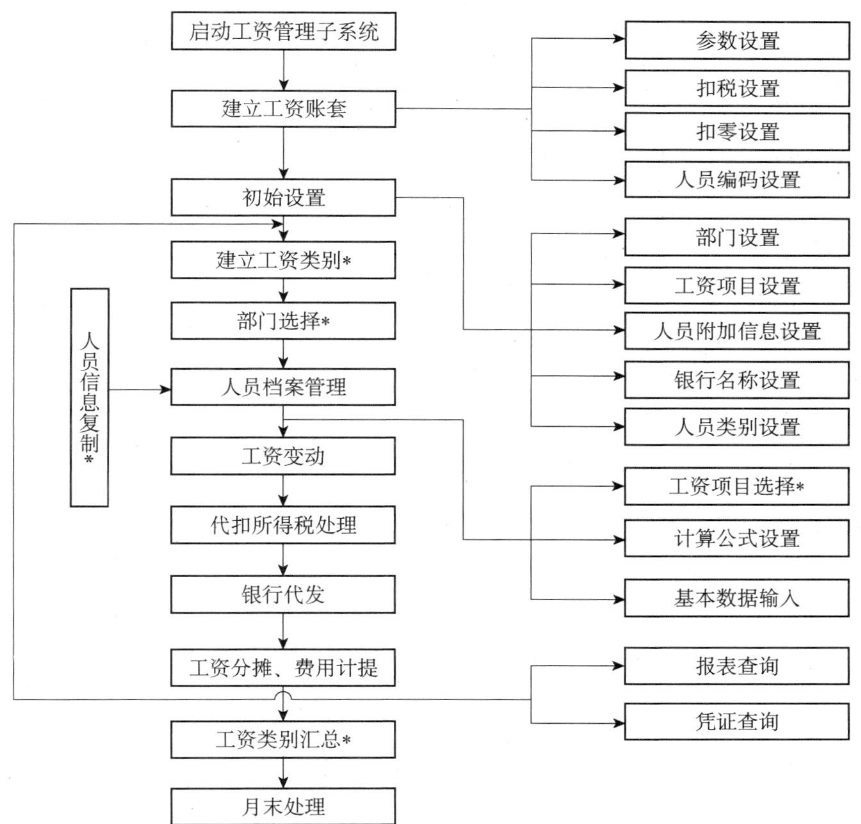

图 6.1　多工资类别核算管理的企业的操作流程

工作提示

去掉标注了“*”的步骤即为单工资类别核算的基本操作流程。

（2）老用户的操作流程

如果已经使用工资管理子系统，则到了年末应进行数据的结转，以便开始下一年度的工作。

在新的会计年度开始时，可以在“设置”菜单中选择所需要修改的内容，如人员附加信息、人员类别、工资项目、部门等。这些设置只有在新的会计年度的第 1 个会计月中，删除所涉及的工资数据和人员档案后才可进行修改。

6.1.2 工资管理子系统的业务处理

1. 初始设置

利用 T3 进行工资核算要做一次性初始设置，如部门、人员类别、工资项目、公式、个人工资、个人所得税设置、银行代发设置、各种表样的定义等，以后每月只需要对有变动的地方进行修改，系统就会自动进行计算，汇总生成各种报表。工资管理子系统初始设置包括建立工资账套和基础信息设置两个部分。

（1）建立工资账套

工资账套与系统管理中的账套是不同的概念，系统管理中的账套是针对整个核算子系统的，而工资账套只针对工资管理子系统。要建立工资账套，前提是在系统管理中先建立好本单位的核算账套。建立工资账套时可以根据建账向导分 4 步进行，即参数设置、扣税设置、扣零设置和人员编码。

（2）基础信息设置

建立工资账套以后，要对整个系统运行所需的一些基础信息进行设置。

① 部门设置。员工工资一般是按部门进行管理的。

② 人员类别设置。人员类别与工资费用的分配、分摊有关，以便按人员类别进行工资汇总计算。

③ 人员附加信息设置。可增加人员信息，丰富人员档案的内容，便于对人员进行更加有效的管理。例如，增加设置人员的性别、民族、婚否等。

④ 工资项目设置。工资项目设置即定义工资项目的名称、类型、宽度、小数、增减项。系统中有一些固定项目，是工资账中必不可少的，如应发合计、扣款合计、实发合计等，这些项目不能删除和重命名；其他项目可根据实际情况定义或参照增加，如基本工资、奖励工资、请假天数等。在此设置的工资项目是针对所有工资类别的全部工资项目。

⑤ 银行名称设置。发放工资的银行可按需要设置多个，这里的银行名称设置是针对所有工资类别的。

2. 日常处理

（1）工资类别管理

工资管理子系统按工资类别来进行管理，每个工资类别包括职工档案、工资变动、工资数据、报税处理、银行代发等。对工资类别的维护包括建立工资类别、打开工资类别、删除工资类别、关闭工资类别和汇总工资类别。

① 人员档案。人员档案的设置用于登记工资发放人员的姓名、职工编号、所在部门、

人员类别等信息。此外，员工的增减变动也必须在本功能中处理。人员档案的操作针对工资类别。

人员档案管理包括增加、修改、删除人员档案，人员调离与停发处理，查找人员等。

② 设置工资项目和计算公式。在系统初始设置中的工资项目包括本单位各种工资类别所需要的全部工资项目。由于不同的工资类别、工资发放项目不同，计算公式也不同，因此应对某个指定工资类别所需的工资项目进行设置，并定义此工资类别的工资数据计算公式。

(2) 工资数据管理

第 1 次使用工资管理子系统时必须将所有人员的基本工资数据输入计算机中，平时每个月发生的工资数据变动也在此进行调整。为了快速、准确地输入工资数据，系统提供了以下功能。

① 筛选和定位。如果对部分人员的工资数据进行修改，则最好采用数据筛选的方法，即先将所要修改的人员过滤出来，然后进行工资数据的修改。修改完毕后进行重新计算和汇总。

② 页编辑。在“工资变动”对话框中提供了“编辑”按钮，可以对选定的个人的工资数据进行快速输入。单击“上一人”“下一人”按钮可变更人员、输入或修改其他人员的工资数据。

③ 替换。替换是指将符合条件的人员的某个工资项目的数据统一替换成某个数据。例如，管理人员的奖金上调 100 元。

④ 过滤器。如果只对工资项目中的某一个或几个项目修改，则可将要修改的项目过滤出来。例如，只对“事假天数”“病假天数”两个工资项目的数据进行修改。对于常用的过滤项目，可以在项目过滤选择后输入一个名称进行保存，以后就可通过过滤项目名称调用，不用时也可以删除。

(3) 工资分钱清单

工资分钱清单是按单位计算的工资发放分钱票面额清单，会计人员根据此表从银行取款并发给各部门。系统提供了票面额设置的功能，用户可根据单位需要自由设置，系统根据“实发合计”项目分别自动计算出按部门、按人员、按企业各种面额的张数。

(4) 个人所得税的计算和申报

鉴于许多企事业单位计算职工工资的所得税工作量较大，本系统特别提供个人所得税自动计算功能，用户只需要自定义所得税税率，系统就可自动计算个人所得税税额。

(5) 银行代发

目前，社会上很多单位发放工资时都采用职工凭工资卡去银行取款的方式。银行代发业务处理是指每月月末单位应向银行提供指定格式的文件。这样做既减轻了财务部门发放工资工作的繁重，又有效地避免了财务去银行提取大笔现金所承担的风险，同时还提高了对员工个人工资的保密程度。

(6) 工资分摊

工资是费用中人工费最主要的部分，需要对工资费用进行工资总额的计算、分配及各种经费的计提，并编制转账凭证，供登账处理之用。

(7) 工资数据查询统计

工资数据处理的结果最终通过工资报表的形式反映。工资管理子系统提供了主要的工资报表，报表的格式由系统提供。如果对报表提供的固定格式不满意，则可以通过修改表和新建表功能自行设计。

3. 期末处理

（1）月末处理

月末处理是指将当月数据经过处理后结转至下月。每月工资数据处理完毕后均可进行月末处理。由于在工资项目中有的项目是变动的，即每月的数据均不相同，因此在每月工资处理时，均需要将其数据清为 0，而后输入当月的数据。此类项目即为清零项目。

因为月末处理功能只有账套主管人员才能执行，所以应以账套主管的身份登录系统。

月末处理只能在会计年度的 1 月至 11 月进行，且只能在当月工资数据处理完毕后才可进行。如果处理多个工资类别，则应打开工资类别，分别进行月末处理；如果本月工资数据未汇总，则系统不允许进行月末处理。进行月末处理后，当月数据不允许变动。

（2）年末结转

年末结转是指将工资数据经过处理后结转至下年。进行年末结转后，新年度账自动建立。在处理完所有工资类别的工资数据后，关闭所有工资类别，然后在系统管理中选择“年度账”菜单，进行上年数据结转。其他操作与月末处理类似。

年末结转只有在当月工资数据处理完毕后才能进行。如果当月工资数据未汇总，则系统不允许进行年末结转。进行年末结转后，本年各月数据不允许变动。如果用户跨月进行年末结转，则系统将给予提示。年末结转功能只有账套主管人员才能使用。

6.2 实训 8：工资管理

实训目的

① 掌握 T3 中有关工资管理的相关内容。

② 掌握工资管理子系统初始化、日常业务处理、工资分摊和月末处理的操作。

实训重点

① 工资管理子系统初始化。

② 工资管理子系统日常业务处理。

③ 工资分摊和月末处理。

实训准备

以系统管理员的身份引入“总账初始化”账套。

实训内容

1. 启用工资管理子系统

2. 建立工资账套

工资类别个数为单个；核算币种为人民币 RMB；要求代扣个人所得税；不进行扣零处理；人员编码长度为 3 位；启用日期为 2023 年 1 月。

3. 基础信息设置

（1）人员类别设置

本企业人员类别分为企业管理人员、车间管理人员、销售人员和生产工人。

（2）银行名称设置

所有工资的代发银行均为中国银行朝阳分理处，账号定长为11。

（3）人员档案（见表6.1）

表6.1 人员档案

编 号	姓 名	部 门	人员类别	账 号	是否计税
101	孙云	企管部	企业管理人员	20100010001	是
201	白兵	财务部	企业管理人员	20100010002	是
202	李炎	财务部	企业管理人员	20100010003	是
203	苏浩	财务部	企业管理人员	20100010004	是
301	吴越	采购部	企业管理人员	20100010005	是
401	肖义	销售部	销售人员	20100010006	是
501	马小峰	生产部	车间管理人员	20100010007	是
502	郭平	生产部	生产工人	20100010008	是
503	陈阳	生产部	生产工人	20100010009	是

（4）工资项目设置（见表6.2）

表6.2 工资项目

项目名称	类 型	长 度	小数位数	增减项
基本工资	数字	8	2	增项
岗位津贴	数字	8	2	增项
交补	数字	8	2	增项
应发合计	数字	10	2	增项
请假扣款	数字	8	2	减项
社保	数字	8	2	减项
公积金	数字	8	2	减项
代扣税	数字	10	2	减项
扣款合计	数字	10	2	减项
实发合计	数字	10	2	增项
请假天数	数字	8	2	其他
计税工资	数字	8	2	其他

（5）计算公式设置

工资计算公式如表6.3所示。

表6.3 工资计算公式

工资项目	定义公式
请假扣款	请假天数*50
社保	基本工资*11%
公积金	基本工资*12%
岗位津贴	iff(人员类别="企业管理人员" or 人员类别="车间管理人员",500,300)
应发合计	基本工资+岗位津贴+交补
扣款合计	请假扣款+社保+公积金+代扣税
实发合计	应发合计-扣款合计
计税工资	实发合计-扣款合计+代扣税

（6）设置个人所得税税率

个人所得税免征额为5 000元，税率表如表6.4所示。

表 6.4　2019 年开始实行的七级超额累进个人所得税税率表

元

级数	全年应纳税所得额	按月换算	税率/%	速算扣除数
1	不超过 36 000 元	不超过 3 000 元	3	0
2	36 000 元至 144 000 元（含）的部分	3 000$<X\leqslant$12 000	10	210
3	144 000 元至 300 000 元（含）的部分	12 000$<X\leqslant$25 000	20	1 410
4	300 000 元至 420 000 元（含）的部分	25 000$<X\leqslant$35 000	25	2 660
5	420 000 元至 660 000 元（含）的部分	35 000$<X\leqslant$55 000	30	4 410
6	660 000 元至 960 000 元（含）的部分	55 000$<X\leqslant$80 000	35	7 160
7	960 000 元的部分	超过 80 000 元	45	15 160

4．权限设置

以账套主管 1101 白兵的身份设置 1102 李炎为工资类别主管。

5．本月工资业务变动情况

（1）职工基本工资数据（见表 6.5）

表 6.5　职工基本工资数据

元

姓　名	部门名称	基本工资
孙云	企管部	14 000
白兵	财务部	8 500
李炎	财务部	6 500
苏浩	财务部	4 500
吴越	采购部	5 000
肖义	销售部	7 000
马小峰	生产部	5 000
郭平	生产部	4 000
陈阳	生产部	3 000

（2）1 月份工资变动情况

① 考勤情况。李炎请假 2 天；吴越请假 1 天。

② 交补发放。销售部每人 300 元，其他部门无。

进行工资数据计算与汇总。

6．工资分摊

应付工资总额等于工资项目“应发合计”，应付福利费也以此为计提基数。

工资费用分配的转账分录如表 6.6 所示。

表 6.6　工资费用分配的转账分录

部　门	人员类别	工资分摊			
		应付工资		应付福利费（14%）	
		借　方	贷　方	借　方	贷　方
企管部、财务部、采购部	企业管理人员	660201	221101	660202	221102
销售部	销售人员	660101	221101	660102	221102
生产部	车间管理人员	510101	221101	510101	221102
	生产工人	500102	221101	500102	221102

7．月末处理

进行 1 月份月末处理，将“请假扣款”“请假天数”“交补”清零。

8. 备份账套

实训指导

以 1102 李炎的身份完成以下工作任务。

图 6.2　启用工资管理子系统

工作任务 1　启用工资管理子系统

步骤 1　以系统管理员的身份进入系统管理，选择“账套”|“恢复”命令，恢复“总账初始化”账套。

步骤 2　选择“系统”|“注销”命令，注销系统管理员登录。

步骤 3　选择“系统”|“注册”命令，以账套主管的身份进入系统管理。选择“账套”|“启用”命令，打开“系统启用”对话框。

步骤 4　单击“WA 工资管理”复选框，选择启用日期为 2023 年 1 月 1 日，如图 6.2 所示。

步骤 5　单击“确定”按钮，系统弹出提示信息。单击“是”按钮完成系统启用。

步骤 6　单击“退出”按钮，返回系统管理。

工作任务 2　建立工资账套

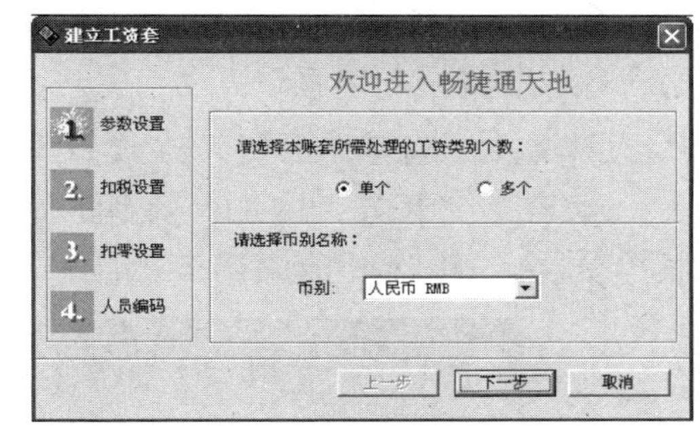

图 6.3　建立工资套——参数设置

步骤 1　以 1102 李炎的身份进入 T3，登录日期为 2023-01-01。单击“工资管理”，打开“建立工资套”对话框。

步骤 2　在建立工资套的“参数设置”中，选择本账套所需处理的工资类别个数为“单个”，默认币别名称为“人民币 RMB”，如图 6.3 所示。然后单击“下一步”按钮。

步骤 3　在“扣税设置”中，选中“是否从工资中代扣个人所得税”复选框，如图 6.4 所示。然后单击“下一步”按钮。

步骤 4　在“扣零设置”中，不做选择，直接单击“下一步”按钮。

步骤 5　在“人员编码”中，设置人员编码长度为 3 位，确认本账套启用日期为 2023-01-01，如图 6.5 所示。

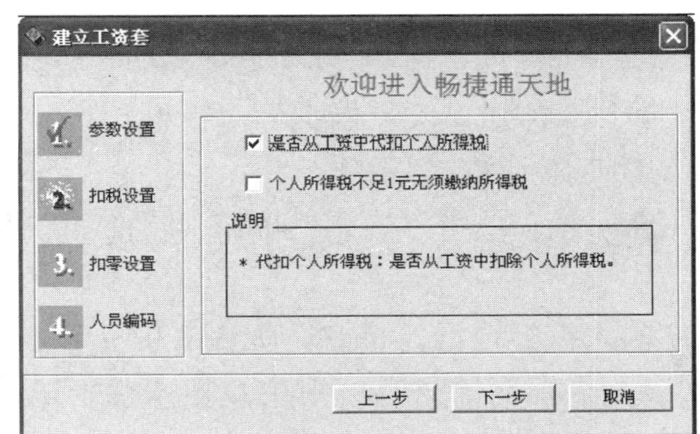

图 6.4　建立工资套——扣税设置

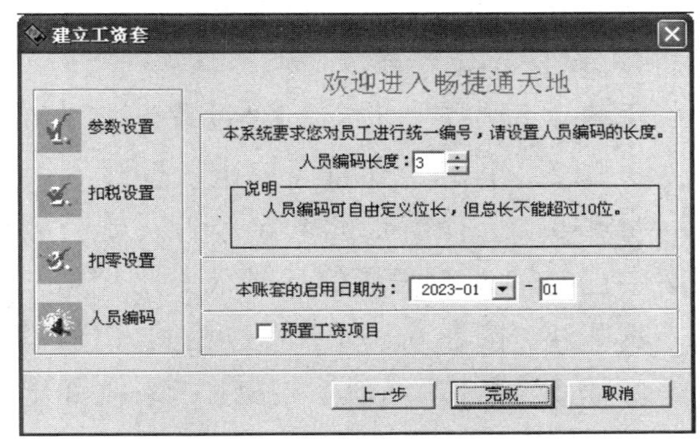

图 6.5　建立工资套——人员编码和启用日期

步骤 6　单击“完成”按钮，弹出系统提示信息。单击“确定”按钮，完成账套建立。

工作提示

① 扣零处理是指每次发放工资时将零头扣下，累积取整，于下次工资发放时补上。系统在计算工资时将依据扣零类型（扣零至元、扣零至角、扣零至分）进行扣零计算。

② 用户选中了“扣零处理”复选框后，系统自动在“固定工资”项目中增加“本月扣零”和“上月扣零”两个项目，扣零的计算公式将由系统自动定义，无须设置。

③ 选择代扣个人所得税后，系统将自动生成工资项目“代扣税”，并自动进行代扣税金的计算。

④ 建账完毕后，部分建账参数可以在选择“设置”|“选项”命令打开的对话框中进行修改。

工作任务 3　基础信息设置

1．设置人员类别

步骤 1　选择“工资”|“设置”|“人员类别设置”命令，打开“类别设置”对话框。

步骤 2　单击“增加”按钮，增加人员类别，最后删除“无类别”人员分类，完成后如图 6.6 所示。然后单击“返回”按钮。

2．设置银行名称

步骤 1　选择“工资”|“设置”|“银行名称设置”命令，打开“银行名称设置”对话框。

步骤 2　单击“增加”按钮，输入银行名称为“中国银行朝阳分理处”，默认账号定长，长度为 11，删除其他未用到的银行名称，如图 6.7 所示。

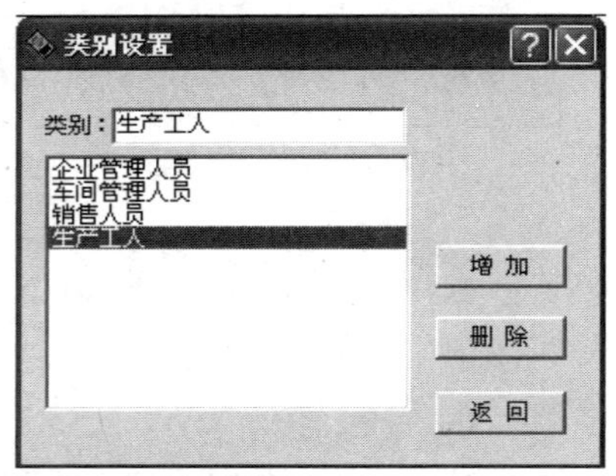

图 6.6　设置人员类别

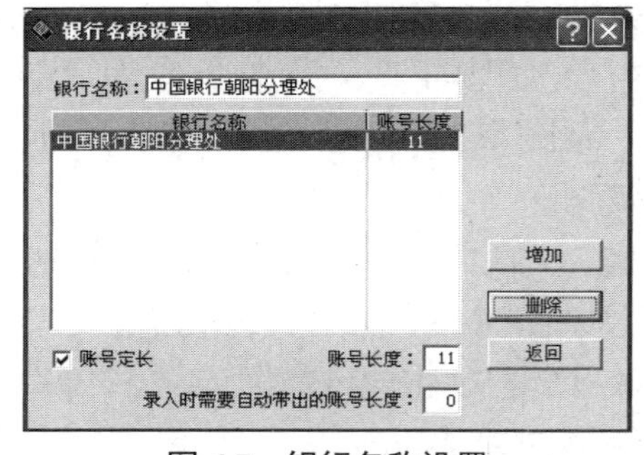

图 6.7　银行名称设置

步骤 3　单击“返回”按钮。

3．设置人员档案

步骤 1　选择“工资”|“设置”|“人员档案”命令，打开“人员档案”对话框。

步骤 2　单击“批增”按钮，打开“人员批量增加”对话框。

步骤 3　选择需要批量导入的人员档案，如图 6.8 所示。单击“确定”按钮，将前期职员档案中已经输入的职员信息带入人员档案。

步骤 4　按表 6.1 所示修改相关人员档案，补充输入银行账号等信息，如图 6.9 所示。

步骤 5　单击“确认”按钮，系统弹出“写入该人员档案信息吗？”信息提示框。单击“确定”按钮。全部完成后，单击“取消”按钮返回，如图 6.10 所示。

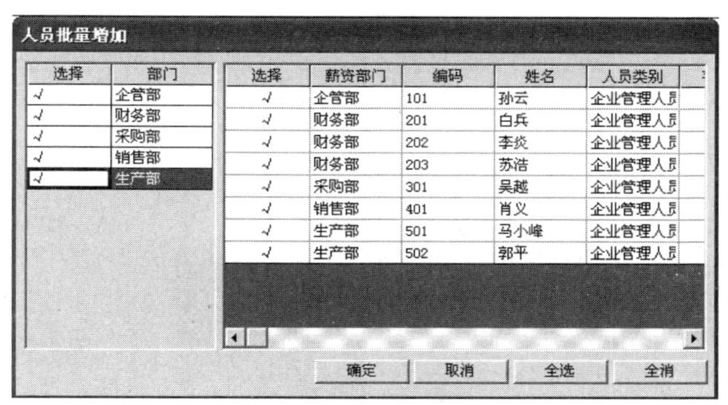

图 6.8　人员批量增加

图 6.9　修改人员档案

人员档案-(工资类别：001 中顺科技)

打印 预览 输出 导入 导出 增加 批增 修改 删除 替换 筛选 定位 帮助 退出

人　员　档　案

总人数：9

部门名称	人员编号	人员姓名	人员类别	账号	中方人员	是否计税	工资停发	进入日期	手机号
企管部	101	孙云	企业管理人员	20100010001	是	是	否		
财务部	201	白兵	企业管理人员	20100010002	是	是	否		
财务部	202	李炎	企业管理人员	20100010003	是	是	否		
财务部	203	苏浩	企业管理人员	20100010004	是	是	否		
采购部	301	吴越	企业管理人员	20100010005	是	是	否		
销售部	401	肖义	销售人员	20100010006	是	是	否		
生产部	501	马小峰	车间管理人员	20100010007	是	是	否		
生产部	502	郭平	生产工人	20100010008	是	是	否		
生产部	503	陈阳	生产工人	20100010009	是	是	否		

图 6.10　人员档案

步骤 6　单击“增加”按钮，按表 6.1 所示增加 503 陈阳的相关信息。

步骤 7　单击“退出”按钮，退出“人员档案”对话框。

工作提示

人员档案既可以从已建立的职员档案中导入，也可以在“人员档案”对话框中直接增加。

4．设置工资项目

步骤 1　选择“工资”|“设置”|“工资项目设置”命令，打开“工资项目设置”对话框。系统已预置“代扣税”和“实发合计”两个工资项目。

步骤 2　单击“增加”按钮，在“工资项目”列表中增加一空行。

步骤 3　单击“名称参照”下拉列表框右侧的下拉按钮，在下拉列表中选择“基本工资”选项。双击需要修改的栏目，按表 6.1 所示进行修改即可。对于“名称参照”下拉列表框中没有的工资项目，可以自行输入。

步骤 4　单击“增加”按钮，增加其他工资项目。

步骤 5　全部增加完成后，可以利用▲、▼按钮调整工资项目顺序。完成后，如图 6.11 所示。

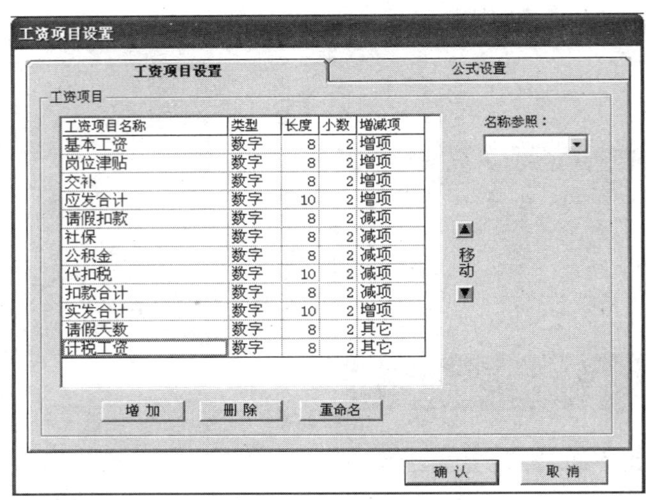

操作视频

图 6.11　工资项目设置

步骤 6　单击“确认”按钮返回。

工作提示

系统提供若干常用工资项目供参照，可选择输入。对于参照中未提供的工资项目，可以双击“工资项目名称”一栏直接输入，或者先从名称参照中选择一个项目，然后单击“重命名”按钮修改为需要的项目。

5．设置工资项目计算公式

（1）定义请假扣款的计算公式

步骤 1　选择“工资”|“设置”|“工资项目设置”命令，单击“公式设置”选项卡。

步骤 2　在左上角“工资项目”列表框下单击“增加”按钮，在“工资项目”列表框中增加一空行，从下拉列表框中选择“请假扣款”选项。

图 6.12　设置请假扣款公式

步骤 3　在“公式输入参照”选项组中，选择“工资项目”列表框中的“请假天数”选项，“请假扣款公式定义”文本框中即显示“请假天数”文本。

步骤 4　在“运算符”选项组中单击“*”，在“*”后输入数字 50，结果如图 6.12 所示。单击“公式确认”按钮。

步骤 5　同理，自行定义社保、公积金、应发合计、扣款合计、实发合计和应税工资的计算公式。

工作提示

① 百分号（%）不能直接输入，如 8%需要输入为 0.08，否则单击“公式确认”按钮后系统会弹出提示“非法的公式定义”。

② 定义扣款合计时，由于“工资项目”下拉列表框中无“代扣税”工资项目，需要人工在公式中输入该项目。

（2）定义岗位工资的计算公式

步骤 1　在“工资项目设置”对话框中，单击“公式设置”选项卡。

步骤 2　单击“增加”按钮，在“工资项目”列表框中增加一空行，在下拉列表框中选择“岗位津贴”选项。

步骤 3　单击“函数公式向导输入”按钮，打开“函数向导——步骤之 1”对话框。从“函数名”列表框中选择 iff，如图 6.13 所示。单击“下一步”按钮，打开“函数向导——步骤之 2”对话框。

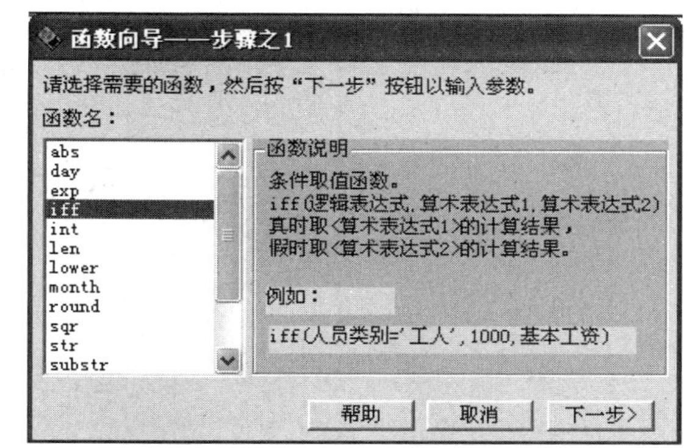

图 6.13　设置函数向导

步骤 4　单击“逻辑表达式”参照按钮，打开“参照”对话框。在“参照列表”下拉列表框中选择“人员类别”选项，在下面的列表框中选择“企业管理人员”选项，如图 6.14 所示。然后单击“确认”按钮。

步骤 5　在“逻辑表达式”文本框中的公式后输入 or，再次单击“逻辑表达式”参照按钮，打开“参照”对话框。在“参照列表”下拉列表框中选择“人员类别”选项，在下面的列表框中选择“车间管理人员”选项。然后单击“确认”按钮，返回“函数向导——步骤之 2”对话框。

步骤 6　在“算术表达式 1”文本框中输入 500，在“算术表达式 2”文本框中输入 300，如图 6.15 所示。单击“完成”按钮，返回“公式设置”选项卡。然后单击“公式确认”按钮。

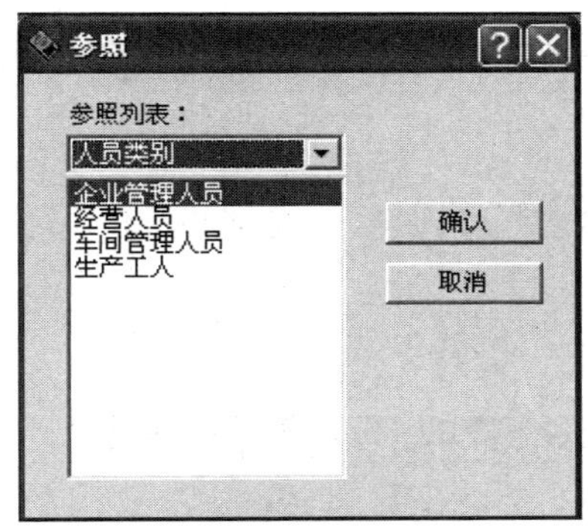

图 6.14　设置逻辑表达式条件

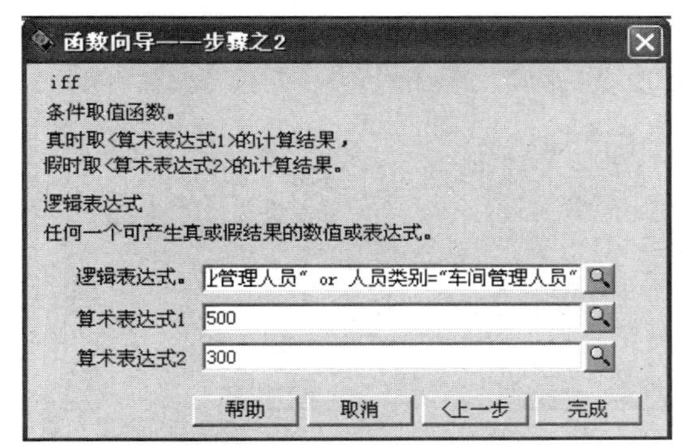

图 6.15　岗位工资公式定义

工作提示

在 or 前后需要有空格。

（3）调整公式的顺序

步骤 1　全部计算公式定义完成后，根据计算公式间的逻辑关系，利用▲、▼按钮调整公式顺序，排列在前面的公式先计算。完成后如图 6.16 所示。

步骤 2　单击“确认”按钮返回。

6．设置个人所得税税率

步骤 1　选择“工资”|“业务处理”|“扣缴所得税”命令，系统弹出信息提示。单击“确定”按钮，打开“栏目选择”对话框。

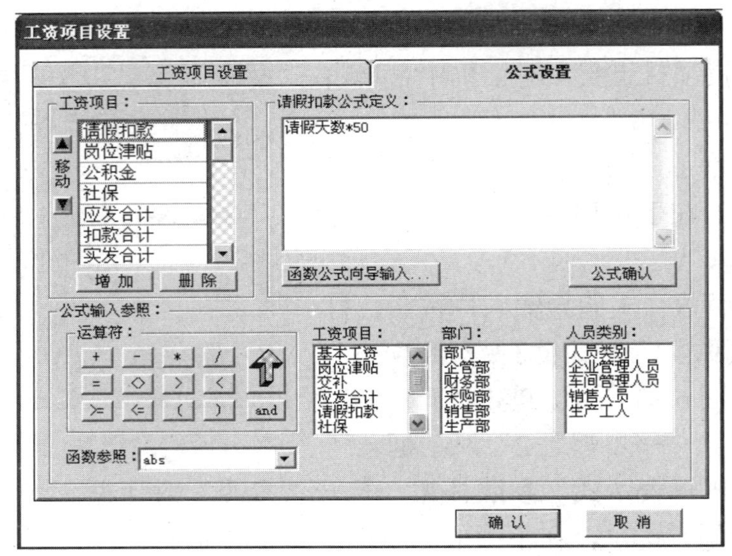

图 6.16　调整计算公式的先后顺序

步骤 2　系统默认所得项目为“工资”，对应工资项目为“实发合计”。重新选择对应工资项目为“计税工资”，如图 6.17 所示。

步骤 3　单击“确认”按钮，系统弹出“是否重算数据？”信息提示框。单击“否”按钮，打开“个人所得税”对话框。

步骤 4　单击“税率”按钮，打开“个人所得申报表——税率表”对话框。将基数修改为 5 000、附加费用为 0。

步骤 5　修改各级次应纳税所得额上限和速算扣除数，下一级次应纳税所得额下限自动调整。修改完成后，如图 6.18 所示。

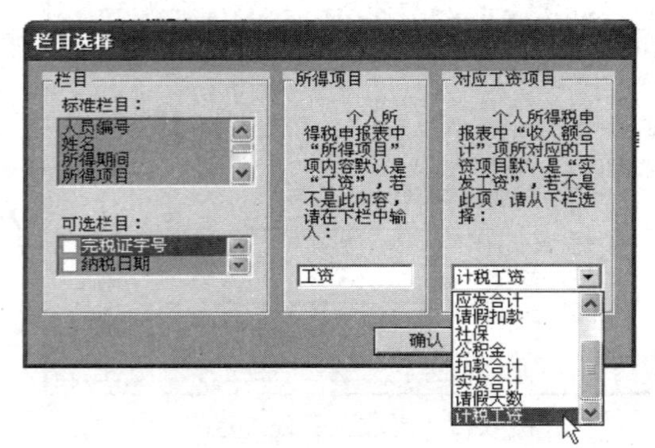

图 6.17　选择个人所得税申报表中收入额合计项对应的工资项目

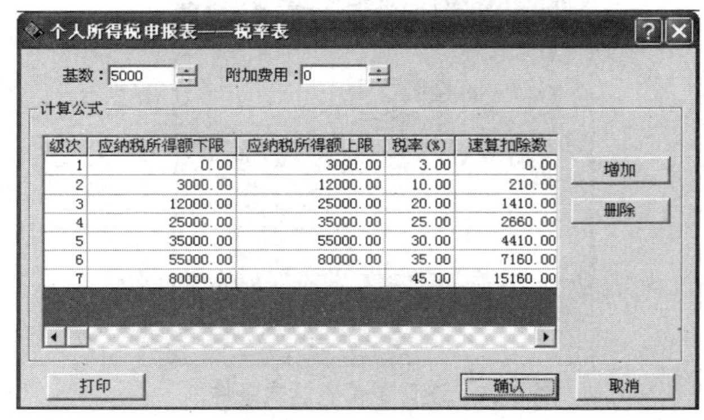

图 6.18　税率表

步骤 6　单击“确认”按钮返回，再单击“退出”按钮。

工作任务 4　权限设置

步骤 1　以 1101 白兵身份登录 T3，选择“工资”|“设置”|“权限设置”命令，打开“权限设置”对话框。

步骤 2　单击“修改”按钮，选择“1102 李炎”为“001 中顺科技”工资类别主管，如图 6.19 所示。

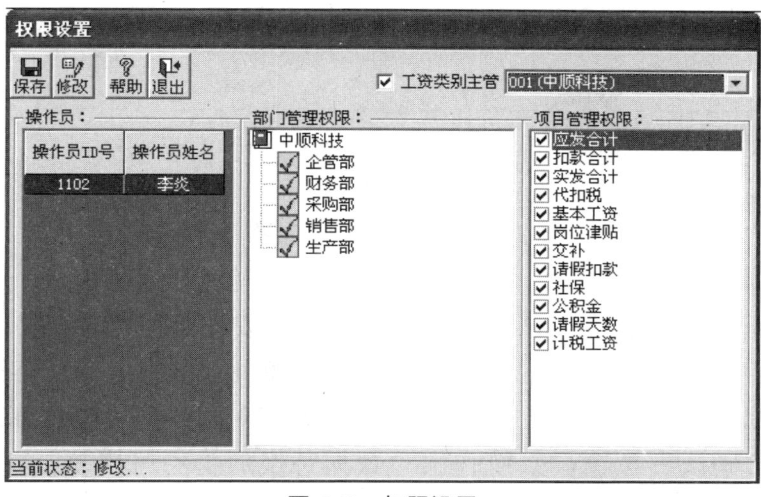

图 6.19　权限设置

步骤 3　单击“保存”按钮，系统弹出“已保存部门和项目权限”信息提示框。单击“确定”按钮返回。

工作任务 5　工资处理

1．输入人员基本工资数据

步骤 1　以 1102 李炎身份登录 T3，选择“工资”|“业务处理”|“工资变动”命令，打开“工资变动”对话框。

步骤 2　在“过滤器”下拉列表框中选择“过滤设置”选项，打开“项目过滤”对话框。

步骤 3　选择“工资项目”列表框中的“基本工资”项目。单击“>”按钮，将其移入“已选项目”列表框中，如图 6.20 所示。

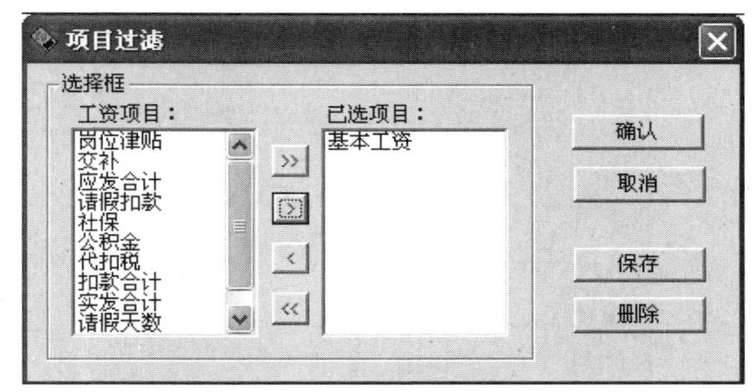

图 6.20　设置项目过滤

步骤 4　单击“确认”按钮，返回“工资变动”对话框。此时每个人的工资项目只显示“基本工资”一项。

步骤 5　输入职工基本工资数据，如图 6.21 所示。

工资变动-(工资类别：中顺科技)

打印 预览 输出 设置 替换 定位 筛选 保存 汇总 编辑 帮助 退出

工 资 变 动

过滤器：

人员编号	姓名	部门	人员类别	基本工资
101	孙云	企管部	企业管理人员	14,000.00
201	白兵	财务部	企业管理人员	8,500.00
202	李炎	财务部	企业管理人员	6,500.00
203	苏浩	财务部	企业管理人员	4,500.00
301	吴越	采购部	企业管理人员	5,000.00
401	肖义	销售部	销售人员	7,000.00
501	马小峰	生产部	车间管理人员	5,000.00
502	郭平	生产部	生产工人	4,000.00
503	陈阳	生产部	生产工人	3,000.00

当前月份：1 月　总人数：9　当前人数：9

图 6.21　输入职工基本工资数据

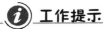

步骤 6　在“过滤器”下拉列表框中选择“所有项目”选项，屏幕上显示所有工资项目。

工作提示

这里只需输入没有进行公式设定的项目，如基本工资和请假天数，其余各项由系统根据计算公式自动计算生成。

2．输入本月变动工资数据

步骤 1　在“请假天数”一栏中，输入李炎请假天数为 2、吴越请假天数为 1。

步骤 2　单击“替换”按钮，在“将工资项目”下拉列表框中选择“交补”选项，在“替换成”文本框中输入 300，在“替换条件”选项组中选择“部门”“=”“销售部”，如图 6.22 所示。

步骤 3　单击“确认”按钮，系统弹出“数据替换后将不可恢复。是否继续？”信息提示框。单击“是”按钮，系统弹出“1 条记录被替换，是否重新计算？”信息提示框。单击“是”按钮，系统自动完成工资计算。

3．数据计算与汇总

步骤 1　在“工资变动”对话框中，单击“退出”按钮，弹出信息提示框，如图 6.23 所示。

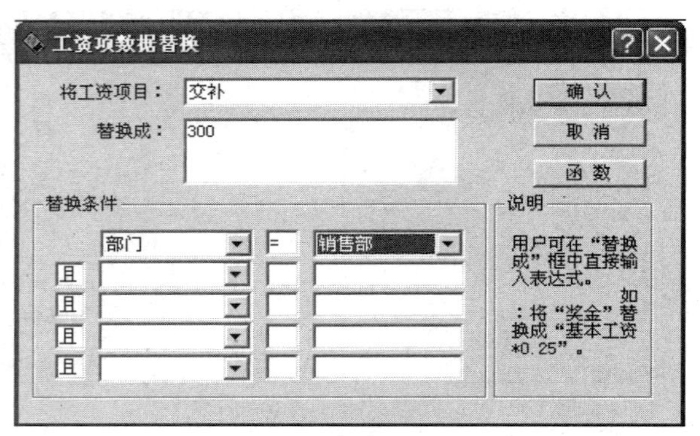

图 6.22　数据替换

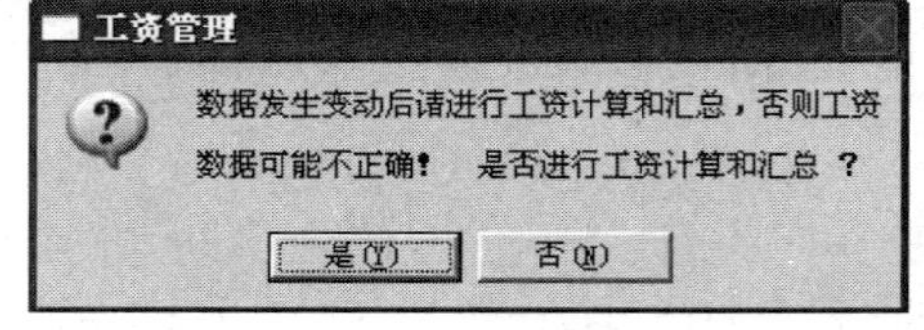

图 6.23　工资计算信息提示

步骤 2　单击“是”按钮，系统自动进行工资数据的计算和汇总。

步骤 3　单击“退出”按钮，退出“工资变动”对话框。

工作任务 6　工资分摊

1．进行工资分摊设置

操作视频

步骤 1　选择“工资”|“业务处理”|“工资分摊”命令，打开“工资分摊”对话框，如图 6.24 所示。

步骤 2　单击“工资分摊设置”按钮，打开“分摊类型设置”对话框。单击“增加”按钮，打开“分摊计提比例设置”对话框。

步骤 3　输入计提类型名称为“应付工资”、分摊计提比例为 100%，如图 6.25 所示。

步骤 4　单击“下一步”按钮，打开“分摊构成设置”对话框。按项目要求进行设置，完成后如图 6.26 所示。

步骤 5　单击“完成”按钮，返回“分摊类型设置”对话框。

步骤 6　同理，设置“应付福利费”分摊计提项目。

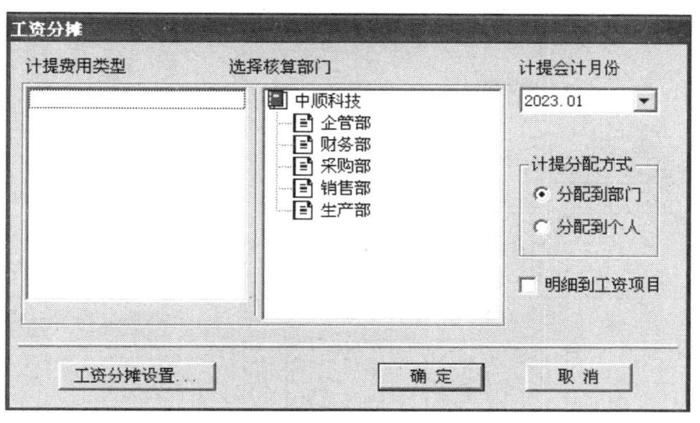

图 6.24　“工资分摊”对话框

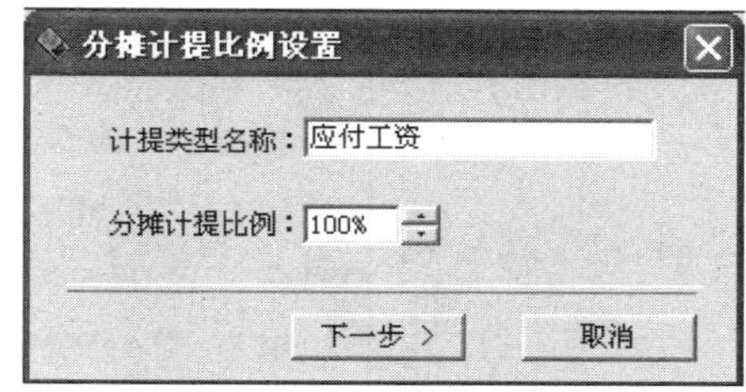

图 6.25　分摊计提比例设置

部门名称	人员类别	项目	借方科目	贷方科目
企管部,财务部,采	企业管理人员	应发合计	660201	221101
销售部	销售人员	应发合计	660101	221101
生产部	车间管理人员	应发合计	510101	221101
生产部	生产工人	应发合计	500102	221101

图 6.26　分摊构成设置

2．生成工资分摊凭证

步骤 1　在“工资分摊”对话框中，选中需要分摊的计提费用类型——“应付工资”和“应付福利费”，确定分摊计提的月份为“2023.01”，选择核算部门为“企管部”“财务部”“采购部”“销售部”“生产部”，并选中“明细到工资项目”复选框，如图 6.27 所示。

步骤 2　单击“确定”按钮，打开“工资分摊明细”对话框。选中“合并科目相同、辅助项相同的分录”复选框，如图 6.28 所示。

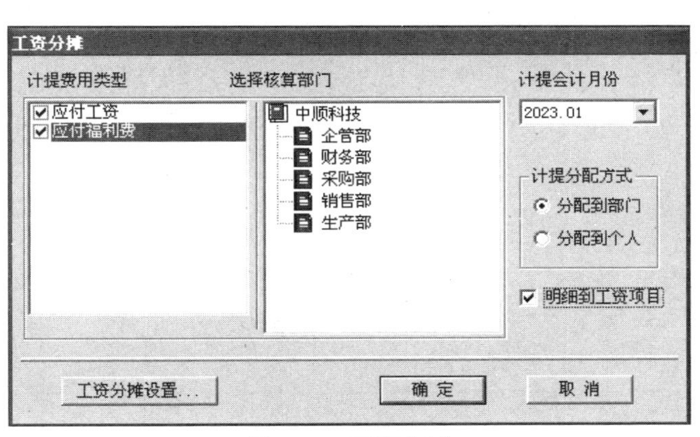

图 6.27　工资分摊

部门名称	人员类别	应发合计		
		分配金额	借方科目	贷方科目
企管部	企业管理人员	14500.00	660201	221101
财务部		21000.00	660201	221101
采购部		5500.00	660201	221101
销售部	销售人员	7600.00	660101	221101
生产部	车间管理人员	5500.00	510101	221101
	生产工人	7600.00	500102	221101

图 6.28　工资分摊明细

步骤 3　单击“制单”按钮，选择“转账凭证”，输入附单据数。单击“保存”按钮，凭证左上角出现“已生成”字样，代表该凭证已传递到总账子系统，如图 6.29 所示。

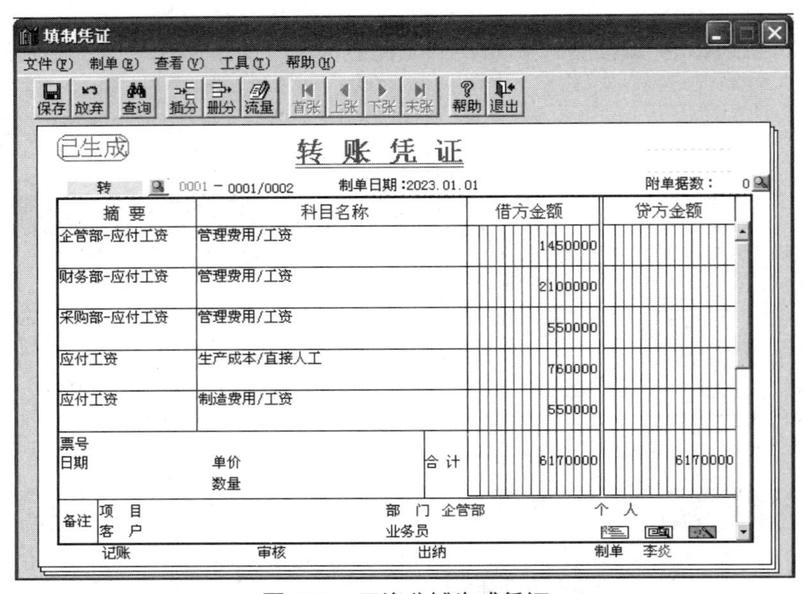

图 6.29 工资分摊生成凭证

步骤 4 单击“退出”按钮返回。从“类型”下拉列表框中选择“应付福利费”，选中“合并科目相同、辅助项相同的分录”复选框。单击“制单”按钮，生成应付福利费凭证。

工作任务 7 月末处理

步骤 1 选择“工资”|“业务处理”|“月末处理”命令，打开“月末处理”对话框。

步骤 2 单击“确认”按钮，系统弹出“月末处理之后，本月工资将不许变动，继续月末处理吗？”信息提示框。单击“是”按钮，系统弹出“是否选择清零项？”信息提示框。单击“是”按钮，打开“选择清零项目”对话框。

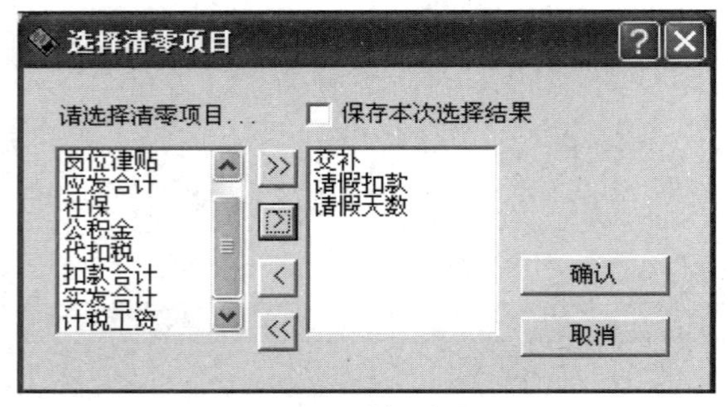

图 6.30 选择清零项

步骤 3 在“请选择清零项目”列表框中选择“交补”“请假扣款”“请假天数”，然后单击“>”按钮，将所选项目移动到右侧的列表框中，如图 6.30 所示。

步骤 4 单击“确认”按钮，系统弹出“月末处理完毕！”信息提示框。单击“确定”按钮返回。

工作提示

① 如果处理多个工资类别，则应打开工资类别，分别进行月末处理。
② 如果本月工资数据未汇总，则系统不允许进行月末处理。

工作任务 8 备份账套

全部完成后，备份至“工资管理”账套。

探究与挑战

1. 人员档案与职员档案一样吗？
2. 设置人员类别的作用是什么？
3. 为什么要设置计税工资项目？
4. 还有哪些业务可以在工资分摊中进行设置？
5. 如果企业有临时工，与正式职工工资发放项目不同，那么应如何处理？

工作项目 7

固定资产管理

知识目标

1. 了解固定资产子系统的主要功能。
2. 熟悉固定资产子系统的业务处理流程。
3. 熟悉固定资产子系统初始化的工作内容。
4. 掌握利用固定资产子系统进行企业固定资产业务处理的方法。
5. 了解针对不同企业需求的固定资产解决方案。

技能目标

1. 掌握建立固定资产账套的操作。
2. 掌握设置固定资产类别、部门对应折旧科目、增减方式的操作。
3. 掌握固定资产卡片输入的基本操作。
4. 掌握固定资产增减、变动处理、折旧计算等基本操作。

工作情境

固定资产是企业资产的重要组成部分，固定资产管理是否完善、核算是否正确，不仅关系到企业资产的安全性，而且影响成本费用乃至利润计算的正确性。

为了对中顺科技的固定资产进行有效的管理，项目组需要启用固定资产子系统，并准备企业各固定资产相关的基础档案、期初余额等信息，以便将各种信息准确地输入系统，然后对企业的固定资产日常业务进行核算管理。

7.1 知识准备

7.1.1 固定资产子系统概述

固定资产子系统的主要任务是：完成企业固定资产日常业务的核算和管理；生成固定资产卡片；按月反映固定资产的增减变动、原值变化和其他变化；按月计提折旧，生成折旧分配凭证，协助企业进行成本核算；输出一些与设备管理相关的报表和账簿。

1. 固定资产子系统的主要功能

固定资产子系统的主要功能包括初始设置、日常业务处理、凭证处理、信息查询、期末处理等。

（1）初始设置

初始设置主要包括核算单位的建立，固定资产卡片项目、卡片样式、折旧方法、使用部门、使用状况、增减方式、资产类别等信息的设置，以及固定资产原始卡片的输入。

（2）日常业务处理

日常业务处理主要是当固定资产发生增加、减少、原值变动、使用部门转移等变动情况时，更新固定资产卡片，并根据设定的折旧计算方法自动计算折旧，生成折旧清单和折旧分配表。

（3）凭证处理

固定资产子系统根据使用状况和部门对应折旧科目的设置来进行转账凭证的定义。转账凭证可以根据固定资产的业务处理自动生成。转账凭证经过确认后会自动传递到总账子系统等待进一步处理。

（4）信息查询

固定资产子系统输出的报表主要有固定资产卡片、固定资产增减变动表、固定资产分类统计表、固定资产折旧计算表、转账数据汇总表等有关账表。

（5）期末处理

固定资产子系统的期末处理主要包括对账和月末结账两部分。

2. 固定资产子系统和其他子系统之间的数据关联

固定资产子系统与总账子系统、财务报表子系统存在数据关联。

（1）固定资产子系统和总账子系统之间的数据关联

固定资产的日常变动数据和计提折旧的数据通过生成的转账凭证传递到总账子系统。同时，固定资产子系统可以与总账子系统针对固定资产和累计折旧进行对账，保证固定资产明细与总账的一致性。

（2）固定资产子系统和财务报表子系统之间的数据关联

财务报表子系统可以通过函数调用固定资产子系统的核算数据编制相关财务报表。

3. 固定资产子系统的业务处理流程

固定资产子系统的业务处理流程大致包括初始设置和日常业务处理两部分：初始设置主要完成系统参数和基础信息的设置；日常业务处理进行固定资产增减变动、计提折旧、凭证处理等工作。相关业务处理完成后输出固定资产账簿和统计分析报表，并进行月末结账。固定资产子系统的业务处理流程如图 7.1 所示。

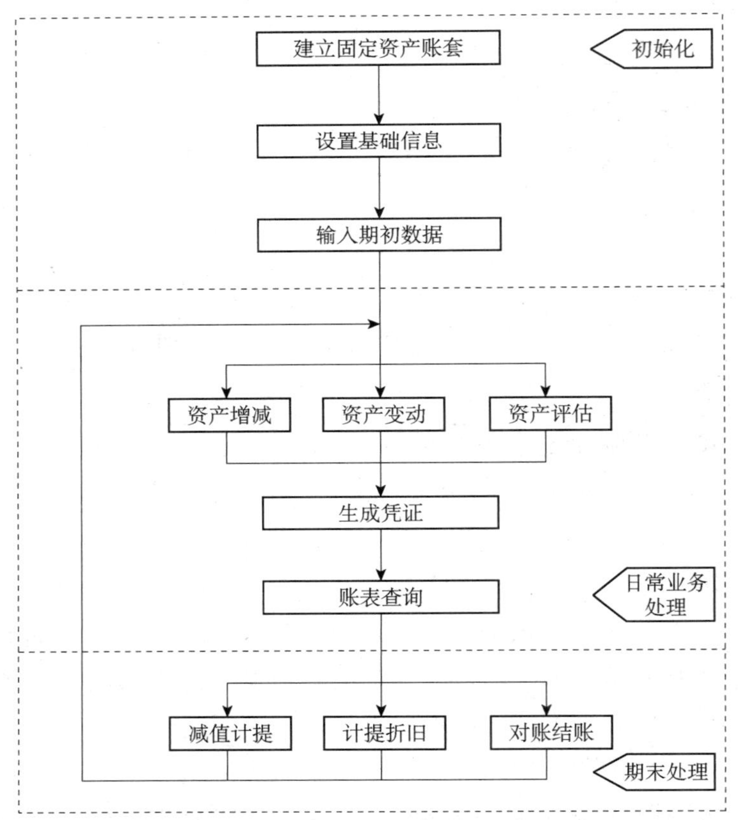

图 7.1　固定资产子系统的业务处理流程

7.1.2　固定资产子系统初始化

固定资产子系统初始化的主要内容包括建立固定资产账套、设置基础信息和输入期初数据。

1. 建立固定资产账套

建立固定资产账套是根据企业的具体情况，在已经建立的企业会计核算账套的基础上，设置企业进行固定资产核算的必需参数，包括关于固定资产折旧计算的一些约定及说明、启用月份、折旧信息、编码方式、账务接口等。

建账完成后，当需要对账套中的某些参数进行修改时，可以通过“设置”中的“选项”命令修改。但也有些参数无法通过“选项”命令修改而又必须修改，那么只能通过重新初始化功能实现。重新初始化将清空对该固定资产账套做过的一切操作。

2. 设置基础信息

固定资产子系统的基础信息设置包括以下各项。

（1）资产类别的设置

固定资产种类繁多，规格不一，为强化固定资产管理，及时准确地进行固定资产核算，需要建立科学的资产分类核算体系，为固定资产的核算和管理提供依据。企业可以根据自身的特点和要求，参照国家标准，设定较为合理的资产分类方法。

（2）部门对应折旧科目的设置

固定资产计提折旧后，需要将折旧费用分配到相应的成本或费用中去。根据不同企业的情况，可以按照部门或类别进行汇总。固定资产折旧费用的分配去向与其所属部门密切相关，如果给每个部门设定对应折旧科目，则属于该部门的固定资产在计提折旧时，折旧费用将对应分配到其所属的部门。

（3）增减方式的设置

固定资产增减方式的设置即固定资产增加的来源和减少的去向。固定资产增减方式包括增加方式和减少方式两大类，可根据用户的需要自行增加。在固定资产增减方式的设置中还可以定义不同增减方式的对应入账科目，配合固定资产和累计折旧的入账科目使用，以便当发生相应的固定资产增减变动时可以快速生成转账凭证，减少手工输入数据的工作量。

（4）使用状况的设置

固定资产的使用状况一般分为使用中、未使用和不需用三大类，不同的使用状况决定了固定资产计提折旧与否。因此，正确定义固定资产的使用状况是准确计算累计折旧，进行资产数据统计分析和提高固定资产管理水平的重要依据。

（5）折旧方法的设置

固定资产折旧的计算是固定资产子系统的重要功能，固定资产折旧的计提由系统根据用户选择的折旧方法自动计算得出。因此，折旧方法的定义是计算固定资产折旧的重要基础。

（6）卡片项目和卡片样式设置

固定资产卡片是固定资产子系统中重要的管理工具，固定资产卡片文件是重要的数据文件。卡片项目是固定资产卡片上用来记录固定资产资料的栏目，如原值、资产名称、所属部门、使用年限、折旧方法等是卡片上最基本的项目。

3. 输入期初数据

固定资产子系统的初始数据是指系统投入使用前企业现存固定资产的全部有关数据，主要是与固定资产原始卡片有关的数据。为了保证所输入原始卡片数据的准确无误，应该在开始输入前对固定资产进行全面的清查盘点，做到账实相符。

7.1.3 固定资产业务处理

固定资产子系统的业务处理主要完成固定资产的核算和管理工作，包括卡片管理、增减业务、变动处理、折旧处理、凭证处理、账表查询和期末处理、数据维护。

1. 卡片管理

卡片是记录固定资产相关资料的载体。无论固定资产增加、减少还是固定资产变动，都要通过固定资产卡片进行管理。卡片管理包括卡片修改、卡片删除、卡片查询及打印等。

2. 增减业务

当企业由于各种原因而增加或减少其固定资产的时候，就需要进行相应的处理，以便根据固定资产增减变动记录更新固定资产卡片文件，保证折旧计算的正确性。

（1）固定资产的增加

企业通过购买或其他方式取得固定资产时要进行固定资产增加的处理，填制新的固定资产卡片：一方面要求对新增固定资产按经济用途或其他标准分类，并确定其原始价值；另一方面，要求办理交接手续，填制和审核有关凭证，作为固定资产核算的依据。

（2）固定资产的减少

固定资产的减少是指固定资产在使用过程中，由于毁损、出售、盘亏等各种原因而被淘汰。此时，需要进行固定资产减少的处理，输入固定资产减少信息，说明减少的固定资产、减少方式、减少原因等。固定资产减少信息经过确认后，系统搜索出相应的固定资产卡片，更新卡片文件数据，以反映固定资产减少的相关情况。

3. 变动处理

固定资产日常使用中出现原值变动、部门转移、使用状况变动、使用年限调整、折旧方法调整、净残值（率）调整、工作总量调整、累计折旧调整、资产类别调整等情况时，需要通过变动单进行处理。变动单是指资产在使用过程中由于固定资产卡片上某些项目调整而编制的原始凭证。

（1）原值变动

固定资产在使用过程中，其原值增减有5种情况：根据国家规定对固定资产重新估价；增加补充设备或改良设备；将固定资产的一部分拆除；根据实际价值调整原来的暂估价值；发现原记录固定资产价值有误。原值变动包括原值增加和原值减少两部分。

（2）部门转移

固定资产在使用过程中，因内部调配而发生的部门变动应及时处理，否则将影响部门的折旧计算。

（3）使用状况变动

固定资产使用状况分为在用、未使用、不需用等。资产在使用过程中，可能会因为某种原因，使得资产的使用状况发生变化，这种变化会影响设备折旧的计算，因此应及时调整。

（4）使用年限调整

固定资产在使用过程中，其使用年限可能会由于固定资产的重估、大修等原因而调整。进行使用年限调整的固定资产在调整的当月就按调整后的使用年限计提折旧。

（5）折旧方法调整

一般来说，固定资产折旧方法在一年之内很少改变，如有特殊情况确实需要调整改变的也必须遵循一定的原则。

本月输入的卡片和本月增加的固定资产，不允许进行变动处理。

4. 折旧处理

折旧处理是固定资产子系统的基本处理功能之一，主要包括折旧的计提和分配。

（1）折旧计提

根据固定资产卡片中的基本资料，系统自动计算折旧，自动生成折旧分配表。根据折旧分配表编制转账凭证，将本期折旧费用登记入账。

（2）折旧分配

计提折旧工作完成后进行折旧分配形成折旧费用，生成折旧清单。固定资产的使用部门不同，其折旧费用分配的去向也不同，折旧费用和固定资产使用部门之间的对应关系主要是通过部门对应折旧科目来实现的。系统根据折旧清单和部门对应折旧科目生成折旧分配表，

而折旧分配表是将累计折旧分配到成本与费用中，以及编制转账凭证将折旧数据传递到总账子系统的重要依据。

（3）进行折旧处理需要注意的问题

在固定资产子系统中进行折旧处理时，一般应注意以下几点。

① 如果在一个期间多次计提折旧，则每次计提折旧后，只是将计提的折旧累加到月初的累计折旧上，不会重复累计。如果计提折旧后又对账套进行了影响折旧计算功能分配的操作，则必须重新计提折旧，以保证折旧计算的正确性。

② 如果上一次计提的折旧已经制单但尚未记账，则必须删除该凭证；如果已经记账，则必须冲销该凭证，重新计提折旧。如果在自定义的折旧方法下，月折旧率或月折旧额出现负数，则系统会自动中止计提。

③ 折旧分配表包括部门折旧分配表和类别折旧分配表两种类型。部门折旧分配表中的部门可以不等同于使用部门，使用部门必须是明细部门，而部门折旧分配表中的部门是指汇总时使用的部门，因此要在计提折旧后分配折旧费用时做出选择。

④ 当企业中有固定资产按工作量法计提折旧时，在计提折旧之前必须输入该固定资产当期的工作量，为系统提供计算累计折旧所需要的信息。

5. 凭证处理

固定资产子系统的凭证处理功能主要是根据固定资产各项业务数据自动生成转账凭证传递到总账子系统进行后续处理。一般来说，当固定资产发生资产增加、资产减少、原值变动、累计折旧调整、资产评估（涉及原值和累计折旧时）、计提折旧等业务时就要编制转账凭证。

编制凭证可以采用立即制单和批量制单两种方法。在编制转账凭证的过程中，系统会根据固定资产和累计折旧入账科目设置、增减方式设置、部门对应折旧科目设置和业务数据自动生成转账凭证，凭证中不完整的部分可由用户进行补充。

6. 账表查询

固定资产子系统提供的报表可以分为账簿、统计分析表、统计表和折旧表四大类。

（1）固定资产账簿

固定资产账簿一般用于提供资产管理所需要的基本信息，主要包括固定资产总账，单项固定资产明细账，固定资产登记簿，部门、类别明细账等基础报表。

（2）固定资产统计分析表

固定资产统计分析表用于从固定资产的构成情况、分布情况、使用状况等角度提供统计分析数据，为管理人员进行决策提供信息。固定资产统计分析表主要包括固定资产部门构成分析表、固定资产使用状况分析表、固定资产价值结构分析表、固定资产类别构成分析表等报表。

（3）固定资产统计表

固定资产统计表用于提供各种统计信息，主要包括固定资产统计表、逾龄资产统计表、役龄资产统计表、盘盈盘亏报告表、固定资产原值统计表等报表。

（4）固定资产折旧表

固定资产折旧表用于提供与固定资产折旧相关的明细信息和汇总信息，主要包括部门折旧计算汇总表、固定资产折旧清单表、折旧计算明细表、固定资产及累计折旧表等报表。

7. 期末处理

期末处理主要包括对账和月末结账两项工作内容。

（1）对账

对账是指将固定资产子系统中记录的固定资产和累计折旧数额与总账子系统中的固定资产和累计折旧科目的数值核对，验证是否一致，寻找可能产生差异的原因。对账在任何时候都可以进行，系统在执行月末结账时自动进行，自动给出对账结果，并可根据初始化中的“在对账不平情况下允许固定资产月末结账”复选框选中与否判断是否允许结账。

（2）月末结账

在固定资产子系统完成当月全部业务后，便可以进行月末结账，以便将当月数据结转至下月。月末结账后，当月数据不允许再进行改动。当月末结账后发现有本月未处理的业务而需要修改时，可以通过系统提供的恢复月末结算前状态功能进行反结账。

8. 数据维护

（1）数据接口管理

数据接口管理提供了卡片导入的功能，可以将企业使用固定资产子系统之前已有的固定资产卡片自动导入到系统中，从而减少手工卡片输入的工作量，提高效率。

（2）重新初始化账套

当系统在运行过程中发现账簿错误太多，无法通过反结账功能纠正时，可以利用重新初始化账套功能将该账套内容全部清空，然后重新建立账套。

7.2 实训 9：固定资产管理

实训目的

① 掌握 T3 中有关固定资产管理的相关内容。

② 掌握固定资产子系统初始化、日常业务处理、期末处理的操作。

实训重点

① 固定资产子系统参数设置、原始卡片输入。

② 日常业务处理：固定资产增减、固定资产变动、固定资产评估、生成凭证、账表查询。

③ 期末处理：计提减值准备、计提折旧、对账和结账。

实训准备

以系统管理员的身份引入“总账初始化”账套。

以账套主管的身份启用固定资产子系统，启用日期为 2023 年 1 月 1 日。

实训内容

1. 建立固定资产账套

（1）固定资产账套相关内容（见表 7.1）

表 7.1　固定资产账套

控制参数	参数设置
约定与说明	我同意
启用月份	2023.01
折旧信息	本账套计提折旧 折旧方法：平均年限法（一） 折旧汇总分配周期：1 个月 当“月初已计提月份=可使用月份-1”时，将剩余折旧全部提足
编码方式	资产类别编码方式：2 1 1 2 固定资产编码方式： ① 按“类别编码+部门编码+序号”自动编码 ② 卡片序号长度为 3
财务接口	与账务系统进行对账 对账科目： ① 固定资产对账科目：1601 固定资产 ② 累计折旧对账科目：1602 累计折旧 在对账不平情况下允许固定资产月末结账

（2）选项设置

① 业务发生后立即制单。

② 月末结账前一定要完成制单登账业务。

③ 可纳税调整的增加方式“直接购入”“投资者投入”“捐赠”“在建工程转入”；固定资产默认入账科目为 1601，累计折旧默认入账科目为 1602，可抵扣税额入账科目为 22210101。

2．基础信息设置

（1）资产类别（见表 7.2）

表 7.2　资产类别

编　码	类别名称	净残值率	单　位	计提属性
01	交通运输设备	4%		正常计提
011	经营用设备	4%		正常计提
012	非经营用设备	4%		正常计提
02	电子设备及其他通信设备	4%		正常计提
021	经营用设备	4%	台	正常计提
022	非经营用设备	4%	台	正常计提

（2）部门及对应折旧科目（见表 7.3）

表 7.3　部门及对应折旧科目

部　门	对应折旧科目
企管部、财务部、采购部	660206 管理费用/折旧费
销售部	660106 销售费用/折旧费
生产部	510102 制造费用/折旧费

（3）增减方式的对应入账科目（见表 7.4）

表 7.4　增减方式的对应入账科目

增减方式目录	对应入账科目
增加方式	
直接购入	10020101 中行存款/人民币户
减少方式	
毁损	1606 固定资产清理

3．固定资产原始卡片信息（见表 7.5）

表 7.5　固定资产原始卡片

元

固定资产名称	类别编号	所在部门	增加方式	使用年限	开始使用日期	原　值	累计折旧	对应折旧科目名称
奥迪轿车	012	企管部	直接购入	5	2022.01.01	306 800.00	53 996.80	管理费用/折旧费
笔记本电脑	022	企管部	直接购入	5	2022.01.01	22 000.00	3 872.00	管理费用/折旧费
打印机	022	企管部	直接购入	5	2022.01.01	13 500.00	2 376.00	管理费用/折旧费
投影仪	022	企管部	直接购入	5	2022.01.01	8 000.00	1 408.00	管理费用/折旧费
计算机 01	021	生产部	直接购入	5	2022.01.01	6 000.00	1 056.00	制造费用/折旧费
计算机 02	021	生产部	直接购入	5	2022.01.01	6 000.00	1 056.00	制造费用/折旧费
合　计						362 300.00	63 764.80	

净残值率均为 4%，使用状况均为“在用”，折旧方法均采用平均年限法（一）。

4．1 月份固定资产业务

① 10 日，财务部购买多功能一体机一台，发票载明无税金额 20 000 元，适用税率 13%，净残值率为 4%，预计使用年限为 5 年。用银行存款支付。

② 10 日，计提本月折旧。

③ 10 日，生产部“计算机 02”不慎毁损。

④ 对账。

⑤ 月末结账。

⑥ 查询部门折旧计提汇总表。

5．2 月份固定资产业务

① 5 日，企管部的奥迪轿车添置新配件花费 12 000 元。用转账支票支付。

② 5 日，因工作需要，将企管部的打印机转移至采购部。

6．备份账套

实训指导

工作任务 *1*　建立固定资产账套

1．固定资产子系统初始化

步骤 1　以 1101 账套主管的身份登录 T3，登录日期为 2023 年 1 月 1 日。单击菜单中的“固定资产”菜单项，系统弹出信息提示框，如图 7.2 所示。

图 7.2　固定资产初始化——初始化提示

步骤 2　单击“是”按钮，打开初始化向导。在“固定资产初始化向导——约定与说明”对话框中，仔细阅读相关条款，选中“我同意”单选按钮，如图 7.3 所示。

步骤 3　单击“下一步”按钮，打开“固定资产初始化向导——启用月份”对话框。选择账套启用月份“2023.01”。

步骤 4　单击“下一步”按钮，打开“固定资产初始化向导——折旧信息”对话框。选中“本账套计提折旧”复选框，选择主要折旧方法为“平均年限法（一）”、折旧汇总分配周期为“1 个月”，选中“(当月初已计提月份＝可使用月份－1）时将剩余折旧全部提足（工作量法除外）”复选框，如图 7.4 所示。

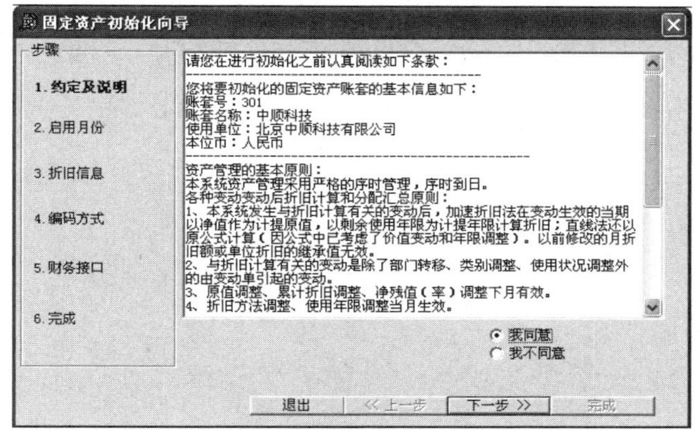

图 7.3　固定资产初始化——约定及说明

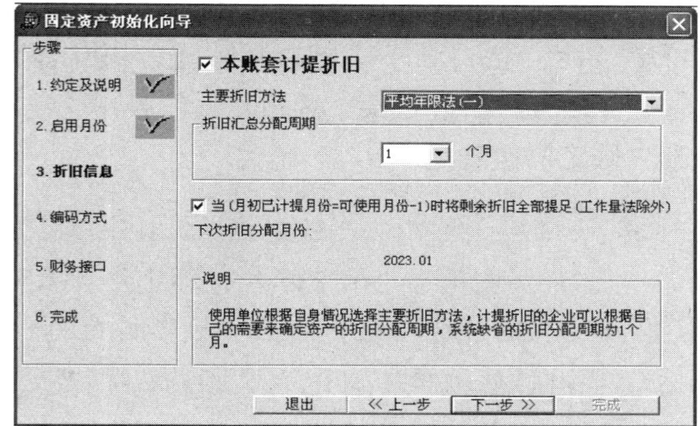

图 7.4　固定资产初始化——折旧信息

步骤 5　单击“下一步”按钮，打开“固定资产初始化向导——编码方式”对话框。确定资产类别编码长度为 2112，选中“自动编码”单选按钮，选择固定资产编码方式为“类别编号+部门编号+序号”、序号长度为 3，如图 7.5 所示。

步骤 6　单击“下一步”按钮，打开“固定资产初始化向导——财务接口”对话框。选中“与账务系统进行对账”复选框，选择固定资产对账科目为“1601,固定资产”、累计折旧对账科目为“1602,累计折旧”，如图 7.6 所示。

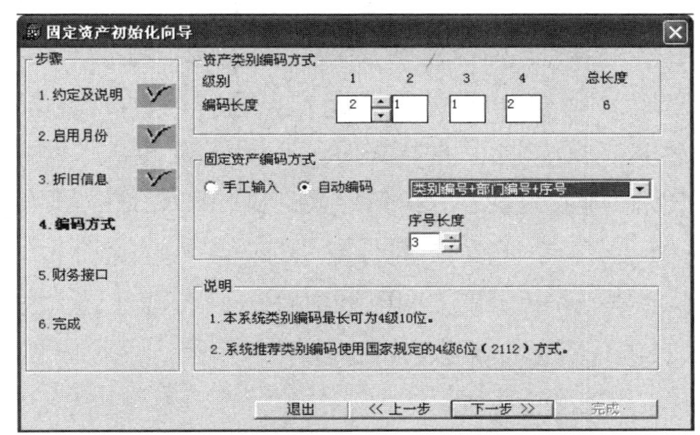

图 7.5　固定资产初始化——编码方式

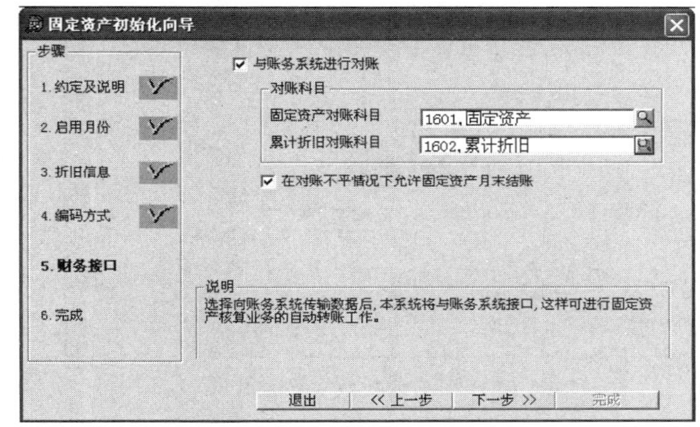

图 7.6　固定资产初始化——财务接口

步骤 7　单击“下一步”按钮，打开“固定资产初始化向导——完成”对话框，如图 7.7 所示。

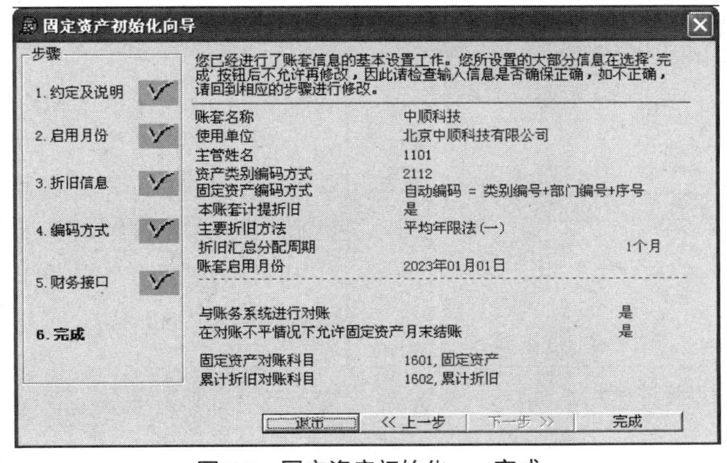

图 7.7　固定资产初始化——完成

步骤 8　单击“完成”按钮，完成本账套的初始化，系统弹出“已经完成新账套的所有设置工作，是否确定所设置的信息完全正确并保存对新账套的所有设置?”信息提示框。

步骤 9　单击“是”按钮，系统弹出“已成功初始化本固定资产账套！”信息提示框。单击“确定”按钮返回。

工作提示

① 如果是行政事业单位，不选中“本账套计提折旧”复选框，则账套内所有与折旧有关的功能屏蔽。该参数在初始化完成后不能修改。

② 虽然这里选择了某种折旧方法，但在设置资产类别或定义具体固定资产时可以更改设置。

③ 初始化完成后，有些参数不能修改，所以要慎重。

④ 如果发现参数有错，必须改正，则可以通过选择“固定资产”|“维护”|“重新初始化账套”命令实现。该操作将清空对该账套做过的一切操作。

2．设置选项

步骤 1　选择“固定资产”|“设置”|“选项”命令，打开“选项”对话框。

步骤 2　单击“与账务系统接口”选项卡，选中“业务发生后立即制单”“月末结账前一定要完成制单登账业务”复选框，选择可纳税调整的增加方式包括“直接购入”“投资者投入”“捐赠”“在建工程转入”；固定资产缺省入账科目为“1601,固定资产”、累计折旧缺省入账科目为“1602,累计折旧”、可抵扣税额入账科目为“22210101,进项税额”，如图 7.8 所示。然后单击“确定”按钮。

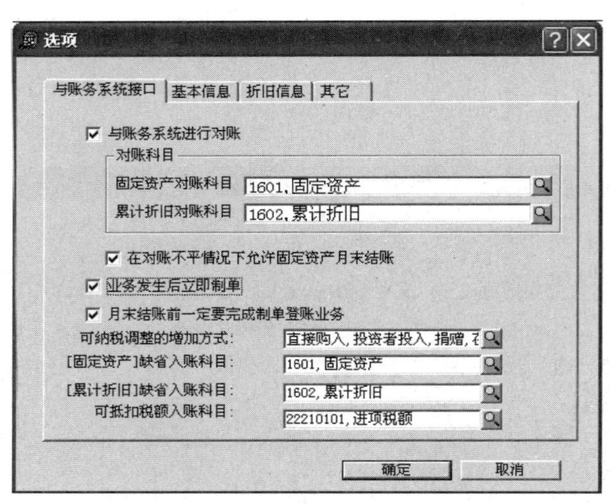

图 7.8　固定资产——选项设置

工作任务 2　基础信息设置

1．设置资产类别

步骤 1　选择“固定资产”|“设置”|“资产类别”命令，打开“类别编码表”对话框。

步骤 2　单击“增加”按钮，输入类别名称为“交通运输设备”、净残值率为 4%，选择计提属性为“正常计提”、折旧方法为“平均年限法（一）”、卡片样式为“通用样式”。然后单击“保存”按钮。

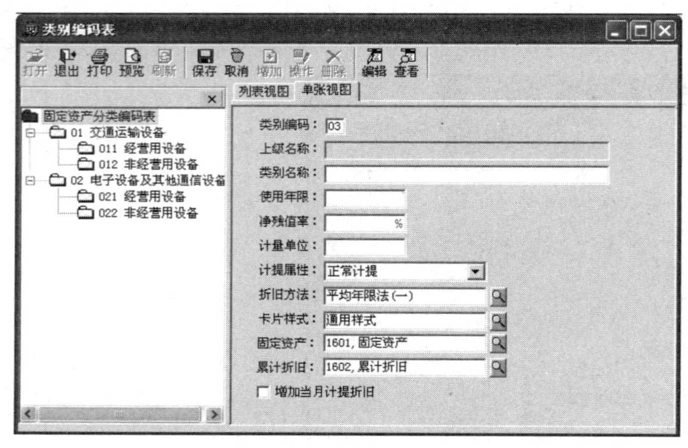

图 7.9　设置资产类别

步骤 3　同理，完成其他固定资产类别的设置，如图 7.9 所示。

步骤 4　单击“退出”按钮返回。

工作提示

① 固定资产类别编码不能重复，同一级的类别名称不能相同。
② 类别编码、名称、计提属性、卡片样式不能为空。
③ 已使用的类别不能设置新下级。

2．设置部门及对应折旧科目

步骤 1　选择“固定资产”|“设置”|“部门对应折旧科目”命令，打开“部门编码表”对话框。

步骤 2　选择部门为“企管部”，然后单击“操作”按钮。

步骤 3　选择折旧科目为 660206（管理费用/折旧费），如图 7.10 所示。

步骤 4　单击“保存”按钮。同理，完成其他部门折旧科目的设置。然后退出。

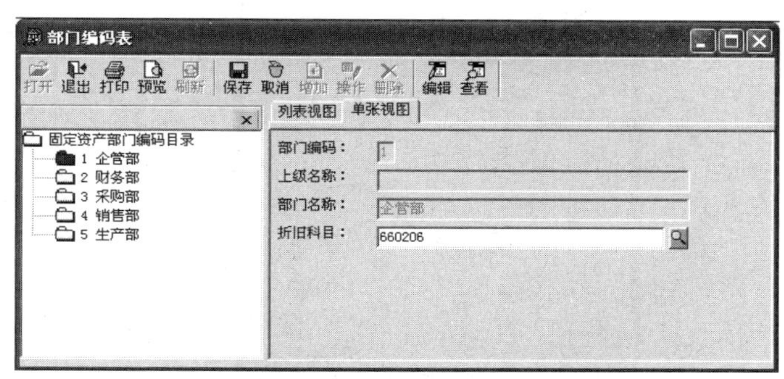
图 7.10　设置部门对应折旧科目

工作提示

如果一个部门下有多个下属部门，且对应的折旧科目相同，则可以将折旧科目设置在此部门下，在保存后单击“刷新”按钮，其下属部门将自动继承。

3．设置增减方式的对应入账科目

步骤 1　选择“固定资产”|“设置”|“增减方式”命令，打开“增减方式”对话框。

步骤 2　在左侧的增减方式目录表中，选择增加方式为“直接购入”。然后单击“操作”按钮。

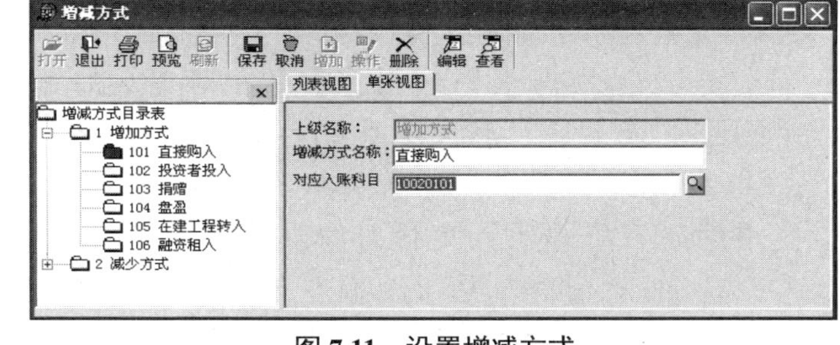
图 7.11　设置增减方式

步骤 3　输入对应入账科目为 10020101（人民币户），如图 7.11 所示。然后单击“保存”按钮。

步骤 4　同理，输入减少方式为“毁损”的对应入账科目为 1606（固定资产清理）。然后退出。

工作提示

当固定资产发生增减变动时，系统生成凭证时会默认采用这些科目。

工作任务 3　输入固定资产原始卡片

1．输入固定资产原始卡片信息

步骤 1　选择“固定资产”|“卡片”|“录入原始卡片”命令，打开“资产类别参照”对话框。

操作视频

步骤 2　选择固定资产分类编码表为“012 非经营用设备”，如图 7.12 所示。单击“确认”按钮，打开“固定资产卡片”对话框。

步骤 3　输入固定资产名称为“奥迪轿车”，双击“部门名称”选择“企管部”，双击“增加方式”选择“直接购入”，双击“使用状况”选择“在用”，输入开始使用日期为“2022-01-01”、原值为 306 800、累计折旧为 53 996.80、使用年限为“5 年”，其他信息自动算出，如图 7.13 所示。

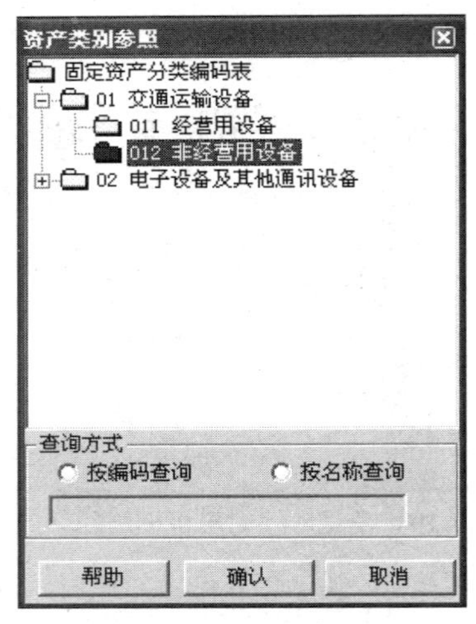

图 7.12　选择资产类别

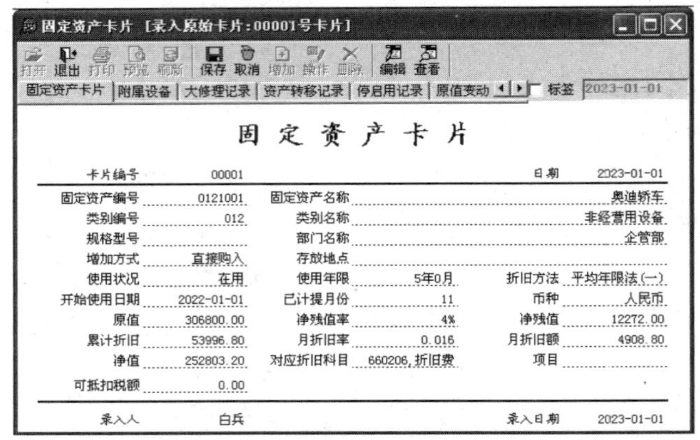

图 7.13　原始卡片输入

步骤 4　单击“保存”按钮，系统弹出“数据成功保存！”信息提示框。单击“确定”按钮。

步骤 5　同理，完成其他固定资产卡片的输入，然后退出。

工作提示

① 卡片编号。系统根据初始化时定义的编码方案自动设定卡片编号，不能修改。如果删除一张卡片，而又不是最后一张，则系统将保留空号。

② 已计提月份。系统将根据开始使用日期自动算出已计提月份，但可以修改。应将使用期间停用等不计提折旧的月份扣除。

③ 月折旧率、月折旧额。与计算折旧有关的项目输入后，系统会按照输入的内容自动算出月折旧率和月折旧额并显示在相应项目内。可与手工计算的值比较，核对是否有错误。

2．与总账子系统对账

步骤 1　全部原始卡片输入完成后，选择“固定资产”|“处理”|“对账”命令，将目前的固定资产子系统明细数据与总账子系统进行对账，以确保固定资产明细账与总账相符，如图 7.14 所示。

步骤 2　单击“确定”按钮退出。

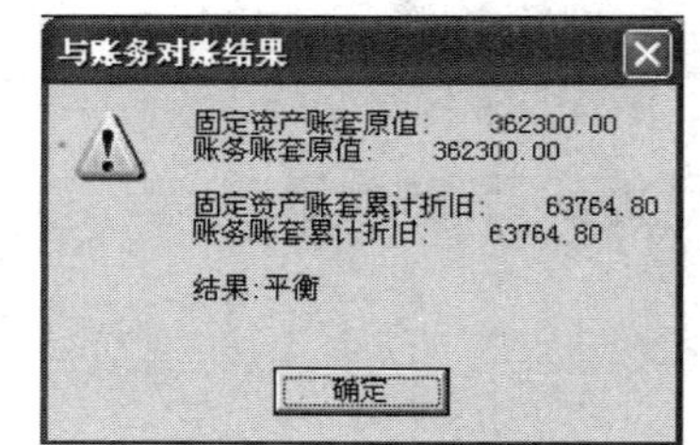

图 7.14　与总账子系统对账

工作任务 4　1 月份固定资产业务处理

1．固定资产增加

步骤 1　以 1102 李炎的身份登录 T3，登录日期为 2023 年 1 月 10 日。选择“固定资产”|“卡片”|“资产增加”命令，打开“资产类别参照”对话框。

步骤 2　选择资产类别为“022 非经营用设备”。然后单击“确认”按钮，打开“固定资产卡片”对话框。

步骤 3　输入固定资产名称为“多功能一体机”，双击“部门名称”选择“财务部”，双击“增加方式”选择“直接购入”，双击“使用状况”选择“在用”，输入原值为 20 000、使用年限为“5 年”、开始使用日期为“2023-01-10”、可抵扣税额为 2 600，如图 7.15 所示。

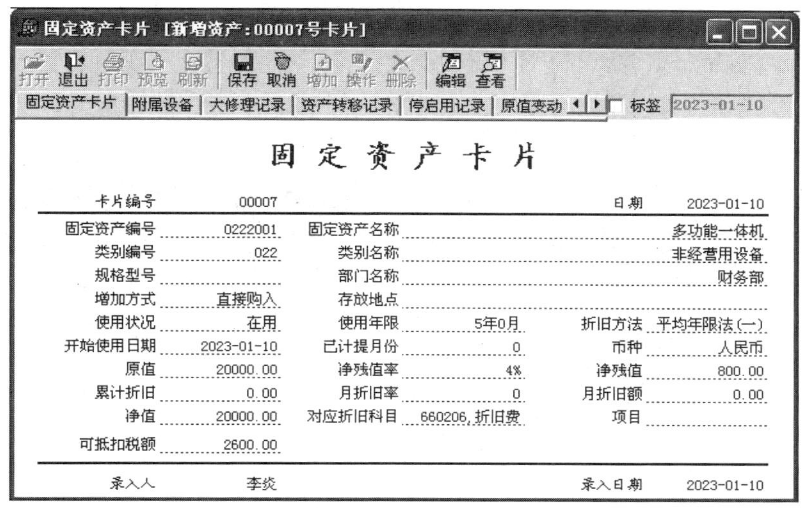

图 7.15　增加固定资产

步骤 4　单击“保存”按钮，打开“填制凭证”窗口。

步骤 5　选择凭证类型为“付款凭证”，修改制单日期、附件数。然后单击“保存”按钮生成凭证，如图 7.16 所示。

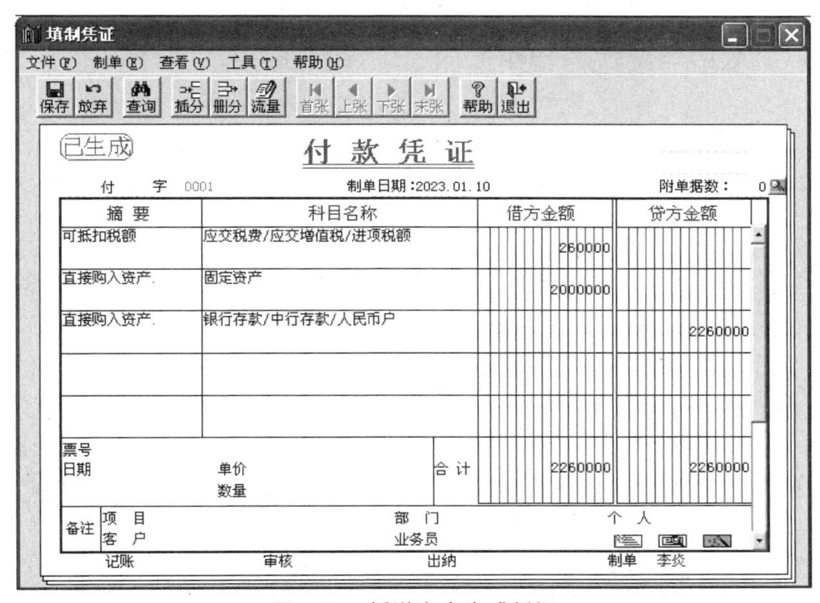

图 7.16　新增资产生成凭证

步骤 6　单击“退出”按钮，系统弹出“数据成功保存”信息提示框。单击“确定”按钮。

工作提示

① 固定资产原值一定要输入卡片并输入月初的价值，否则会出现计算错误。
② 新卡片第 1 个月不计提折旧，累计折旧为空或 0。
③ 卡片输入完后，也可以不立即制单，月末可以批量制单。

2．计提本月折旧

步骤 1　选择“固定资产”|“处理”|“计提本月折旧”命令，系统弹出“本操作将计提本月折旧，并花费一定时间，是否要继续？”信息提示框。单击“是”按钮，系统弹出“是否要查看折旧清单？”信息提示框。单击“否”按钮。

步骤 2　系统计提折旧完成后打开“折旧分配表”对话框，如图 7.17 所示。

步骤 3　单击“凭证”按钮，打开“填制凭证”窗口。选择凭证类型为“转账凭证”，修改其他项目。然后单击“保存”按钮，生成计提折旧凭证，如图 7.18 所示。

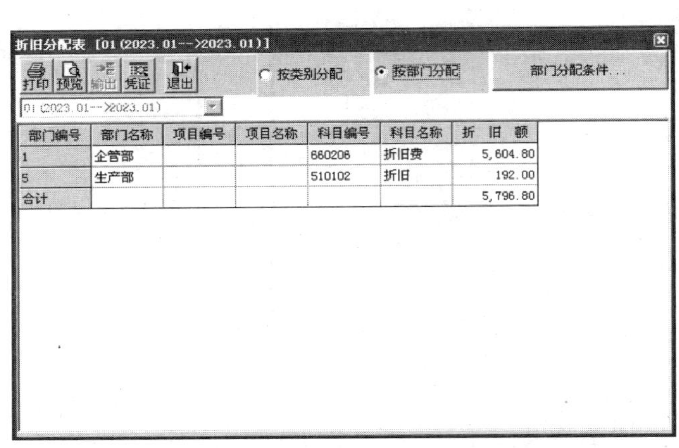

部门编号	部门名称	项目编号	项目名称	科目编号	科目名称	折　旧　额
1	企管部			660206	折旧费	5,604.80
5	生产部			510102	折旧	192.00
合计						5,796.80

图 7.17　折旧分配表

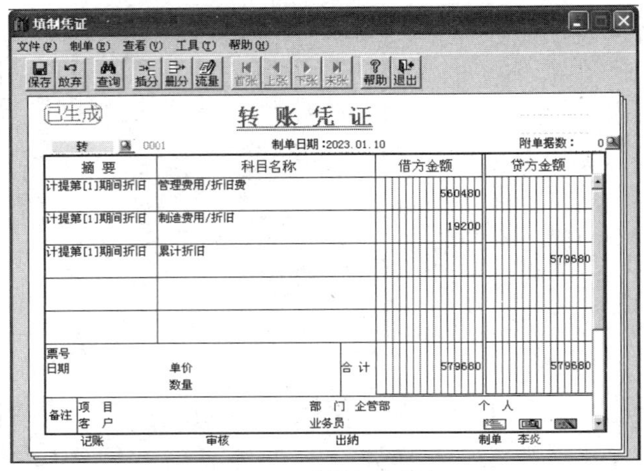

图 7.18　计提折旧凭证

步骤 4　单击“退出”按钮返回，再继续单击“退出”按钮返回，系统弹出“计提折旧完成！”信息提示框。单击“确定”按钮返回。

工作提示

① 如果上次计提折旧已通过记账凭证把数据传递到总账子系统，则必须删除该凭证才能重新计提折旧。

② 如果计提折旧后又对账套进行了影响折旧计算或分配的操作，则必须重新计提折旧，否则系统不允许结账。

3．资产减少

步骤 1　选择“固定资产”|“卡片”|“资产减少”命令，打开“资产减少”对话框。

步骤 2　选择卡片编号为 00006，单击“增加”按钮。选择减少方式为“毁损”，如图 7.19 所示。

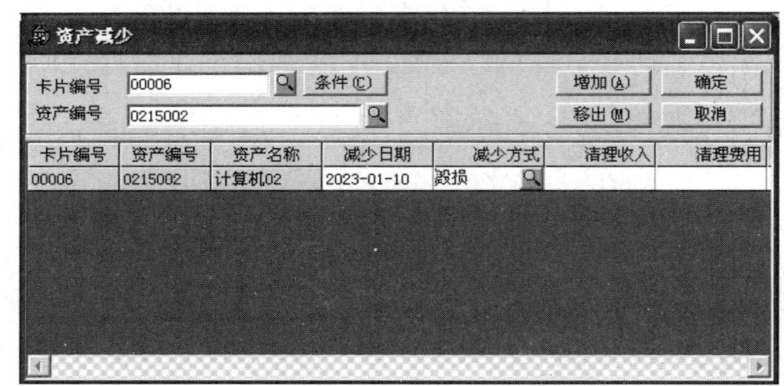

卡片编号	资产编号	资产名称	减少日期	减少方式	清理收入	清理费用
00006	0215002	计算机02	2023-01-10	毁损		

操作视频

图 7.19　资产减少

步骤 3　单击“确定”按钮，打开“填制凭证”对话框。

步骤4　选择凭证类型为“转账凭证”，然后单击“保存”按钮，如图7.20所示。

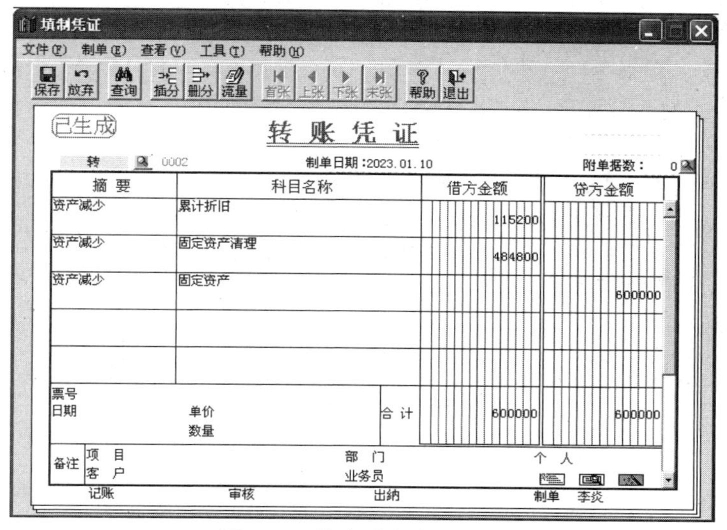

图 7.20　资产减少生成凭证

步骤5　单击“退出”按钮，系统弹出“所选卡片已经减少成功!”信息提示框。单击“确定”按钮返回。

工作提示

① 本账套需要进行计提折旧后，才能减少资产。

② 如果要减少的固定资产较少或没有共同点，则通过输入资产编号或卡片编号，单击“增加”按钮，将固定资产添加到资产减少表中。

③ 如果要减少的固定资产较多并且有共同点，则通过单击“条件”按钮，输入查询条件，将符合该条件的固定资产挑选出来进行批量减少操作。

4. 固定资产子系统与总账子系统对账，并做月末结账

步骤1　以1103出纳的身份重新登录T3，选择“总账”|“凭证”|“出纳签字”命令，对固定资产子系统传递过来的收付类凭证进行签字。

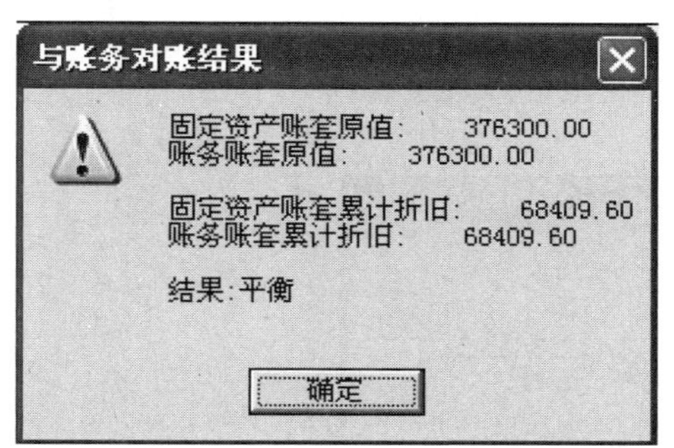

图 7.21　1月份与账务系统对账

步骤2　以1101账套主管的身份重新登录T3，选择“总账”|“凭证”|“审核凭证”命令，对固定资产子系统传递过来的凭证进行审核和记账。

步骤3　选择“固定资产”|“处理”|“对账”命令，系统弹出“与账务对账结果”信息提示框，如图7.21所示。单击“确定”按钮返回。

5. 月末结账

步骤1　以1102李炎的身份登录T3，选择“固定资产”|“处理”|“月末结账”命令，打开“月末结账”对话框，如图7.22所示。

步骤2　单击“开始结账”按钮，系统自动检查与总账子系统的对账结果。单击“确定”按钮，系统进行结账处理，完成后弹出“月末结账成功完成!”信息提示框。

步骤3　单击“确定”按钮返回。

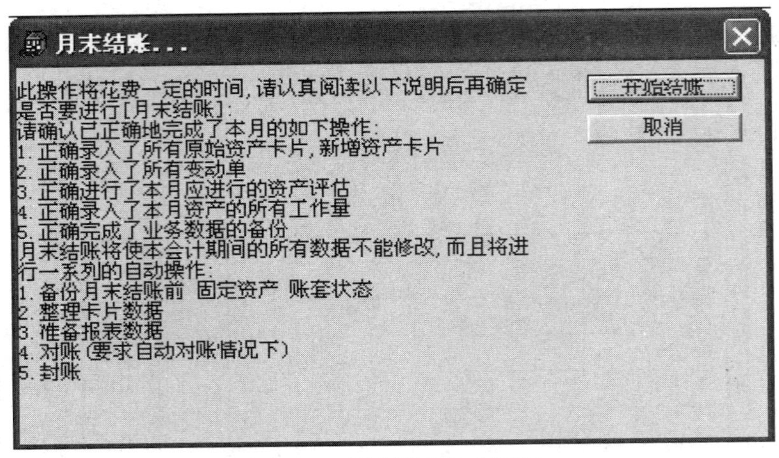

图 7.22　固定资产月末结账

工作提示

① 当总账子系统对固定资产子系统生成的凭证记账完毕，在固定资产子系统中进行对账后，才可能对账平衡。

② 如果在初始化时，选中了“与账务系统对账”复选框，则对账的操作不限制执行时间，任何时候都可以进行对账。

③ 如果在“固定资产初始化向导——财务接口”对话框中选中“在对账不平情况下允许固定资产月末结账”复选框，则可以直接进行月末结账。

④ 本会计期间做完月末结账工作后，所有数据资料不能再进行修改。

⑤ 本会计期间不做完月末结账工作，系统不允许处理下一个会计期间的数据。

⑥ 月末结账前一定要进行数据备份，否则如果数据丢失，将造成无法挽回的后果。

6．查询“（部门）折旧计提汇总表”

步骤 1　选择“固定资产”|“账表”|“我的账表”命令，打开“报表”对话框。

步骤 2　单击“折旧表”选项，选择“（部门）折旧计提汇总表”选项，单击“打开”按钮，打开“条件”对话框。

步骤 3　选择期间为“2023.01”、汇总部门为“1—2”。单击“确定”按钮，显示报表如图 7.23 所示。

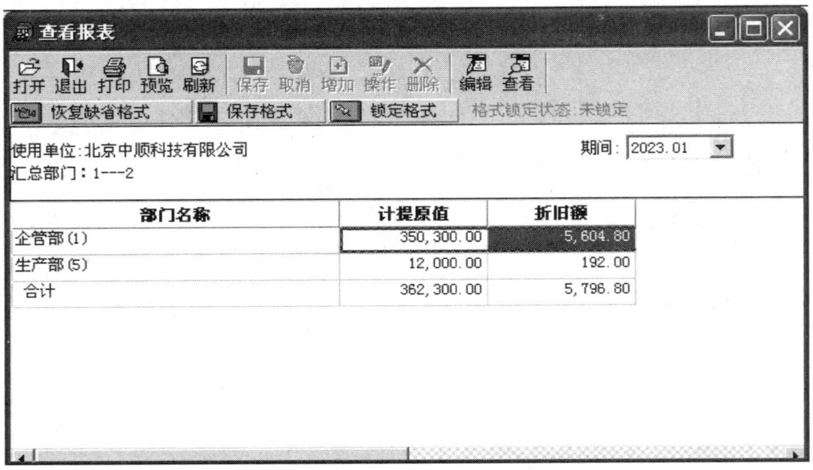

查看报表

使用单位：北京中顺科技有限公司　　期间：2023.01

汇总部门：1---2

部门名称	计提原值	折旧额
企管部(1)	350,300.00	5,604.80
生产部(5)	12,000.00	192.00
合计	362,300.00	5,796.80

图 7.23　（部门）折旧计提汇总表

工作任务 5　2 月份固定资产业务处理

1．原值增加

步骤 1　以 1102 李炎的身份登录 T3，登录日期为 2023 年 2 月 5 日。选择“固定资产”|“卡片”|“变动单”|“原值增加”命令，打开“固定资产变动单”对话框。

步骤 2　选择输入卡片编号为 00001、增加金额为 12 000、变动原因为“增加配件”，如图 7.24 所示。

图 7.24　固定资产变动单——原值增加

步骤 3　单击“保存”按钮，打开“填制凭证”窗口。

步骤 4　选择凭证类型为“付 付款凭证”，填写、修改其他项目，然后单击“保存”按钮。

工作提示

① 固定资产变动主要包括原值变动、部门转移、使用状况变动、使用年限调整、折旧方法调整、净残值（率）调整、工作总量调整、累计折旧调整、资产类别调整等。系统对已做出变动的固定资产，要求输入相应的固定变动单来记录调整结果。

② 固定变动单不能修改，只有当月可删除重做，所以应仔细检查后再保存。

③ 必须保证固定资产变动后的净值大于固定资产变动后的净残值。

2．资产部门转移

步骤 1　选择“固定资产”|“卡片”|“变动单”|“部门转移”命令，打开“固定资产变动单”对话框。

步骤 2　输入卡片编号为 00003，双击“变动后部门”选择“采购部”，输入变动原因为“工作需要”，如图 7.25 所示。然后单击“保存”按钮。

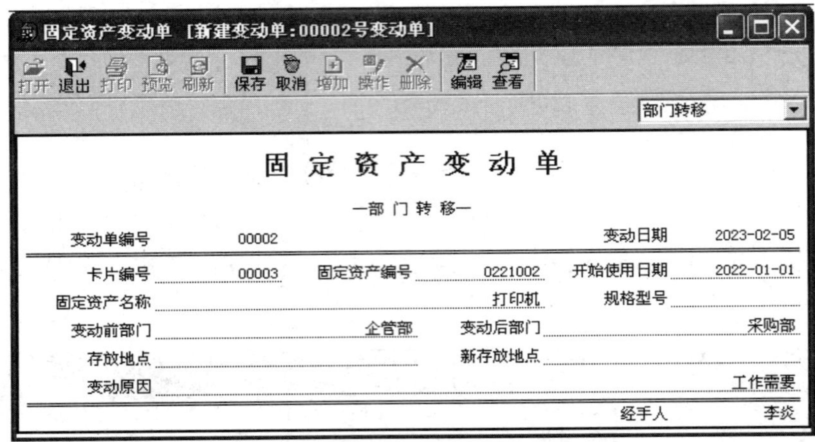

图 7.25　固定资产变动单——部门转移

工作任务 6　备份账套

全部完成后，备份至“固定资产”账套。

探究与挑战

1. 如何查看系统中所有的固定资产卡片？
2. 如果不设置增减方式入账科目，那么会对后续哪些环节发生影响？
3. 原始卡片输入界面和新增资产输入界面一样吗？如何区分两者？
4. 如果不设置业务发生后立即制单，那么如何制单？
5. 为什么对账之前要先在总账子系统中进行审核记账？

工作项目 8

购销存管理子系统初始化

知识目标

1. 了解购销存管理子系统的构成及应用方案。
2. 熟悉购销存管理子系统的数据流程。
3. 理解购销存管理子系统期初数据和总账子系统期初数据之间的数据关联。
4. 理解存货属性的基本含义。
5. 理解设置购销存管理子系统基础信息的意义。

技能目标

1. 学会设置购销存管理子系统的基础信息。
2. 掌握输入购销存管理子系统期初数据的方法。

工作情境

购销存管理是指企业内部的采购、销售和库存管理。前期我们学习了总账子系统、财务报表子系统、工资管理子系统、固定资产子系统，如果企业仅仅实现了财务信息化，而在企业业务活动发生时不能及时传递原始单据，则财务工作就只能停留在事后核算，不能做到事中控制。如果企业启用了购销存管理子系统，那么与企业购销存相关的业务活动均在购销存管理子系统中记录并处理，最后经由核算子系统生成凭证传递给总账子系统，在总账子系统中不再需要手工填制此类业务凭证，从而实现了业务财务一体化集成管理。

8.1 知 识 准 备

8.1.1 购销存管理子系统概述

1. 购销存管理子系统的构成

T3 购销存管理子系统以企业购销存业务环节中的各项活动为对象，记录各项业务的发生，有效跟踪其发展过程，以便为财务核算、业务分析、管理决策提供依据。

T3 购销存管理子系统主要由采购管理、销售管理、库存管理、核算几个子系统组成。各子系统的主要功能简述如下。

（1）采购管理子系统

采购是企业物资供应部门按已确定的物资供应计划，通过市场采购、加工定制等各种渠道，取得企业生产经营活动所需要的各种物资的经济活动。采购管理追求的目标是：保持与供应商的关系，保障供给，降低采购成本。

（2）销售管理子系统

销售是企业生产经营成果的实现过程，是企业经营活动的中心。通过各种营销方式实现销售，使生产经营中的耗费及时得到补偿，企业才能实现良性运转。

（3）库存管理子系统

库存是指企业在生产经营过程中为销售或耗用而储备的各种资产，包括商品、产成品、半成品、在产品，以及各种材料、燃料、包装物、低值易耗品等。

（4）核算子系统

核算是指从资金的角度管理存货的出入库业务，掌握存货耗用情况，及时准确地把各类存货成本归集到各成本项目和成本对象上。

2. 购销存管理子系统应用方案

购销存管理子系统的每个子系统既可以单独应用，也可与相关子系统联合应用。购销存管理子系统的数据流程如图 8.1 所示。

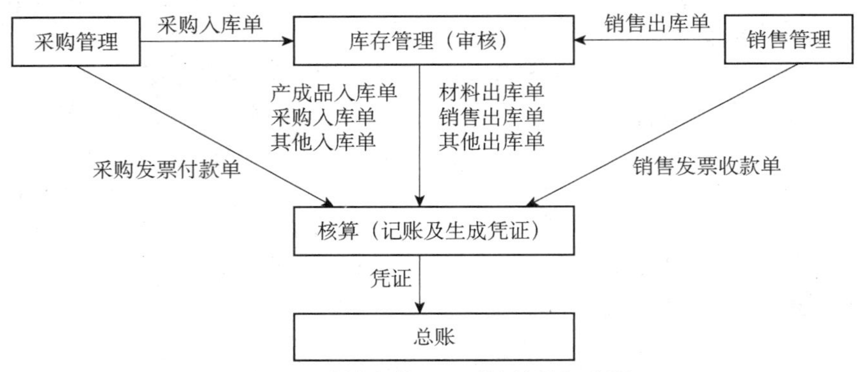

图 8.1　购销存管理子系统的数据流程

8.1.2　购销存管理子系统的初始化

购销存管理子系统的初始化包括购销存管理子系统建账、基础信息设置和期初数据输入 3 项工作。

1. 购销存管理子系统建账

企业建账过程在系统管理中已有描述，在这里只需要启用相关子系统即可。为了能更清晰地了解各项参数和业务之间的关系，参数设置在业务处理时一并介绍。

2. 基础信息设置

在本工作项目之前的实训中，都有基础信息的设置，但基本限于与财务相关的信息。除此以外，购销存管理子系统还需要增设与业务处理、查询统计、财务连接相关的基础信息。

（1）基础信息

① 存货分类。存货分类是指按照存货固有的特征或属性将存货划分为不同的类别，以便分类核算和统计。

② 计量单位。企业中存货种类繁多，不同的存货存在不同的计量单位，因此在开展企业日常业务之前，需要定义存货的计量单位。

③ 存货档案。在“存货档案卡片”对话框中包括 4 个选项卡：“基本”“成本”“控制”“其他”。

1> 在“基本”选项卡中，有 6 个复选框，用于设置存货属性。

- 销售。该复选框用于发货单、销售发票、销售出库单等与销售有关的单据参照使用，表示该存货可用于销售。
- 外购。该复选框用于购货所填制的采购入库单、采购发票等与采购有关的单据参照使用。在采购发票、运费发票上一起开具的采购费用，也应设置为外购属性。
- 生产耗用。该复选框使存货可在生产过程被领用、消耗。生产产品耗用的原材料、辅助材料等在开具材料领料单时参照。
- 自制。该复选框用于由企业生产自制的存货，如产成品、半成品等，主要用在开具产成品入库单时参照。
- 在制。该复选框用于尚在制造加工中的存货。
- 劳务费用。该复选框用于在采购发票上开具的运输费、包装费等采购费用及开具在销售发票或发货单上的应税劳务、非应税劳务等。

2> 在“成本”选项卡中，可以设定计划价/售价、参考成本、参考售价、最新成本、最低售价、最低批发价、最高进价、主要供货单位等参数。

3> 在“控制”选项卡中，有两个复选框。

- 是否批次管理。该复选框用于对存货是否按批次进行出入库管理。该复选框必须在库存管理子系统账套选项设置中选中“有批次管理”复选框后方可设置。
- 是否保质期管理。该复选框使有保质期管理的存货必须有批次管理。因此，该复选框也必须在库存管理子系统账套选项设置中选中“有批次管理”复选框后方可设置。

4> 在“其他”选项卡中，可以设定单位重量、体积、启用日期、停用日期和质量要求。

④ 仓库档案。存货一般是存放在仓库保管的，因而要对存货进行核算管理，就必须建立仓库档案。

⑤ 收发类别。收发类别用来表示存货的出入库类型，以便于对存货的出入库情况进行分类汇总统计。

⑥ 采购类型/销售类型。定义采购类型和销售类型后，能够按采购、销售类型对采购、销售业务数据进行统计和分析。采购类型和销售类型均不分级次，根据实际需要设立。

⑦ 产品结构。产品结构用来定义产品的组成，包括组成成分和数量关系，以便用于配比出库、组装拆卸、消耗定额、产品材料成本、采购计划、成本核算等引用。产品结构中引用的物料必须先在存货档案中定义。

⑧ 费用项目。销售过程中有很多不同的费用发生，如代垫费用、销售支出等，在系统中将其设为费用项目，可以方便记录和统计。

（2）设置库存管理子系统业务科目

① 设置存货科目。存货科目是设置生成凭证所需要的各种存货科目和差异科目。存货科目既可以按仓库，也可以按存货分类分别进行设置。

② 设置对方科目。对方科目是设置生成凭证所需要的存货对方科目，可以按收发类别设置。

3. 期初数据输入

在购销存管理子系统中，期初数据输入是一个非常关键的环节。期初数据的输入内容和顺序如表 8.1 所示。

表 8.1　购销存管理子系统期初数据

系统名称	操　作	内　容	说　明
采购管理	输入	期初暂估入库 期初在途存货	暂估入库是指货到票未到 在途存货是指票到货未到
	期初记账	采购期初数据	没有期初数据也要执行期初记账，否则不能开始日常业务处理
销售管理	输入并审核	期初发货单 期初委托代销发货单 期初分期收款发货单	已发货、出库，但未开票 已发货未结算的数量 已发货未结算的数量
库存管理	输入（取数）审核	库存期初余额 不合格品期初	库存和存货共用期初数据 未处理的不合格品结存量
核算管理	输入（取数）记账	存货期初余额 期初分期收款发出商品余额	

8.2　实训 10：购销存管理子系统初始化

实训目的

① 掌握 T3 中购销存管理子系统的相关内容。
② 掌握购销存管理子系统基础信息设置、期初余额输入的操作方法。

实训重点

① 购销存管理子系统基础信息设置。
② 购销存管理子系统期初数据输入。

实训准备

以系统管理员的身份引入“总账初始化”账套。

实训案例

1．启用购销存管理子系统及核算子系统
2．设置存货
（1）存货分类（见表 8.2）

表 8.2　存货分类

存货类别编码	存货类别名称
1	原材料
2	产成品
3	应税劳务

（2）存货档案（见表 8.3）

表 8.3　存货档案

编　码	存货名称	计量单位	所属分类	税　率	存货属性	参考成本
101	光盘	张	1	13%	外购、生产耗用	2.00 元/张
102	原纸	包	1	13%	外购、生产耗用	35.00 元/包
201	智慧养生	套	2	13%	销售、自制	80.00 元/套
202	瑜伽入门	套	2	13%	销售、自制	45.00 元/套
203	纪念册	册	2	13%	销售、自制	60.00 元/册
301	运费	千米	3	9%	销售、外购、劳务费用	

3．购销存基础设置

（1）仓库档案（见表 8.4）

表 8.4　仓库档案

仓库编码	仓库名称	所属部门	负责人	计价方式
1	材料一库	采购部	吴越	先进先出法
2	材料二库	采购部	吴越	先进先出法
3	成品库	生产部	马小峰	先进先出法

（2）收发类别（见表 8.5）

表 8.5　收发类别

收发类别编码	收发类别名称	收发标志	收发类别编码	收发类别名称	收发标志
1	入库类别	收	2	出库类别	发
11	采购入库	收	21	销售出库	发
12	产成品入库	收	22	材料领用出库	发

（3）采购类型（见表 8.6）

表 8.6　采购类型

采购类型编码	采购类型名称	入库类别	是否默认值
00	普通采购	采购入库	是

（4）销售类型（见表 8.7）

表 8.7　销售类型

销售类型编码	销售类型名称	出库类别	是否默认值
00	普通销售	销售出库	是

4．设置业务科目

（1）存货科目（见表 8.8）

表 8.8　存货科目

仓库编码	仓库名称	存货科目编码及名称
1	材料一库	140301 原材料/光盘
2	材料二库	140302 原材料/原纸
3	成品库	1405 库存商品

（2）存货对方科目（见表 8.9）

表 8.9　存货对方科目

收发类别	对方科目	暂估入库科目
采购入库	1402 在途物资	220202 暂估应付款
产成品入库	500101 生产成本/直接材料	
销售出库	6401 主营业务成本	
材料领用出库	500101 生产成本/直接材料	

（3）设置客户往来科目

① 基本科目设置。应收科目为 1122，预收科目为 2203，销售收入和销售退回科目为 6001，应交增值税科目为 22210105。

② 结算方式科目设置。现金结算对应 1001，现金支票、转账支票和电汇结算方式均对应 10020101。

（4）设置供应商往来科目

① 基本科目设置。应付科目为 220201，预付科目为 1123，采购科目为 1402，采购税金科目为 22210101。

② 结算方式科目设置。现金结算对应 1001，现金支票、转账支票和电汇结算方式均对应 10020101。

5．设置采购系统选项

业务控制选项设置为：增值税专用发票使用默认税率 13%；采购订单、采购入库单均使用默认税率。

6．购销存管理期初数据

① 2022 年 12 月 29 日，采购部收到立丰达提供的光盘 1 000 张，暂估价为 1.8 元/张。商品已验收入材料一库，月末未收到发票。

② 2022 年 12 月 31 日，企业对各个仓库进行了盘点。盘点结果如表 8.10 所示。

表 8.10　库存期初余额

仓库名称	存货编码	存货名称	数　量	单　价	金　额	合　计
材料一库	101	光盘	1 500 张	2.00 元/张	3 000 元	38 000 元
材料二库	102	原纸	1 000 包	35.00 元/包	35 000 元	
成品库	201	智慧养生	1 000 套	80.00 元/套	80 000 元	296 000 元
成品库	202	瑜伽入门	800 套	45.00 元/套	36 000 元	
成品库	203	纪念册	3 000 册	60.00 元/册	180 000 元	

④ “1122 客户往来期初——应收账款”期初余额借方 45 200 元。

2022 年 12 月 26 日，北京顺达购买智慧养生 400 套，无税单价 100 元/套。开具销售专用发票，发票号为 FP0101。此笔业务由销售部肖义负责。

⑤ “2202 供应商往来期初——应付账款”期初余额贷方 79 100 元。

2022 年 12 月 28 日，收到立丰达提供的原纸 2 000 包，单价为 35 元/包。收到专用发票，发票号为 FP0102。货款未付。

7．备份账套

实训指导

工作任务 *1* 启用购销存管理子系统及核算子系统

步骤 1 以系统管理员的身份登录系统管理，恢复“总账初始化”账套。

步骤 2 以账套主管的身份进入系统管理，选择“账套”|“启用”命令，打开“系统启用”对话框。

步骤 3 单击“IA 核算”复选框，选择启用日期为 2023-01-01。单击“确定”按钮，默认系统提示。再单击“GX 购销存管理”复选框，选择启用日期为 2023-01-01，如图 8.2 所示。

步骤 4 单击“确定”按钮，返回系统管理。

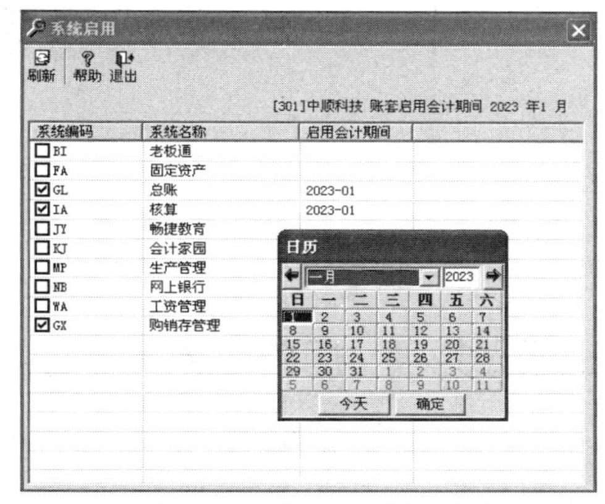

图 8.2 启用购销存管理子系统及核算子系统

工作任务 *2* 设置存货

1．设置存货分类

步骤 1 以 1101 账套主管的身份登录 T3，选择“基础设置”|“存货”|“存货分类”命令，打开“存货分类”对话框。

步骤 2 单击“增加”按钮，输入存货类别信息，然后单击“保存”按钮。所有存货分类资料输入后，如图 8.3 所示。然后单击“退出”按钮退出。

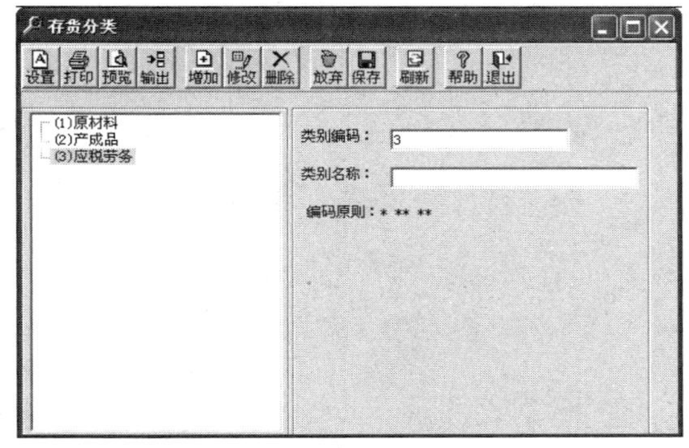

图 8.3 设置存货分类

2．设置存货档案

步骤 1 选择“基础设置”|“存货”|“存货档案”命令，打开“存货档案”对话框。

步骤 2 在左边列表框中选择“原材料”，单击“增加”按钮。在“基本”选项卡中输入存货编号为 101、存货名称为“光盘”，设置计量单位、所属分类码、税率等信息，并选中“外购”与“生产耗用”复选框，如图 8.4 所示。

步骤 3 单击“成本”选项卡，输入参考成本为 2.00，如图 8.5 所示。然后单击“保存”按钮。

图 8.4 存货档案——“基本”选项卡

图 8.5 存货档案——“成本”选项卡

步骤 4　按资料继续输入其他档案。完成后，单击“退出”按钮返回“存货档案”对话框，如图 8.6 所示。

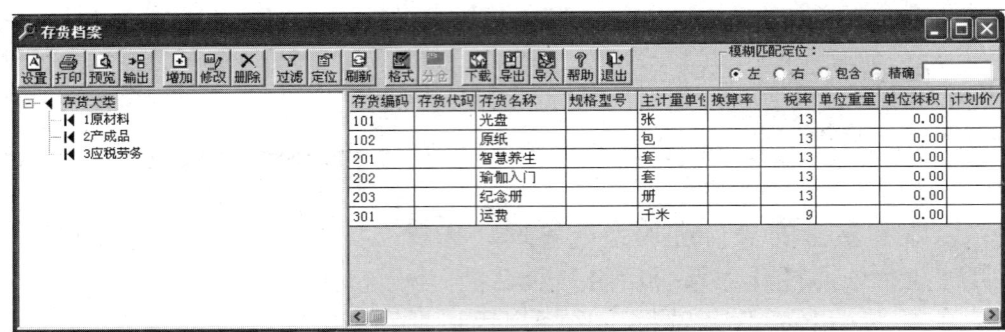

存货编码	存货代码	存货名称	规格型号	主计量单位	换算率	税率	单位重量	单位体积	计划价/
101		光盘		张		13		0.00	
102		原纸		包		13		0.00	
201		智慧养生		套		13		0.00	
202		瑜伽入门		套		13		0.00	
203		纪念册		册		13		0.00	
301		运费		千米		9		0.00	

图 8.6　存货档案

工作任务 3　购销存管理子系统基础信息设置

1. 设置仓库档案

步骤 1　选择“基础设置”|“购销存”|“仓库档案”命令，打开“仓库档案”对话框。

步骤 2　单击“增加”按钮，输入仓库编码、仓库名称、所属部门、负责人和计价方式等信息，如图 8.7 所示。然后单击“保存”按钮。

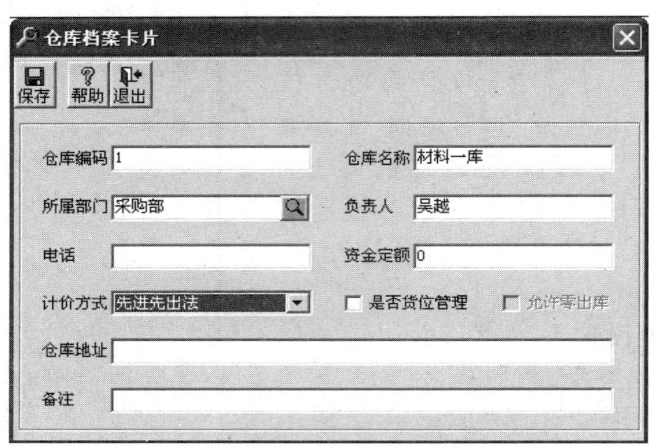

图 8.7　仓库档案

步骤 3　按资料输入其他仓库资料。全部完成后，单击“退出”按钮返回。

2. 设置收发类别

步骤 1　选择“基础设置”|“购销存”|“收发类别”命令，打开“收发类别”对话框。

步骤 2　T3 已预置常用的收发类别，如图 8.8 所示。如果不满足需要，则可以增加或修改。

3. 设置采购类型

步骤 1　选择“基础设置”|“购销存”|“采购类型”命令，打开“采购类型”对话框。

步骤 2　T3 已预置“普通采购”采购类型。双击“是否默认值”一栏，从下拉列表框中选择“是”选项，然后按回车键保存，如图 8.9 所示。

步骤 3　单击“退出”按钮返回。

4. 设置销售类型

与采购类型设置相同，步骤略。

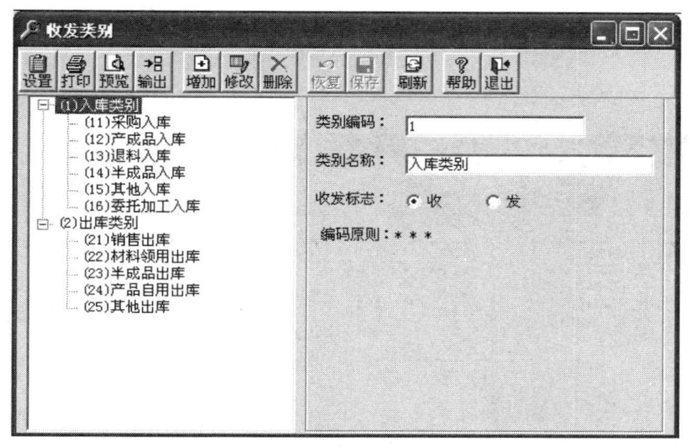

图 8.8　收发类别

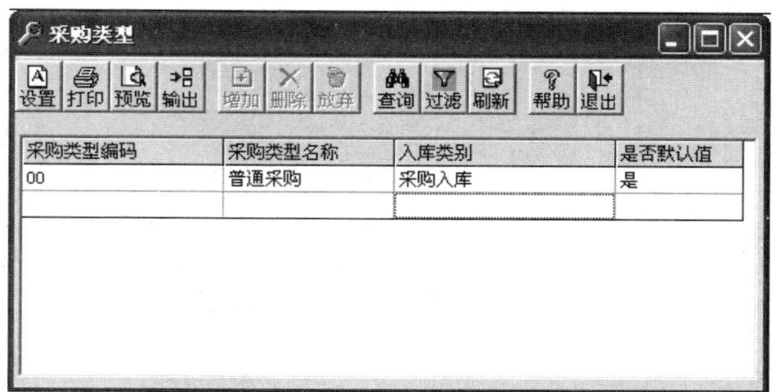

图 8.9　设置采购类型

工作任务 4　设置业务科目

1．设置存货科目

步骤 1　选择“核算”|“科目设置”|“存货科目”命令，打开“存货科目”对话框。

步骤 2　按资料输入存货科目，单击“保存”按钮，如图 8.10 所示。然后单击“退出”按钮返回。

2．设置存货对方科目

步骤 1　选择“核算”|“科目设置”|“存货对方科目”命令，打开“对方科目设置”对话框。

步骤 2　单击“增加”按钮，按资料输入存货对方科目后按回车键保存，如图 8.11 所示。然后单击“退出”按钮返回。

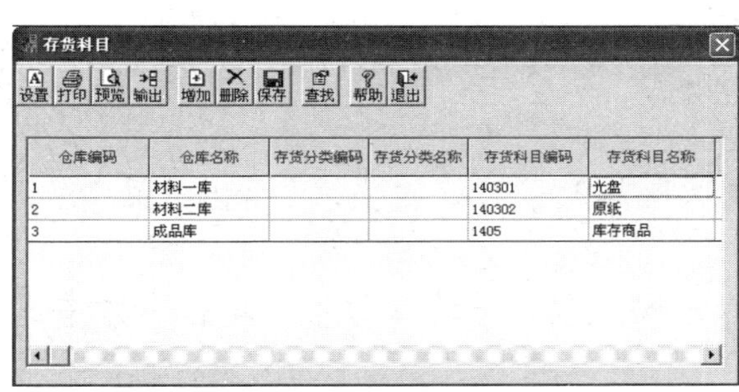

图 8.10　存货科目

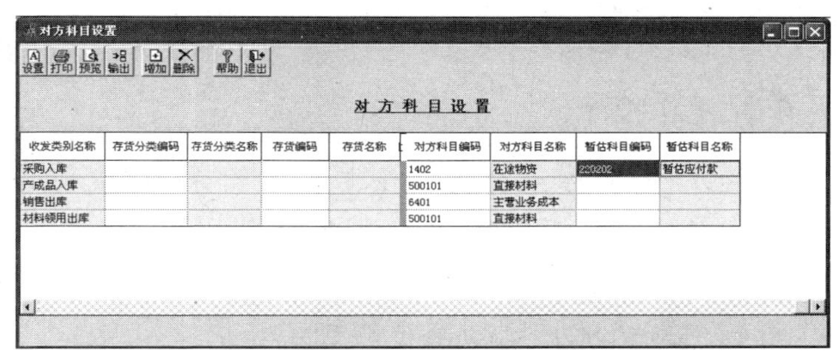

图 8.11　存货对方科目设置

3．设置客户往来科目

步骤 1　选择“核算”|“科目设置”|“客户往来科目”命令，打开“客户往来科目设置”对话框。

步骤 2　单击“基本科目设置”，输入应收科目本币为 1122、销售收入和销售退回科目为 6001、应交增值税科目为 22210105、预收科目本币为 2203，如图 8.12 所示。

步骤 3　单击“结算方式科目设置”，输入现金结算对应科目为 1001，现金支票、转账支票、电汇结算方式对应科目为 10020101，如图 8.13 所示。

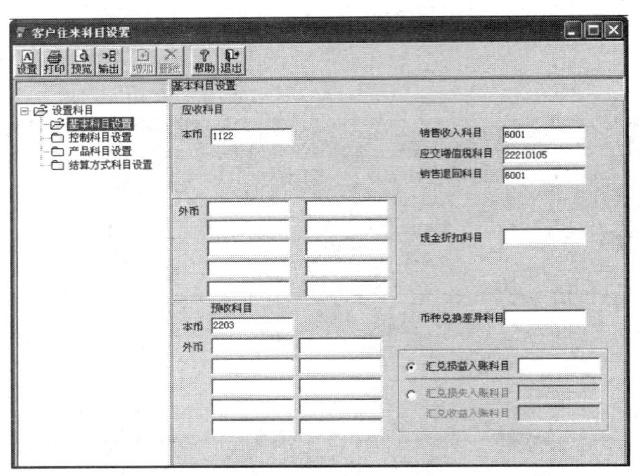

图 8.12　客户往来科目设置——基本科目

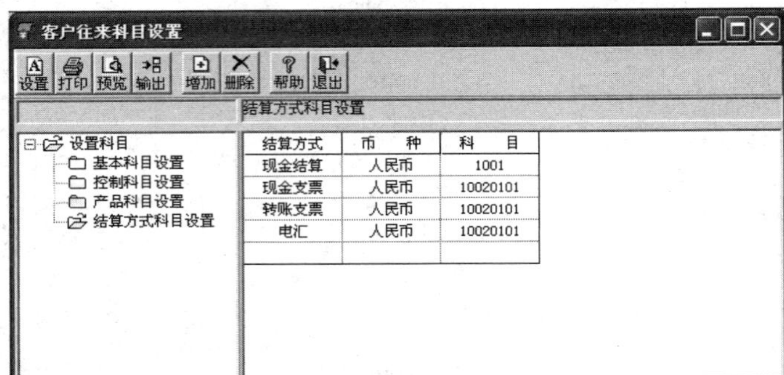

图 8.13　客户往来科目设置——结算方式科目

4. 设置供应商往来科目

步骤略。

工作任务 5　设置购销存管理子系统的业务范围

步骤 1　选择“采购”|“采购业务范围设置”命令，打开“采购系统选项设置”对话框。

步骤 2　在“业务控制”选项卡中，输入专用发票默认税率为 13%，选中“允许查看修改他人的单据”复选框，系统弹出提示信息。单击“确定”按钮返回，如图 8.14 所示。

步骤 3　单击“确认”按钮，完成采购选项设置。

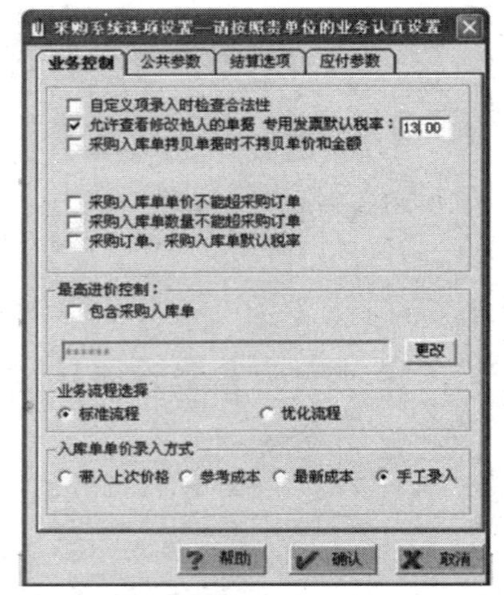

图 8.14　“采购系统选项设置”对话框

工作提示

① 设置采购业务范围为独占任务，设置前必须退出其他子系统的登录。退出方法为：右击系统名，在快捷菜单中选择“退出”命令。

② 采购订单、采购入库单默认税率是指在输入采购订单、采购入库单时单据表体中的税率默认取存货档案中的税率，否则取 0。

工作任务 6　输入购销存管理子系统的期初数据

1. 输入采购期初

步骤 1　选择“采购”|“采购入库单”命令，打开“采购入库”对话框。

步骤 2　单击“增加”按钮，输入入库日期为“2022-12-29”，选择仓库为“材料一库”、部门为“采购部”、供货单位为“立丰达”、入库类别为“采购入库”、采购类型为“普通采购”、存货编码为 101，输入数量为 1 000、单价为 1.80。然后单击“保存”按钮，如图 8.15 所示。单击“退出”按钮返回。

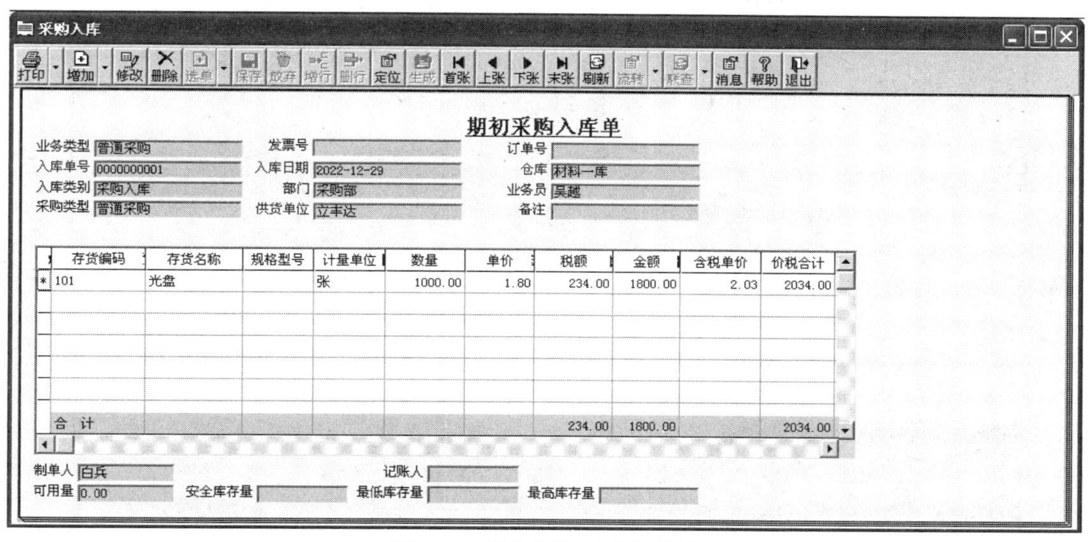

图 8.15　输入期初采购入库单

步骤 3　选择“采购”|“期初记账”命令，系统弹出“期初记账”信息提示框，如图 8.16 所示。单击“记账”按钮，完成期初记账。

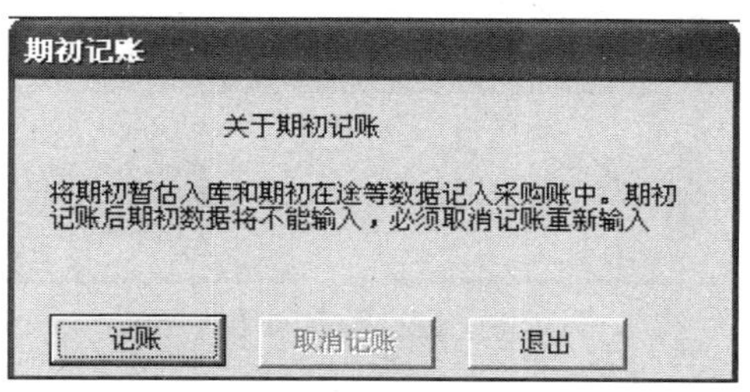

图 8.16　完成采购期初记账

工作提示

① 采购管理子系统如果不执行期初记账，就无法开始日常业务处理。因此，即使没有期初数据，也要执行期初记账。

② 采购管理子系统如果不执行期初记账，则库存管理子系统和核算子系统就不能记账。

③ 采购管理子系统如果要取消期初记账，则可选择“采购”|“期初记账”命令，在打开的“期初记账”对话框中单击“取消记账”按钮。

2．输入库存期初

操作视频

步骤 1　选择“核算”|“期初数据”|“期初余额”命令，打开“期初余额”对话框。

步骤 2　先选择仓库“材料一库”，再单击“增加”按钮，输入存货编码 101 和期初数据。然后单击“保存”按钮，如图 8.17 所示。

步骤 3　同理，输入其他仓库的期初数据。单击“记账”按钮，系统对所有仓库进行记账，完成后提示“期初记账成功！”。

步骤 4　选择“库存”|“期初数据”|“库存期初”命令，打开“期初余额”对话框。期初数据已自动获得，如图 8.18 所示。

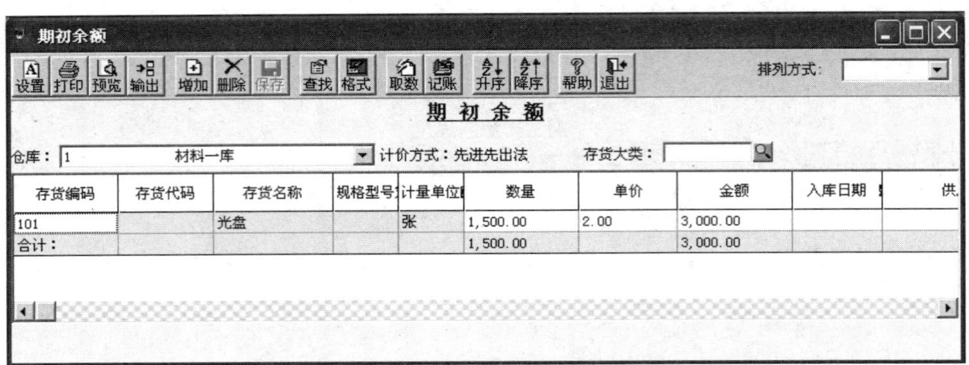

图 8.17　输入库存期初数据

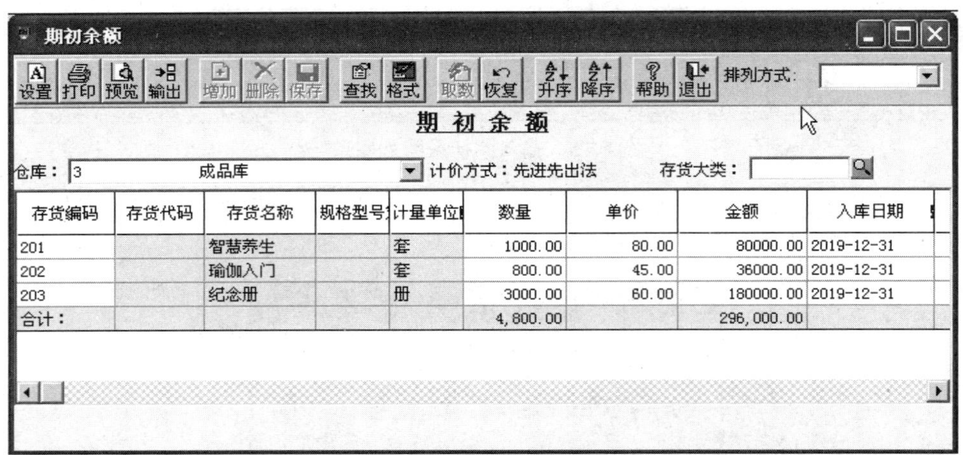

图 8.18　查看库存期初数据

工作提示

① 各个仓库库存的期初余额既可以在库存管理子系统中输入，也可以在核算子系统中输入。只要在其中一个子系统输入，另一个子系统中即可自动获得期初库存数据。这里在核算子系统中输入。

② 在期初记账前必须注销其他正在使用的子系统。

3．输入客户往来期初

步骤 1　选择“销售”|“客户往来”|“客户往来期初”命令，打开“期初余额—查询”对话框。单击“确认”按钮，打开“期初余额”对话框。

步骤 2　单击“增加”按钮，打开“单据类别”对话框。选择单据类型为“专用发票”，然后单击“确认”按钮，打开“期初录入”对话框。

步骤 3　输入开票日期为“2022-12-26”、发票号为 FP010101、客户名称为“北京顺达”、科目编号为 1122、货物名称（参照输入）为 201、数量为 400、单价为 100。单击“保存”按钮，如图 8.19 所示。然后单击“退出”按钮返回。

步骤 4　在“期初余额”对话框中单击“对账”按钮，与总账子系统进行对账，如图 8.20 所示。

4．输入供应商往来期初

步骤 1　选择“采购”|“供应商往来”|“供应商往来期初”命令，系统弹出信息提示框。单击“是”按钮，打开“期初余额—查询”对话框。单击“确认”按钮，打开“期初余额”对话框。

步骤 2　单击“增加”按钮，打开“单据类别”对话框。选择单据类型为“专用发票”，

单击“确认”按钮，打开“期初录入”对话框。

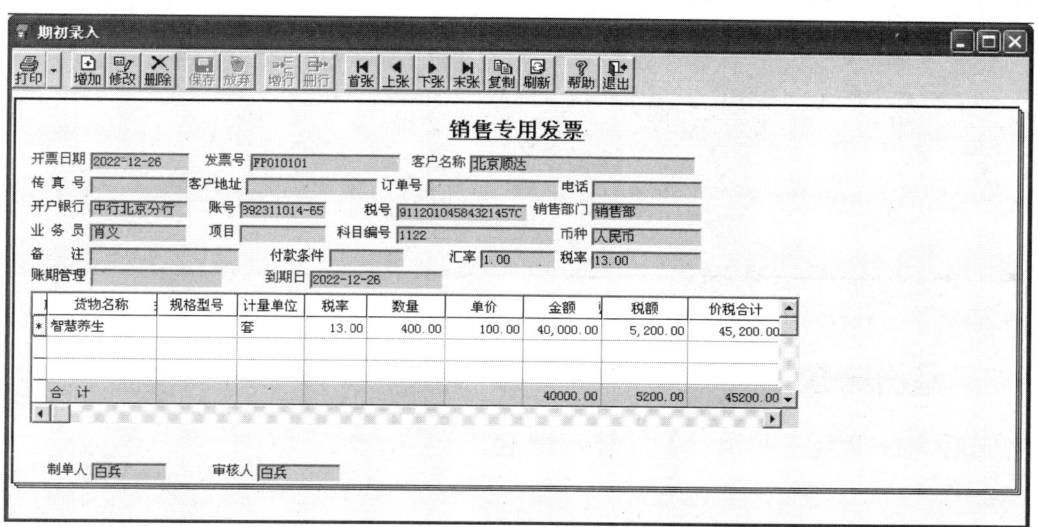

图 8.19　输入客户往来期初数据

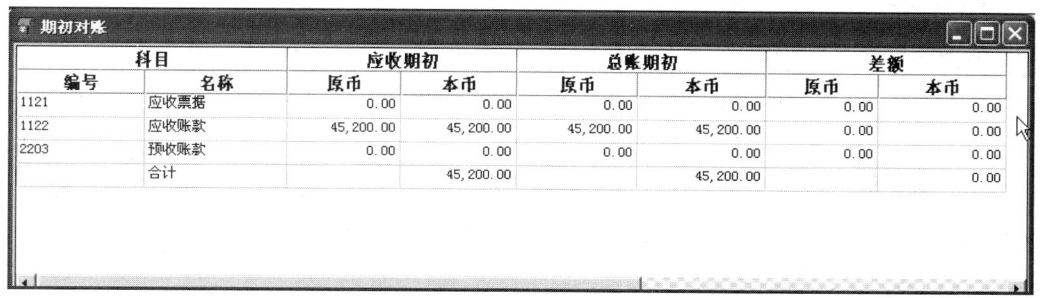

图 8.20　应收子系统与总账子系统期初对账

步骤 3　输入开票日期为“2022-12-28”、发票号为 FP0102、供货单位为“立丰达”、科目编号为 220201、存货名称（参照输入）为 102、数量为 2 000、单价为 35。单击“保存”按钮，如图 8.21 所示。然后单击“退出”按钮返回。

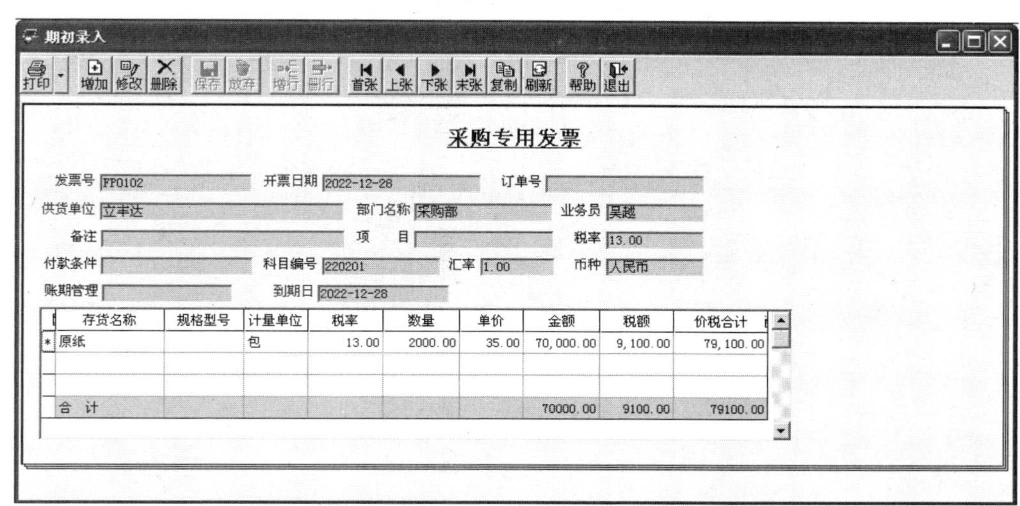

图 8.21　输入供应商往来期初数据

步骤 4　在“期初余额”对话框中单击“对账”按钮，与总账子系统进行对账，如图 8.22 所示。

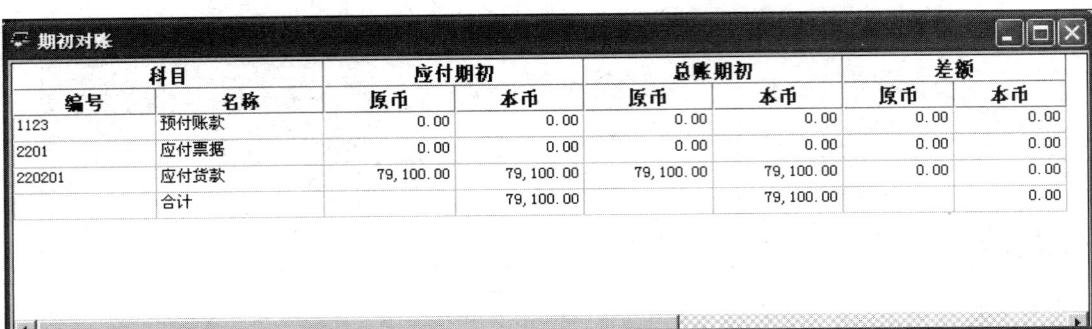
期初对账

科目		应付期初		总账期初		差额	
编号	名称	原币	本币	原币	本币	原币	本币
1123	预付账款	0.00	0.00	0.00	0.00	0.00	0.00
2201	应付票据	0.00	0.00	0.00	0.00	0.00	0.00
220201	应付货款	79,100.00	79,100.00	79,100.00	79,100.00	0.00	0.00
	合计		79,100.00		79,100.00		0.00

图 8.22　应付与总账期初对账

工作任务 7　备份账套

全部完成后，备份至“购销存初始化”账套。

探究与挑战

1. 购销存管理子系统包含哪几个子系统？
2. 购销存管理子系统初始化主要包含哪几项工作？
3. 根据目前设置的存货科目和对方科目，如果材料一库发生暂估入库业务，那么生成的凭证是什么？
4. 在销售管理子系统中输入的客户往来期初与在总账子系统中输入的客户往来期初有何区别和联系？
5. 业务系统的期初数据与总账子系统有关联吗？

工作项目 9

采购与应付管理

知识目标

1. 了解采购管理子系统的主要功能。
2. 熟悉不同类型采购业务的处理流程。
3. 理解采购结算的含义。
4. 理解核销的含义。

技能目标

1. 掌握普通采购业务全流程处理。
2. 掌握采购现付业务处理。
3. 掌握采购运费处理。
4. 掌握暂估入库业务处理。
5. 掌握预付款业务处理。
6. 掌握转账业务处理。

工作情境

采购管理是指企业物资供应部门根据企业的生产计划及市场供求变化情况，通过市场采购、委托定制等渠道，获得企业生产经营所需要的各种物资，确保生产的顺利进行。采购管理的目标是适时、适价、适量。

企业采购业务形成对供应商的应付。及时向供应商支付货款是保持与供应商的良好合作关系的基础，因此确认应付和付款结算是完整采购流程的一部分。在 T3 中，采购与应付统一在采购中介绍。

9.1 知识准备

9.1.1 认识采购管理子系统

采购管理子系统提供对采购业务全流程的管理。其具体包括：采购订货处理，用于动态掌握订单执行情况；处理采购入库单、采购发票，通过采购结算确认采购入库成本；根据采购发票确认应付；对供应商付款；相关单据查询及账表统计。

9.1.2 采购管理子系统和购销存其他子系统之间的数据关联

采购管理子系统与库存管理子系统联合使用可以随时掌握存货的现存量信息，从而减少盲目采购，避免库存积压；与核算子系统一起使用可以为核算提供采购入库成本，便于财务部门及时掌握存货采购成本。

采购管理与库存管理、核算子系统集成使用时，采购管理子系统中填制的采购入库单在库存管理子系统中审核确认，在核算子系统中记账；采购管理子系统中没有结算的入库单，核算子系统可做暂估入库记账处理；采购管理子系统中填制的采购发票，可随时调阅登记应付账款信息。采购管理子系统的采购入库单、采购结算单、采购发票在核算子系统中生成记账凭证，传递给总账子系统。

9.1.3 采购业务类型

采购业务类型包括普通采购业务、采购退货业务、委托代销业务等。下面仅对常见的普通采购业务、采购运费处理、暂估入库处理进行介绍。

1. 普通采购业务

按照货物和发票到达的先后，可以将普通采购业务划分为单货同行、货到票未到（暂估业务）和票到货未到（在途存货）3 种类型。不同业务类型对应的处理方式有所不同。下面仅以单货同行这种最常见的普通采购业务为例讲解采购入库的业务处理流程，如图 9.1 所示。

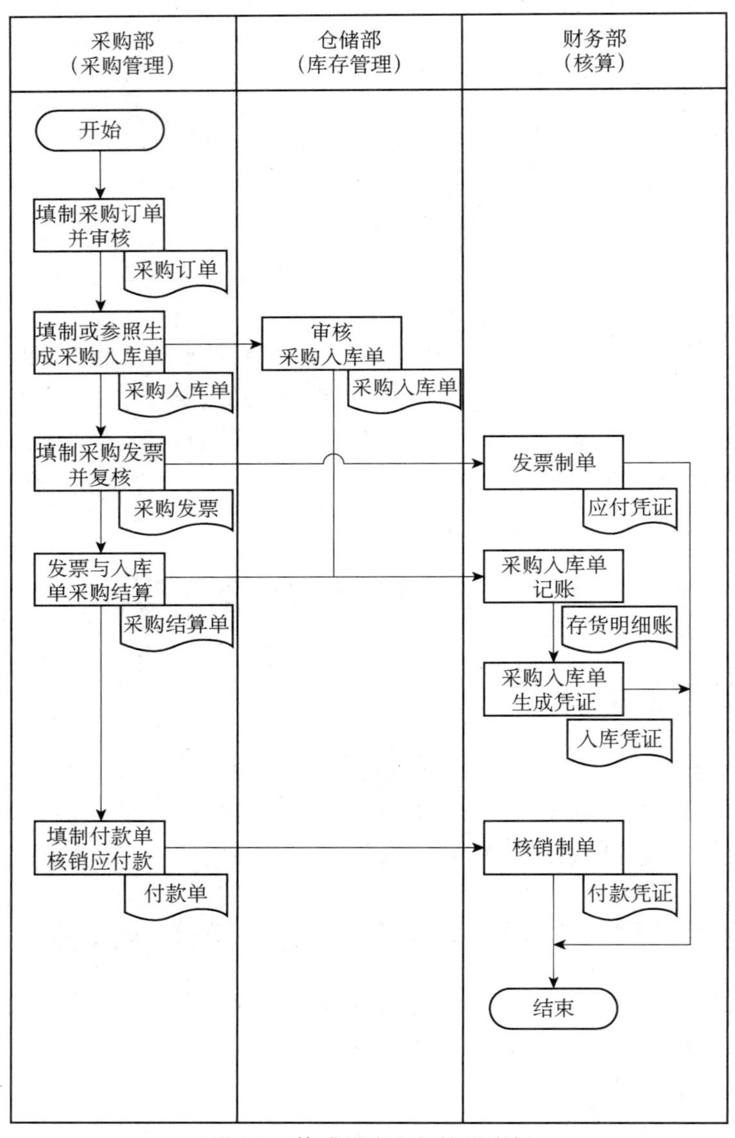

图 9.1　普通采购业务处理流程

（1）采购订货

采购订货是指企业根据采购计划与供应商签订采购意向协议，确认要货需求。在T3中，订货确认后需要在系统中输入采购订单。采购订单上记录采购哪些货物、采购多少、价格、到货时间、由谁供货等关键信息。供应商依据采购订单组织供货，仓管人员根据采购订单进行货物的验收。

采购订单经过审核才能在采购入库、采购发票环节被参照。

（2）采购入库

采购入库单是根据采购到货签收的实收数量填制的单据。采购入库单既可以直接输入，也可以参照采购订单或采购发票产生。

如果因种种原因发生采购退货，则需要在此填制退货单，即红字入库单。

采购入库单的审核表示确认存货已入库。只有审核后的采购入库单才能在核算子系统中进行单据记账。

（3）采购发票

采购发票是供货单位开出的销售货物的凭证，系统根据采购发票确认采购成本、确认应付。采购发票按发票类型分为增值税专用发票、普通发票和运费发票；按业务性质分为蓝字发票和红字发票。

发票可以参照入库单生成，可以进行现付结算。

（4）采购结算

采购结算也称采购报账，是指根据采购入库单、采购发票确认采购成本。采购结算有自动结算和手工结算两种方式：自动结算是由计算机自动将相同供货单位的、相同数量存货的采购入库单与采购发票进行结算；手工结算支持采购入库单与采购发票上的采购数量不一样的结算、正数入库单与负数入库单的结算、正数发票与负数发票的结算、正数入库单与正数发票的结算、负数入库单与负数发票的结算和费用发票单独结算等结算方式。

（5）生成入库凭证

经过审核的采购入库单应及时登记存货明细账，并生成入库凭证。

（6）确认应付

采购结算后应及时根据发票制单，确认对供应商的应付款项。

（7）付款结算，核销应付

在货到票到，财务部门核对无误之后，需要按照合同约定向供应商支付货款。

付款单用来记录企业支付的供应商往来款项，款项性质包括应付款和预付款。应付款、预付款性质的付款单将与发票、应付单进行核销处理。

核销是指用对该供应商的付款冲销对该供应商的应付。只有及时核销才能进行精确的账龄分析。

在T3中，输入的付款单可以与采购发票、应付单记录的应付进行核销。如果支付的货款等于应付款，那么可以完全核销；如果支付的款项少于应付款，那么只能部分核销；如果支付的款项多于应付款，那么余款可以转为预付款。

2. 采购运费处理

在企业采购业务活动中，如果有关采购发生的费用按照会计制度的规定允许计入采购成本，那么可以按以下情况分别处理。

一种情况是，费用发票与货物发票一起报账时，可利用手工结算功能对采购入库单和货物发票及运费发票一起结算；另一种情况是，费用发票滞后报账。如果该费用只由一种存货负担，则可以将费用票据输入计算机后用手工结算功能单独进行报账；如果是多笔采购业务、多仓库、多存货承担的费用发票，则可以在费用折扣结算功能中实现。

3. 暂估入库处理

暂估入库是指本月存货已经入库，但采购发票尚未收到，不能确定存货的入库成本，月底为了正确核算企业的库存成本，需要将这部分存货暂估入账，形成暂估凭证。对暂估入库业务，系统提供了 3 种不同的处理方法。

（1）月初回冲

进入下月后，核算子系统自动生成与暂估入库单完全相同的红字回冲单，同时记入相应的存货明细账，冲回存货明细账中上月的暂估入库。对红字回冲单制单，冲回上月的暂估凭证。

收到采购发票后，输入采购发票，对采购入库单和采购发票做采购结算。结算完毕，进入核算子系统，使用暂估入库成本处理功能进行暂估处理后，系统根据发票自动生成一张蓝字回冲单，其上的金额为发票上的报销金额。同时，登记存货明细账，使库存增加。对蓝字回冲单制单，生成采购入库凭证。

（2）单到回冲

下月初不做处理，采购发票收到后，先在采购管理子系统中输入并进行采购结算，再到核算子系统中进行暂估入库成本处理，系统自动生成红字回冲单、蓝字回冲单，同时据以登记存货明细账。红字回冲单的入库金额为上月暂估金额，蓝字回冲单的入库金额为发票上的报销金额。方法为：在“核算”|“生成凭证”菜单中，选择“红字回冲单”“蓝字回冲单”命令制单，生成凭证，传递到总账子系统。

（3）单到补差

下月初不做处理，采购发票收到后，先在采购管理子系统中输入并进行采购结算，再到核算子系统中进行暂估入库成本处理。如果报销金额与暂估金额的差额不为 0，则产生调整单——一张采购入库单生成一张调整单，用户确定后，自动记入存货明细账；如果差额为 0，则不生成调整单。最后对调整单制单，生成凭证，传递到总账子系统。

以单到回冲为例，暂估处理的业务流程如图 9.2 所示。

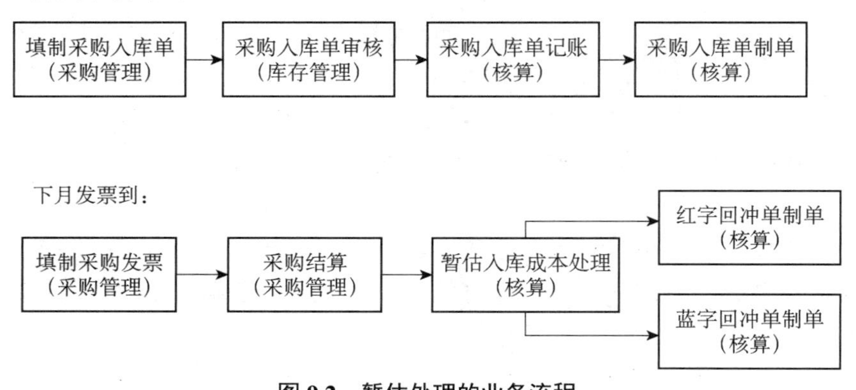

图 9.2　暂估处理的业务流程

对暂估处理的业务要注意的是，在月末暂估入库单记账前，要对所有没有结算的入库单填入暂估单价，然后才能记账。

4. 转账业务处理

转账处理是指在日常业务处理中经常发生的应付冲应收、应付冲应付、预付冲应付和红票对冲的业务处理。

(1) 应付冲应收

应付冲应收是指用某供应商的应付账款冲抵某客户的应收款项。系统通过应付冲应收功能将应付款业务在供应商和客户之间进行转账，实现对应付业务的调整，解决应付债务与应收债权的冲抵。

(2) 应付冲应付

应付冲应付是指将一家供应商的应付款转到另一家供应商中。通过应付冲应付功能可将应付款业务在供应商之间进行转入、转出，实现应付业务的调整，解决应付款业务在不同供应商之间入错户或合并户的问题。

(3) 预付冲应付

预付冲应付是指处理供应商的预付款和该供应商应付欠款的转账核销业务，即某一个供应商有预付款时，可用该供应商的一笔预付款冲其一笔应付款。

(4) 红票对冲

红票对冲可实现某供应商的红字应付单与其蓝字应付单、付款单和收款单之间的冲抵。例如，当发生退票时，用红字发票对冲蓝字发票。红票对冲通常可以分为系统自动冲销和手工冲销两种处理方式：自动冲销可同时对多个供应商依据红票对冲规则进行红票对冲，提高红票对冲的效率；手工冲销可对一个供应商进行红票对冲，并自行选择红票对冲的单据，提高红票对冲的灵活性。

9.2　实训 11：采购与应付管理

实训目的

① 掌握 T3 中购采购管理子系统的相关内容。
② 熟悉不同类型采购业务的处理流程。
③ 理解采购结算的含义。
④ 理解核销的含义。

实训重点

① 掌握普通采购业务全流程处理。
② 掌握采购现付业务处理。
③ 掌握采购运费业务处理。
④ 掌握暂估入库业务处理。
⑤ 掌握预付款业务处理。
⑥ 掌握转账业务处理。

实训准备

以系统管理员的身份引入“购销存初始化”账套。

实训内容

1．普通采购业务

① 1 月 5 日，采购部吴越向利兴科技订购原纸 500 包，无税单价 35 元/包。要求到货日期为 1 月 8 日。

② 1 月 8 日，收到利兴科技原纸 500 包，以及一张增值税专用发票（适用税率为 13%，发票号为 0103）。入材料二库。

③ 1 月 10 日，财务部以电汇方式支付上述货款。

2．预付订金业务

1 月 10 日，财务部开出转账支票一张，票号为 2301，作为向立丰达公司采购光盘的订金。金额为 2 000 元。

3．采购现付业务

1 月 12 日，采购部吴越向立丰达公司采购光盘 3 000 张，单价为 2 元/张，入材料一库。同时，收到一张增值税专用发票，发票号为 0104。财务部立即以转账支票形式支付剩余货款 4 780 元（10 日已预付 2 000 元），票号为 2302。本公司银行账号为 63412563。

4．预付冲应付处理

1 月 12 日，用预付给立丰达公司的 2 000 元订金冲抵应付 2 000 元。

5．采购运费处理

1 月 15 日，收到运费发票一张，金额 100 元，税率为 9%，为 1 月 5 日向利兴科技采购原纸所发生的运费。

6．暂估入库报销处理

1 月 15 日，收到立丰达公司提供的上月已验收入库的 1 000 张光盘的增值税专用发票一张。发票号 1201，发票载明不含税单价为 2 元/张。进行暂估报销处理，确定采购成本和应付账款。

7．备份账套

实训指导

工作任务 1　普通采购业务处理

1．采购订货

操作视频

步骤 1　以 1101 账套主管的身份登录 T3，登录日期为 2023 年 1 月 5 日。

步骤 2　选择“采购”|“采购订单”命令，打开“采购订单”对话框。

步骤 3　单击“增加”按钮，输入相关信息，然后单击“保存”按钮，如图 9.3 所示。

步骤 4　单击“审核”按钮。订单只有经过审核，才能在填制采购入库单和采购发票时参照使用。

2．采购入库

步骤 1　1 月 8 日，选择“采购”|“采购入库单”命令，打开“采购入库”对话框。

步骤 2　单击“增加”按钮，选择仓库为“材料二库”、供货单位为“利兴科技”。单击“选单”下拉按钮，选择“采购订单”选项，如图 9.4 所示。

步骤 3　打开“订单列表”对话框，单击“过滤”按钮，下方窗格中显示可参照的订单。

选择要参照的采购订单，如图9.5所示。

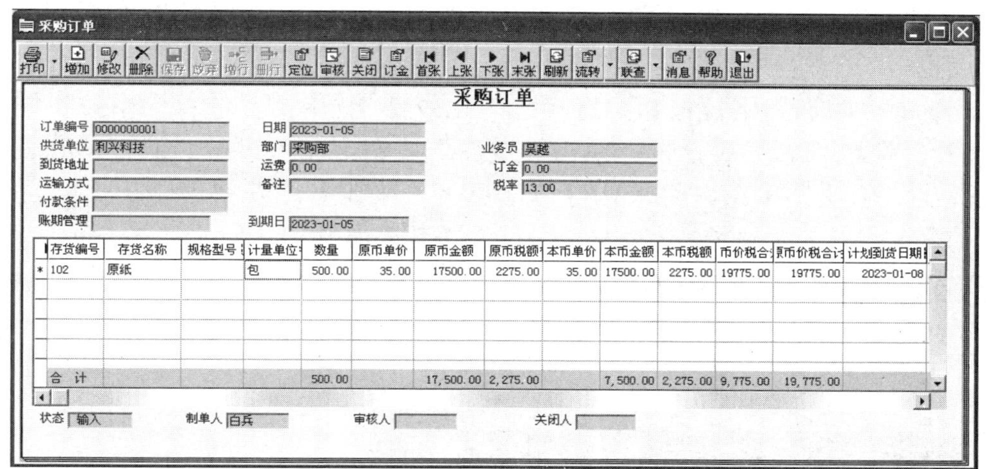

图9.3　采购订单

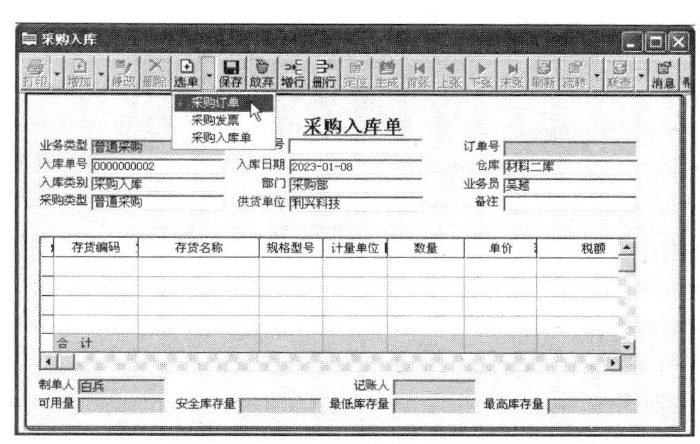

图9.4　参照采购订单生成采购入库单

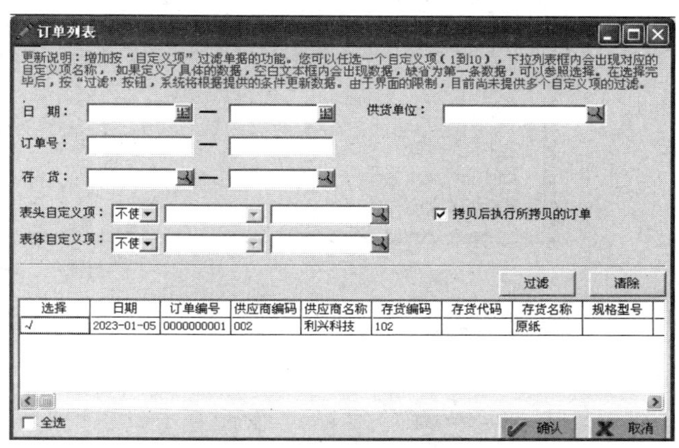

图9.5　显示可参照的订单

步骤4　单击“确认”按钮，将采购订单的相关信息带入采购入库单，如图9.6所示。然后单击“保存”按钮。

图9.6　采购入库单

步骤5　在库存管理子系统中，选择“库存”|“采购入库单审核”命令。选择相应的采购入库单，然后单击“审核”按钮，对采购入库单进行审核。

3．收到发票，进行采购结算，确认应付账款，记材料明细账

步骤 1　1 月 8 日，在采购管理子系统中，选择“采购”|“采购发票”命令，打开“采购发票”对话框。

步骤 2　单击“增加”下拉按钮，选择“专用发票”。单击“选单”下拉按钮，选择“采购订单”，打开“订单列表”对话框。单击“过滤”按钮，显示可参照的订单列表。选中要参照的订单，单击“确认”按钮，将采购订单信息带入采购专用发票。

步骤 3　输入发票号为 0103，单击“保存”按钮，如图 9.7 所示。

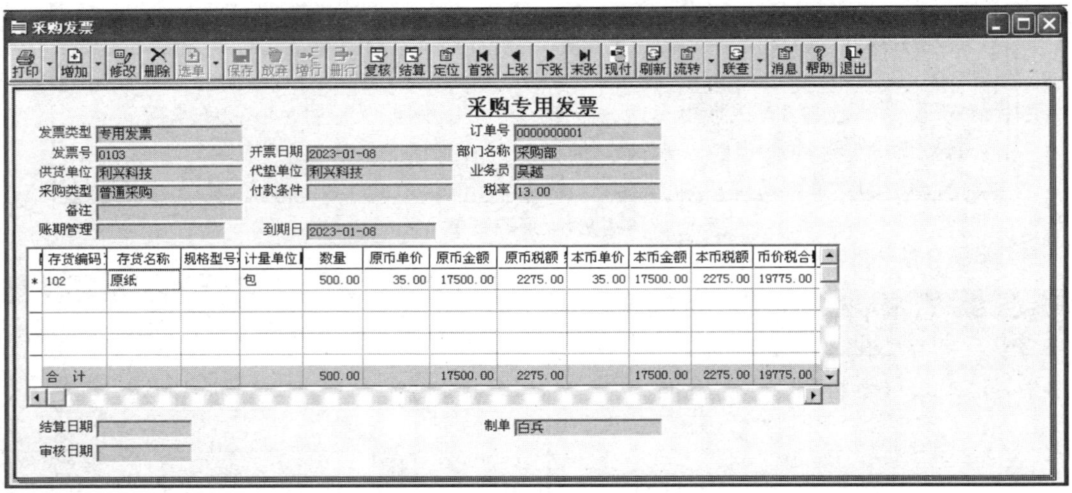

图 9.7　采购专用发票

步骤 4　单击“复核”按钮，系统弹出“复核将发票登记应付账款，请在往来账中查询该数据，是否只处理当前账？”信息提示框。单击“是”按钮，发票左上角显示“已审核”字样。

步骤 5　单击“结算”按钮，打开“自动结算”对话框，如图 9.8 所示。单击“确认”按钮，系统弹出“全部成功，共处理了[1]张单据”信息提示框。单击“确定”按钮返回，发票左上角显示“已结算”字样。

步骤 6　在核算子系统中，选择“核算”|“凭证”|“供应商往来制单”命令，打开“供应商制单查询”对话框。选中“发票制单”复选框，单击“确认”按钮，打开“供应商往来制单”对话框。修改凭证类别为“转账凭证”，选择要制单的单据，如图 9.9 所示。

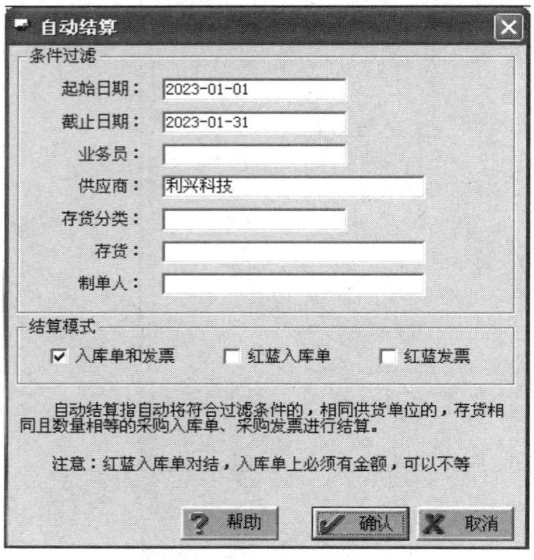

图 9.8　自动结算

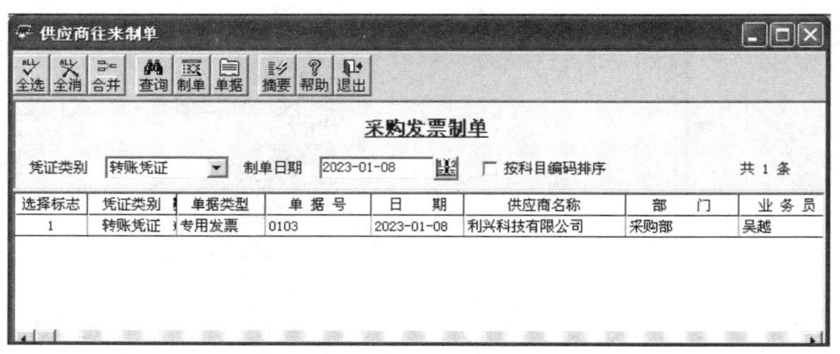

图 9.9　采购发票制单

步骤 7　单击“制单”按钮，打开“填制凭证”窗口。单击“保存”按钮，凭证左上角显示“已生成”字样，表示凭证已传递到总账子系统，如图 9.10 所示。然后单击“退出”按钮返回。

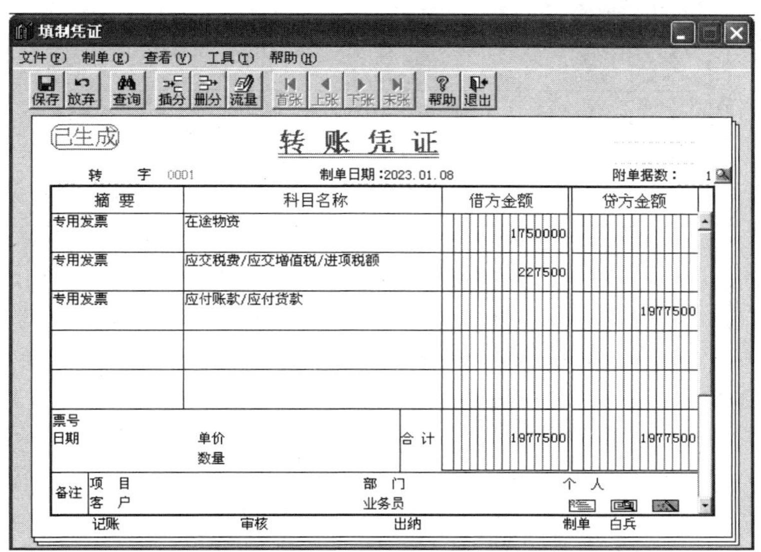
填制凭证

文件(F)　制单(E)　查看(V)　工具(T)　帮助(H)

保存　放弃　查询　插分　删分　流量　首张　上张　下张　末张　帮助　退出

已生成　**转 账 凭 证**

转　字 0001　　制单日期：2023.01.08　　附单据数：1

摘 要	科目名称	借方金额	贷方金额
专用发票	在途物资	1750000	
专用发票	应交税费/应交增值税/进项税额	227500	
专用发票	应付账款/应付货款		1977500
票号 日期　单价 数量	合 计	1977500	1977500

备注　项 目　部 门　个 人
客 户　业务员

记账　审核　出纳　制单 白兵

图 9.10　发票制单生成的凭证

步骤 8　在核算子系统中，选择“核算”|“核算”|“正常单据记账”命令，打开“正常单据记账条件”对话框。单击“确定”按钮，打开“正常单据记账”对话框。选择需要记账的单据，如图 9.11 所示。单击“记账”按钮，记账完成后单据不再在该对话框中显示。然后单击“退出”按钮返回。

正常单据记账

设置　打印　预览　输出　查询　全选　全消　详细　汇总　记账　刷新　帮助　退出

正常单据记账

□ 允许记账单据
□ 不许记账单据

选择	日期	单据号	仓库名称	收发类别	存货编码	存货名称	数量	单价
√	2023-01-08	0000000002	材料二库	采购入库	102	原纸	500.00	35.00

共1条记录

图 9.11　选择采购入库单记账

步骤 9　选择“核算”|“凭证”|“购销单据制单”命令，打开“生成凭证”对话框。单击“选择”按钮，打开“查询条件”对话框。选中“(01) 采购入库单（报销记账）”复选框，单击“确认”按钮，打开“选择单据”对话框。选择要制单的单据行，单击“确定”按钮，打开“生成凭证”对话框，选择凭证类别为“转 转账凭证”，如图 9.12 所示。

生成凭证

设置　打印　预览　输出　删除　生成　合成　选择　帮助　退出

凭证类别：转 转账凭证

选择	单据类型	单据号	摘要	科目类型	科目编码	科目名称	借方金额	贷方金额	借方数量	贷方数量	存货编码	存货名称
1	采购入库单	0000000002	采购入库单	存货	140302	原纸	17500.00		500.00		102	原纸
				对方	1402	在途物资		17500.00		500.00	102	原纸

图 9.12　选择采购入库单生成凭证

步骤 10　单击“生成”按钮，打开“填制凭证”窗口。单击“保存”按钮生成入库凭证，如图 9.13 所示。然后单击“退出”按钮返回。

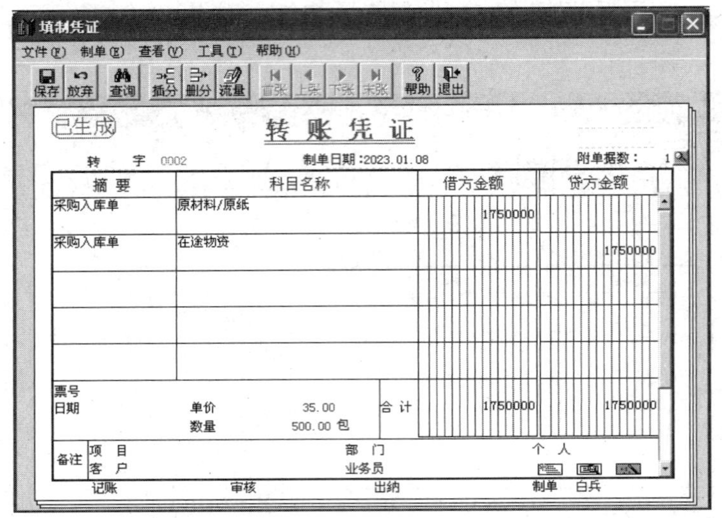

图 9.13　生成入库凭证

4．付款结算，核销应付

步骤 1　10 日，在采购管理子系统中，选择“采购”|“供应商往来”|“付款结算”命令，打开“单据结算”对话框。

步骤 2　选择供应商为“002 利兴科技有限公司”，单击“增加”按钮。输入结算方式为“3 电汇”、结算金额为 19 775，然后单击“保存”按钮。

步骤 3　单击“核销”按钮，系统调出该供应商未核销的单据。在相应单据的“本次结算”栏中输入 19 775，如图 9.14 所示。然后单击“保存”按钮。

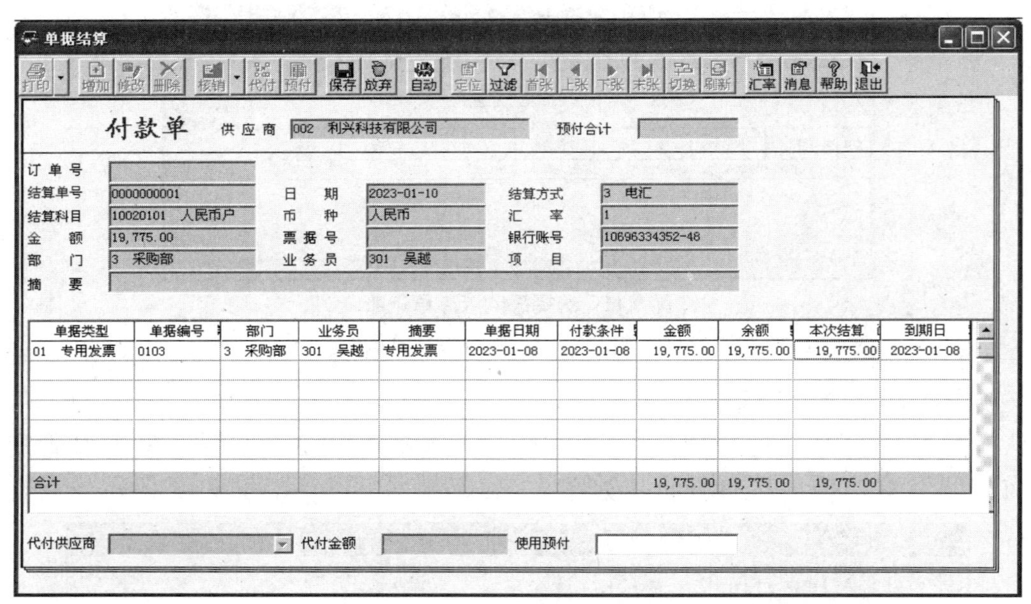

图 9.14　输入付款单并核销

步骤 4　在核算子系统中，选择“核算”|“凭证”|“供应商往来制单”命令，打开“供应商制单查询”对话框。选中“核销制单”复选框，单击“确认”按钮，打开“核销制单”对话框。修改凭证类别为“付 付款凭证”，选择要制单的单据，单击“制单”按钮，打开“填制凭证”窗口。单击“保存”按钮，如图 9.15 所示。然后单击“退出”按钮返回。

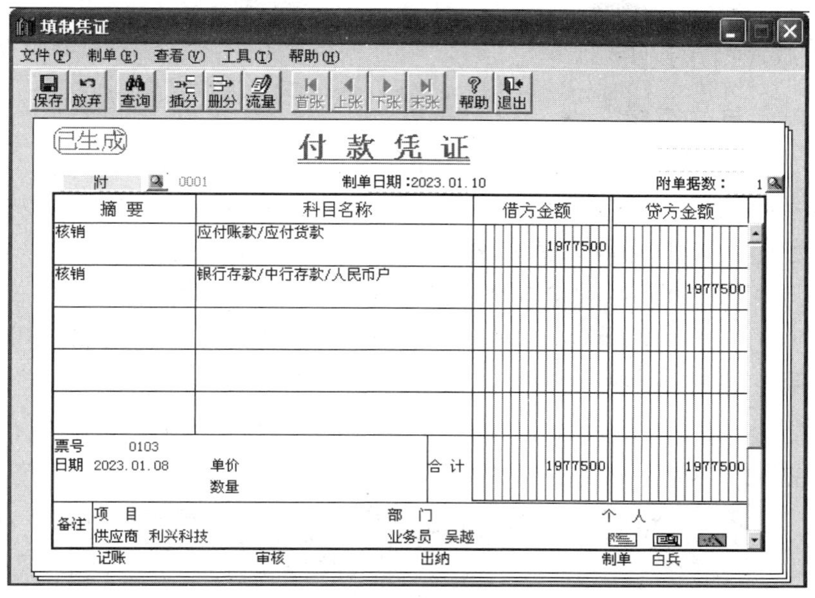

图 9.15　核销制单

工作任务 2　预付订金业务

步骤 1　1 月 10 日，在采购管理子系统中，选择“采购”|“供应商往来”|“付款结算”命令，打开“单据结算”对话框。

步骤 2　选择供应商为“立丰达”。单击“增加”按钮，选择结算方式为“202 转账支票”，输入票据号为 2301、金额为 2 000 元。然后单击“保存”按钮。

步骤 3　单击“预付”按钮，系统将 2 000 元作为预付款。单击“退出”按钮返回。

步骤 4　在核算子系统中，选择“核算”|“凭证”|“供应商往来制单”命令，打开“供应商制单查询”对话框。

步骤 5　选择“核销制单”，单击“确认”按钮，打开“核销制单”对话框。修改凭证类型，选择要制单的单据，单击“制单”按钮，打开“填制凭证”窗口。单击“保存”按钮，如图 9.16 所示。

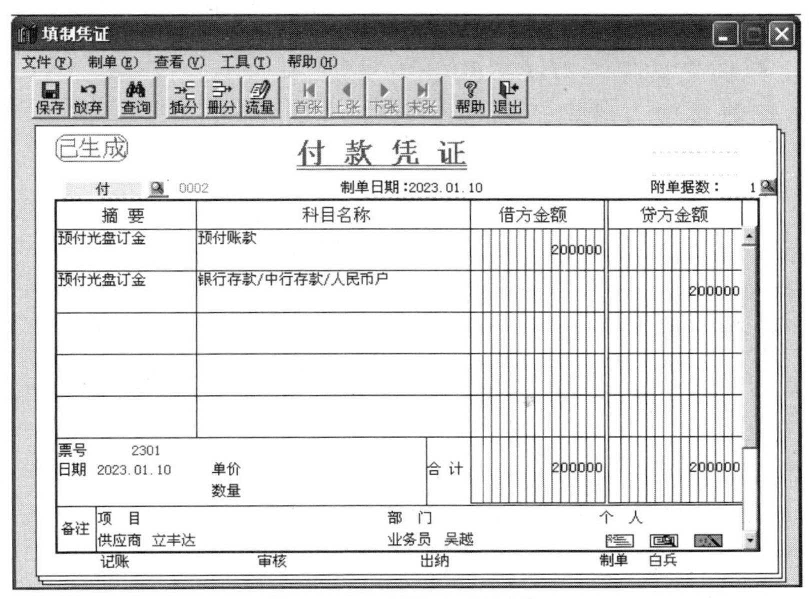

图 9.16　预付款生成的凭证

工作任务 3　采购现付业务

1．填制采购入库单并审核

步骤 1　选择“采购”|“采购入库单”命令，填制采购入库单。

步骤 2　选择“库存”|“采购入库单审核”命令，审核采购入库单。

2．填制采购专用发票与采购入库单进行结算

步骤 1　选择“采购”|“采购发票”命令，填制采购专用发票。

步骤 2　在采购专用发票界面中，单击“结算”按钮，与采购入库单进行采购结算。

3．对采购专用发票进行现付处理

步骤 1　在采购专用发票界面中，单击“现付”按钮，打开“采购现付”对话框。输入各项付款信息，如图 9.17 所示。

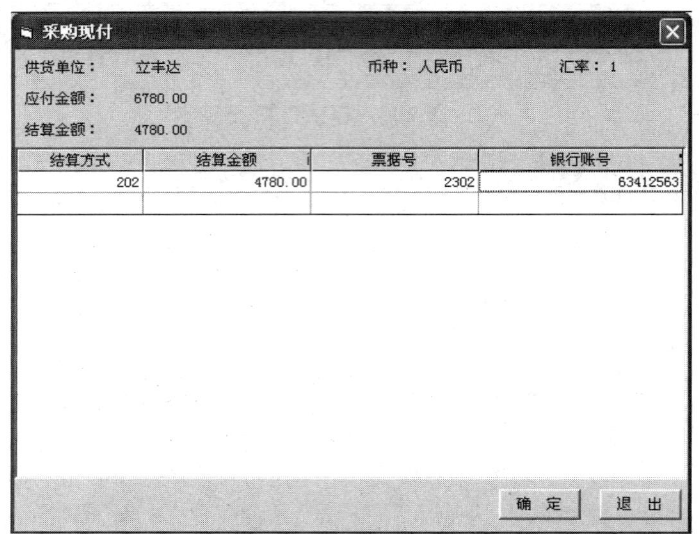

图 9.17　输入采购现付各项付款信息

步骤 2　单击“确定”按钮，系统弹出“现结记录已保存！”信息提示框。单击“确定”按钮，再单击“退出”按钮返回。系统提示“现付成功！”，采购专用发票左上角显示“已现付”字样。

步骤 3　单击“复核”按钮，复核采购专用发票。

4．采购入库单记账生成入库凭证

步骤 1　在核算子系统中，选择“核算”|“核算”|“正常单据记账”命令，对采购入库单进行记账处理。

步骤 2　在核算子系统中，选择“核算”|“凭证”|“购销单据制单”命令，对采购入库单（报销记账）生成凭证。

5．现结制单生成凭证

步骤 1　在核算子系统中，选择“核算”|“凭证”|“供应商往来制单”命令，打开“供应商制单查询”对话框。

步骤 2　选中“现结制单”复选框，单击“确认”按钮，打开“供应商往来制单”对话框。

步骤 3　选择“付款凭证”，生成采购现付凭证，如图 9.18 所示。

步骤 4　单击“退出”按钮返回，再单击“退出”按钮返回。

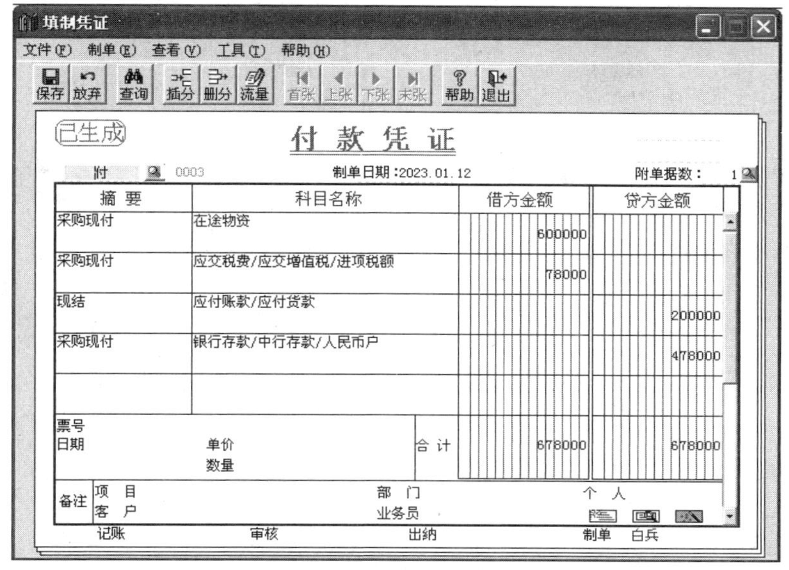

图 9.18　生成采购现付凭证

工作任务 4　预付冲应付业务

步骤 1　1 月 12 日，在采购管理子系统中，选择“采购”|“供应商往来”|“预付冲应付”命令，打开“预付冲应付”对话框。

步骤 2　单击“预付款”选项卡，选择供应商为“立丰达”。单击“过滤”按钮，系统列出该供应商的预付款，输入转账金额为 2 000，如图 9.19 所示。

步骤 3　单击“应付款”选项卡，再单击“过滤”按钮，系统列出该供应商的应付款，在期初应付款记录行输入转账金额 2 000，如图 9.20 所示。

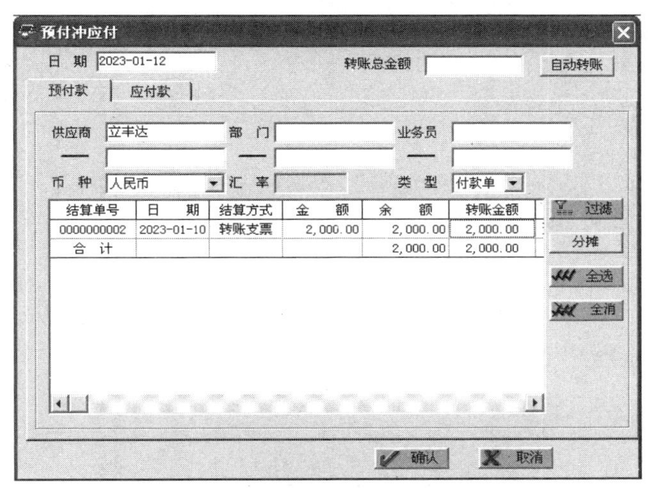

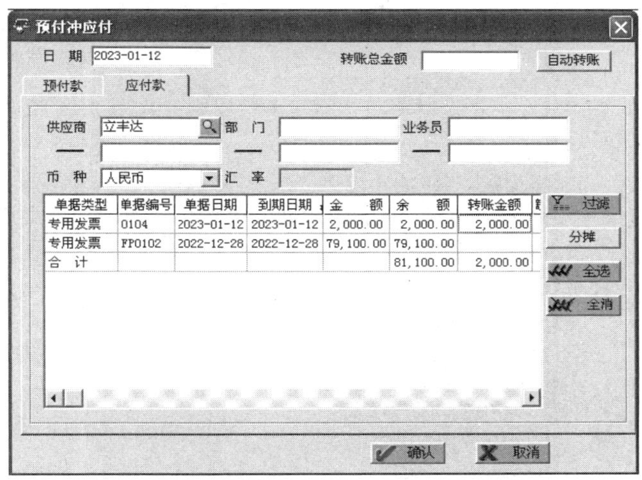

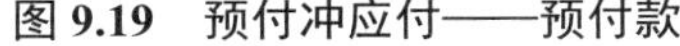
图 9.19　预付冲应付——预付款

图 9.20　预付冲应付——应付款

步骤 4　单击“确认”按钮，系统弹出“操作成功！”信息提示框。单击“确定”按钮返回。

步骤 5　在核算子系统中，选择“核算”|“凭证”|“供应商往来制单”命令，打开“供应商制单查询”对话框。选中“转账制单”复选框，单击“确认”按钮，打开“供应商往来制单”对话框。选中要制单的单据，单击“制单”按钮，生成凭证如图 9.21 所示。

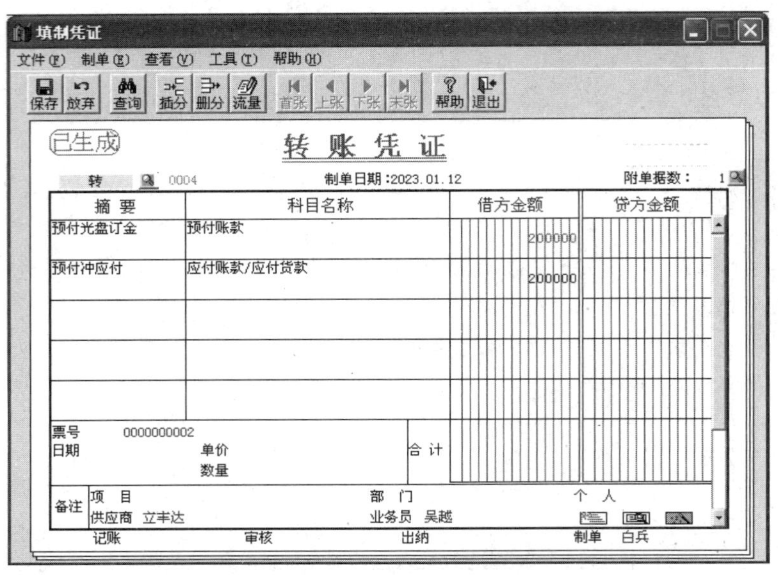

图 9.21　预付冲应付生成的凭证

工作任务 5　采购运费处理

1．填制运费发票并复核

步骤 1　在采购管理子系统中，选择“采购”|“采购发票”命令，打开“采购发票”对话框。

步骤 2　单击“增加”下拉按钮，选择“专用运费发票”，打开“采购专用运费发票”对话框。输入各项信息，注意修改税率为 9%。然后单击“保存”按钮，如图 9.22 所示。

图 9.22　采购专用运费发票

步骤 3　单击“复核”按钮，复核采购专用运费发票。

2．进行费用折扣结算

步骤 1　在采购管理子系统中，选择“采购”|“采购结算”|“费用折扣结算”命令，打开“条件输入”对话框。单击“确认”按钮，打开“入库单和发票选择”窗口。

步骤 2　选择要结算的入库单和运费发票，单击“确认”按钮后返回“费用折扣结算”对话框，如图 9.23 所示。

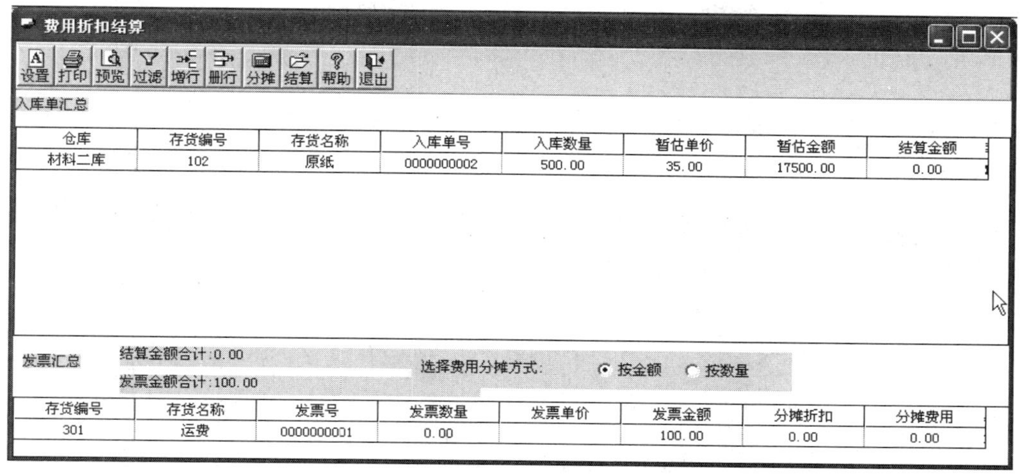

图 9.23　费用发票单独结算到存货

步骤 3　单击“分摊”按钮，再单击“结算”按钮，系统弹出“结算成功!”信息提示框。单击“确定”按钮返回。

3. 进行暂估处理

步骤 1　在核算子系统中，选择“核算”|“核算”|“暂估入库成本处理”命令，打开“暂估处理查询”对话框。

步骤 2　选中“材料二库”复选框，单击“确认”按钮，打开“暂估结算表”对话框。

步骤 3　选中要暂估的单据，如图 9.24 所示。单击“暂估”按钮，完成暂估。暂估后系统自动生成一张入库调整单。

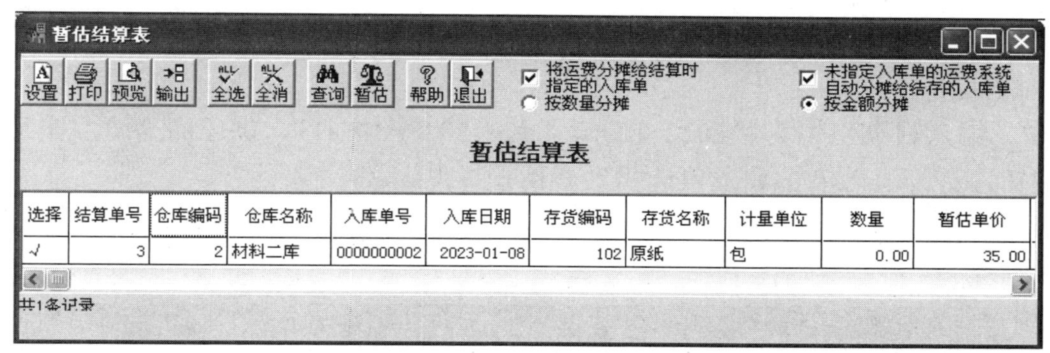

图 9.24　暂估结算表

4. 入库调整单制单

步骤 1　在核算子系统中，选择“核算”|“凭证”|“购销单据制单”命令，打开“生成凭证”对话框。

步骤 2　单击“选择”按钮，打开“查询条件”对话框。选中“(20) 入库调整单”复选框，单击“确认”按钮返回。

步骤 3　选中要制单的入库调整单，单击“确定”按钮，打开“生成凭证”窗口。

步骤 4　选择凭证类别为“转 转账凭证”，补充输入贷方科目为 1402，修改摘要内容，然后单击“生成”按钮，生成入库调整凭证，如图 9.25 所示。

5. 运费发票制单

步骤 1　在核算子系统中，选择“核算”|“凭证”|“供应商往来制单”命令，打开“供应商制单查询”对话框。

步骤 2　选中“发票制单”复选框，单击“确认”按钮，打开“供应商往来制单”对话框。

步骤 3　单击“全选”按钮，选中要制单的专用运费发票。单击“制单”按钮，生成凭证，如图 9.26 所示。

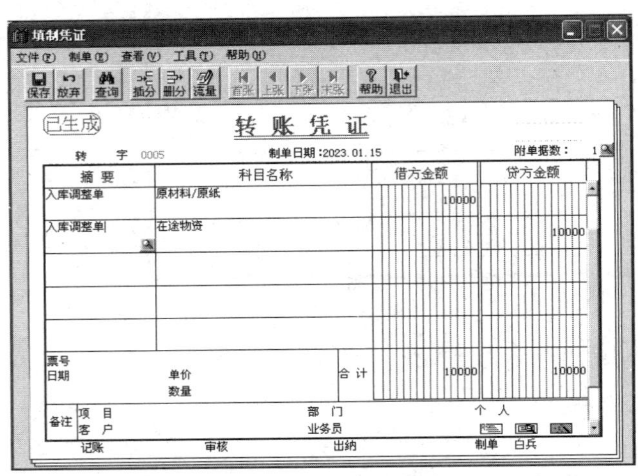

图 9.25　生成入库调整凭证

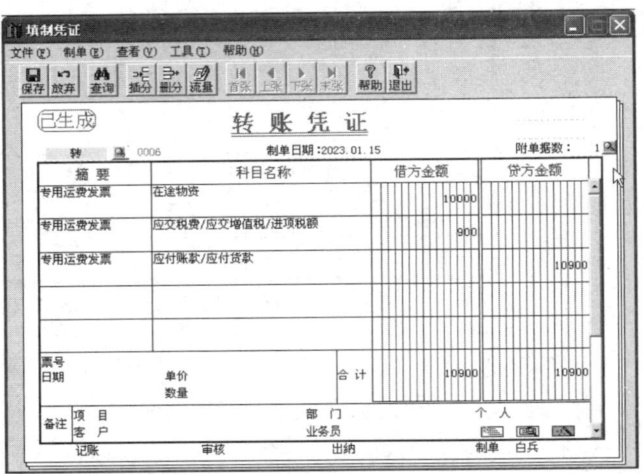

图 9.26　运费发票生成的凭证

工作任务 *6*　暂估入库报销

1. 在采购管理子系统中填制采购专用发票并复核

2. 在采购管理子系统中进行手工结算

步骤 1　在采购管理子系统中，选择“采购”|“采购结算”|“手工结算”命令，打开“条件输入”对话框。

步骤 2　输入日期范围为“2022-12-01”到“2023-01-31”、供应商为“立丰达”。单击“确认”按钮，打开“入库单和发票选择”对话框。

步骤 3　选择要结算的入库单和发票，单击“确认”按钮，返回“手工结算”窗口，如图 9.27 所示。

手工结算

设置 打印 预览 过滤 补选 格式 选项 分摊 结算 帮助 退出

结算汇总

存货编号	存货名称	单据号	结算数量	发票数量	暂估单价	暂估金额	发票单价	发票金额	非合理损耗类型
101	光盘	1201		1000.00			2.00	2000.00	
		0000000001	1000.00		1.80	1800.00			
	合计		1000.00	1000.00		1800.00		2000.00	

结算费用列表　　选择费用分摊方式：◉ 按金额　○ 按数量

费用编号	供应商编号	费用名称	发票号	对应仓库	对应存货	金额

图 9.27　手工结算

步骤 4　单击“结算”按钮，系统弹出“完成结算！”信息提示框。单击“确定”按钮，再单击“退出”按钮返回。

3．在核算子系统中执行暂估入库成本处理

步骤 1　选择“核算”|“核算”|“暂估入库成本处理”命令，打开“暂估处理查询”对话框。

步骤 2　选择“材料一库”，单击“确认”按钮，打开“暂估结算表”对话框。

步骤 3　选择需要进行暂估结算的单据，单击“暂估”按钮返回。

4．生成暂估处理凭证

步骤 1　在核算子系统中，选择“核算”|“凭证”|“购销单据制单”命令，打开“生成凭证”对话框。

步骤 2　单击“选择”按钮，打开“查询条件”对话框。选中“(24)红字回冲单”“(30)蓝字回冲单(报销)”复选框，如图 9.28 所示。单击“确认”按钮，打开“选择单据”对话框。

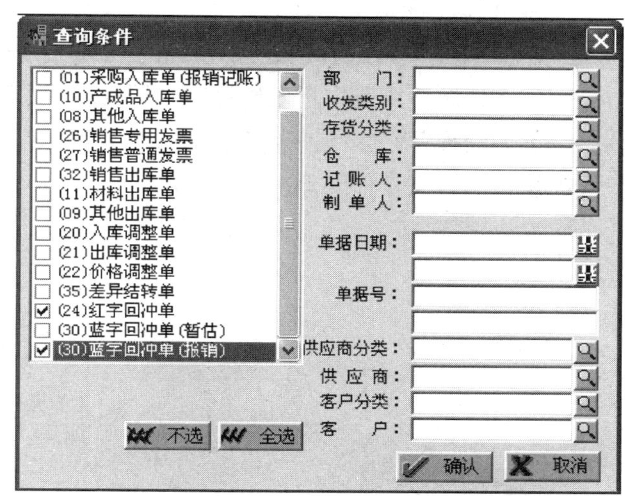

图 9.28　选中红字回冲单、蓝字回冲单（报销）

步骤 3　单击“全选”按钮，再单击“确定”按钮，打开“生成凭证”对话框。单击“生成”按钮，打开“填制凭证”窗口。单击“保存”按钮，保存红字回冲单生成的凭证，如图 9.29 所示。

步骤 4　单击“下张”按钮，再单击“保存”按钮，保存蓝字回冲单生成的凭证，如图 9.30 所示。

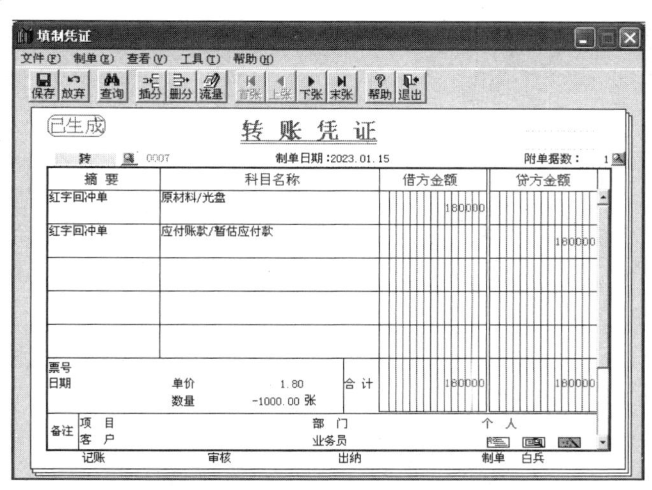

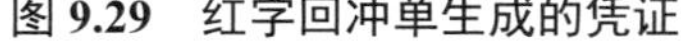

图 9.29　红字回冲单生成的凭证

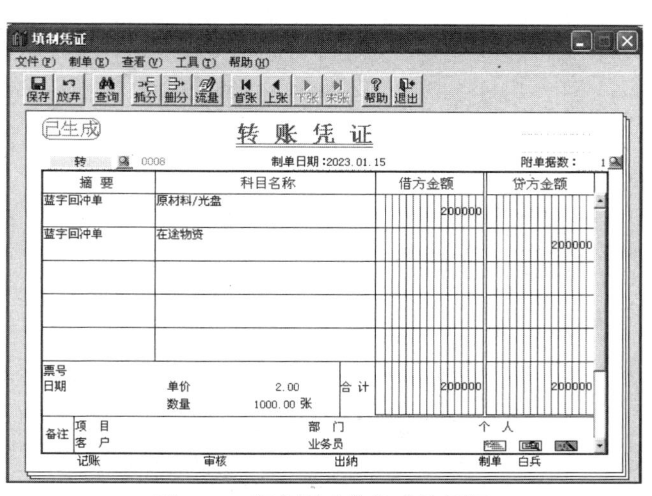

图 9.30　蓝字回冲单生成的凭证

5．在核算子系统中进行发票制单处理

选择“核算”|“凭证”|“供应商往来制单”命令，对本笔业务采购专用发票进行制单处理。

工作任务 7　备份账套

全部完成后，备份至“采购与应付”账套。

探究与挑战

1. 采购结算的含义是什么？
2. 在图 9.27 中，选择按金额分摊和按数量分摊有什么不同吗？
3. 什么情况下用费用折旧结算方式结算运费？
4. 你如何理解红字回冲单和蓝字回冲单？
5. 核销的含义是什么？核销完成后能取消吗？

工作项目 *10*

销售与应收管理

知识目标

1. 了解销售管理子系统的主要功能。
2. 熟悉不同类型销售业务的处理流程。
3. 理解核销和转账的含义。

技能目标

1. 掌握普通销售业务的全流程处理。
2. 掌握销售现收业务处理。
3. 掌握代垫费用业务处理。
4. 掌握开票直接发货业务处理。
5. 掌握预收款业务处理。
6. 掌握转账业务处理。

工作情境

企业的利润来源于销售收入，销售实现是企业生存和发展的关键。销售部门要根据企业的发展目标和市场需求制订销售计划，进行有效的客户开拓与管理，取得与企业生产能力相匹配的订单，以便与生产部门协调沟通，保证按时发货给客户并及时收回货款。

企业销售业务形成对客户的应收。及时收回应收账款是保持企业良好现金流和健康发展的基础，因此确认应收和收款结算是完整销售流程的一部分。在 T3 中，销售与应收管理统一在销售管理子系统中进行。

10.1 知 识 准 备

思政教育

10.1.1 认识销售管理子系统

销售管理子系统提供对企业销售业务全流程的管理。具体包括：销售订货处理，以便动态掌握订单执行情况；销售开票处理，以便确认销售出库成本；根据销售发票确认应收；对客户进行收款结算，及时核销应收；进行相关单据查询及账表统计。

10.1.2 销售管理子系统和购销存其他子系统之间的数据关联

销售管理子系统的发货单、销售发票新增后冲减库存管理子系统的货物现存量，经审核后自动生成销售出库单传递给库存管理子系统。库存管理子系统为销售管理子系统提供各种可用于销售的存货现存量。

销售管理子系统的发货单、销售发票经审核后自动生成销售出库单，销售出库单或销售发票传递给核算子系统。核算子系统将计算出来的存货的销售成本传递给销售管理子系统。

10.1.3 销售业务类型

销售业务类型包括普通销售业务、销售现收业务、代垫费用、预收款业务、转账业务等。

1. 普通销售业务处理

在企业日常销售业务中一般有两种处理模式——先发货后开票和开票直接发货，不同业务模式对应的处理流程有所不同。以先发货后开票为例，业务处理流程如图 10.1 所示。

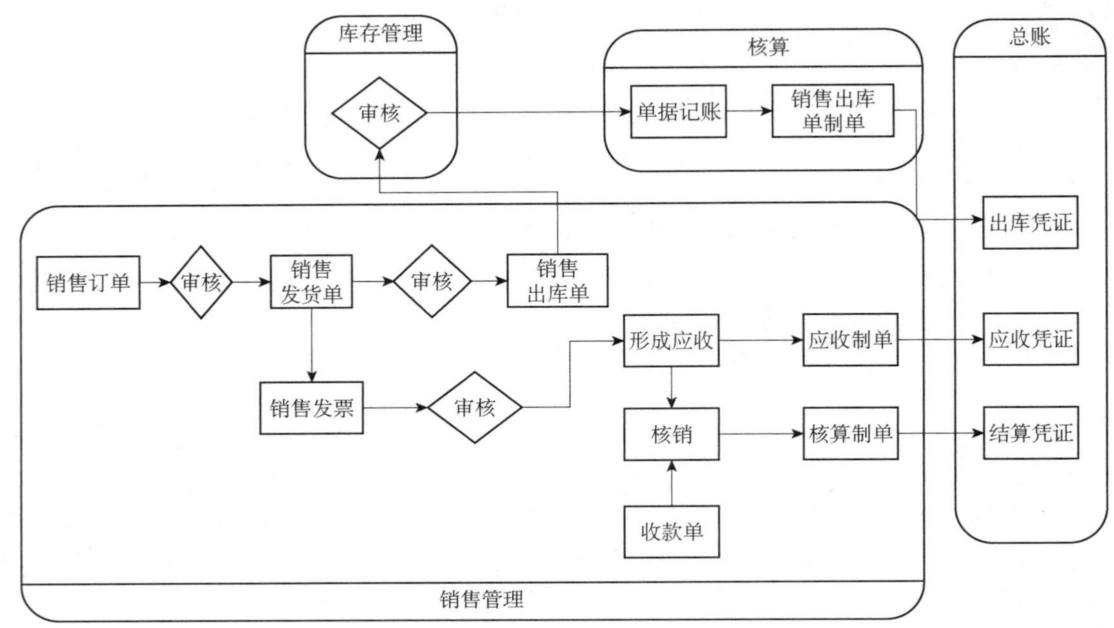

图 10.1 先发货后开票的业务处理流程

(1) 销售订货

销售订货是确认客户的要货需求。销售订单是反映由购销双方确认的订货需求的单据，其中需要确定货物明细、数量、价格、发货日期等细节内容。

销售订单经过审核后，才能在后续环节中被参照。在先发货后开票的业务模式下，发货单可以参照销售订单生成；在开票直接发货的业务模式下，销售发票可以参照销售订单生成。

(2) 销售发货及出库

当客户订单交期来临时，相关人员应根据销售订单进行发货。销售发货是企业执行与客户签订的销售合同或销售订单，将货物发往客户的行为，是销售业务的执行阶段。在先发货后开票的业务模式下，发货单可以参照销售订单生成；在开票直接发货的业务模式下，发货单根据销售发票生成，只能浏览，不能修改和审核。

销售出库是销售业务处理的必要环节，在库存管理子系统中用于存货出库数量核算，在核算子系统中用于存货出库成本核算。对于用先进先出、后进先出、移动平均、个别计价 4 种计价方式计价的存货，在核算子系统进行单据记账时进行出库成本核算，而用全月平均、计划价/售价法计价的存货在期末处理时进行出库成本核算。

根据不同的参数设置，销售出库单既可以在发货单审核时自动生成，也可以在库存管理子系统中参照已审核的发货单生成。

（3）销售开票

销售开票是在销售过程中企业给客户开具销售发票及其所附清单的过程，是销售收入确定、销售成本计算、应交销售税金确定和应收账款确定的依据，是销售业务的必要环节。

销售发票既可以直接填制，也可以参照销售订单或销售发货单生成。参照发货单开票时，既可以将多张发货单汇总开票，也可以将一张发货单拆单生成多张销售发票。

在先发货后开票业务模式下，销售发票是根据销售发货单汇总产生的，销售发票经审核后形成应收账款。

（4）收款结算

只有及时收款才能使企业正常运转。收到的款项应及时与应收进行核销，以进行精确的账龄分析，并提供适时的催款依据，提高资金周转率。

2. 销售现收业务处理

现收业务是指在销售货物的同时向客户收取货币资金的行为。其业务流程如图 10.2 所示。

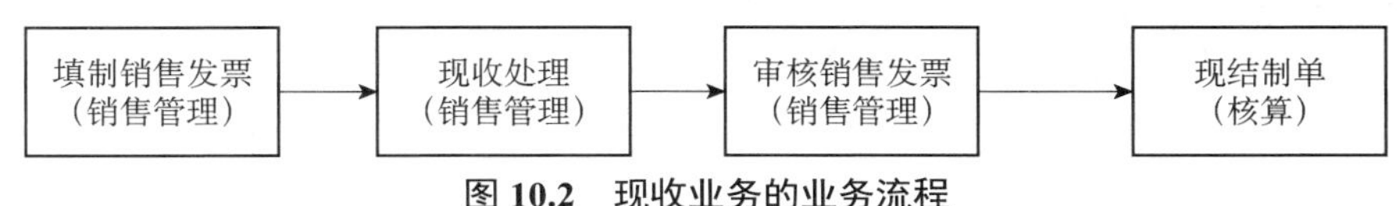

图 10.2　现收业务的业务流程

3. 代垫费用处理

代垫费用是指在销售业务中，随货物销售所发生的（如运杂费、保险费等）暂时代垫、将来需要向对方单位收取的费用项目。代垫费用实际上形成了用户对客户的应收款。

代垫费用处理的业务流程如图 10.3 所示。

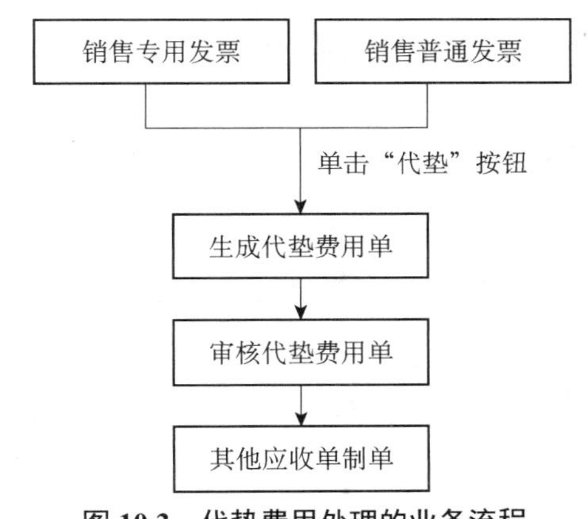

图 10.3　代垫费用处理的业务流程

4. 预收款业务处理

应收子系统的收款单用来记录企业所收到的客户款项。款项性质包括应收款、预收款等。

5. 转账业务处理

参见 9.1 节的相关叙述。

10.2　实训 12：销售与应收管理

实训目的

① 掌握 T3 销售管理子系统的相关内容。

② 熟悉不同类型销售业务的处理流程。

③ 理解核销和转账的含义。

实训重点

① 掌握普通销售业务全流程处理。

② 掌握销售现收业务处理。

③ 掌握代垫费用业务处理。

④ 掌握开票直接发货业务处理。

⑤ 掌握预收款业务处理。

⑥ 掌握转账业务处理。

实训准备

以系统管理员的身份引入“购销存初始化”账套。

实训内容

1．普通销售业务

① 1 月 20 日，广州浩达订购 200 套《瑜伽入门》，无税单价 60 元/套，要求 2023 年 1 月 22 日发货。填制并审核销售订单。

② 1 月 22 日，销售部从成品库向广州浩达发出其所订货物，并开具此笔交易的增值税专用销售发票一张，发票号为 0106。业务部门将销售发票交给财务部门，财务部门结转此业务的收入及成本。

③ 1 月 25 日，财务部收到广州浩达转账支票一张，票号为 2327，金额为 13 560 元。财务部进行结算。

2．销售现收业务

① 1 月 25 日，销售部向广州浩达销售《智慧养生》80 套，无税单价为 100 元/套。货品从成品库发出。

② 同日，开具销售专用发票一张，发票号为 0107。同时，收到客户以电汇方式支付的全部货款，银行账号为 63412563。

3．代垫费用处理

1 月 25 日在向广州浩达销售商品的过程中，用现金代垫了一笔运费 50 元/套。客户尚未支付该笔款项。

由于产生了代垫运费，因此需要增加费用项目。费用项目为“01 运费”。

4．开票直接发货

1 月 28 日，销售部向北京顺达销售纪念册 1 000 册，无税单价为 80 元/册。当日由成品库发出，并据此开具了销售专用发票一张，发票号为 0128。

5．预收款业务

1 月 30 日，收到北京顺达转账支票一张，票号为 2329，金额 50 000 元，用以归还 2022 年 12 月前欠货款。余款转为预收款。

6．转账业务处理

1 月 30 日，经三方协商，将广州浩达的 50 元运费转给顺达集团。

7. 备份账套

实训指导

工作任务 1　普通销售业务处理

1. 销售订货——填制销售订单并审核

步骤 1　以 1101 账套主管的身份登录 T3，登录日期为 2023 年 1 月 20 日。

步骤 2　在销售管理子系统中，选择“销售”|“销售订单”命令，打开“销售订单”对话框。

步骤 3　单击“增加”按钮，输入订单日期为“2023-01-20”、客户名称为“广州浩达”；选择货物名称为“瑜伽入门”，输入数量为 200、无税单价为 60、预发货日期为“2023-01-22”。单击“保存”按钮，如图 10.4 所示。

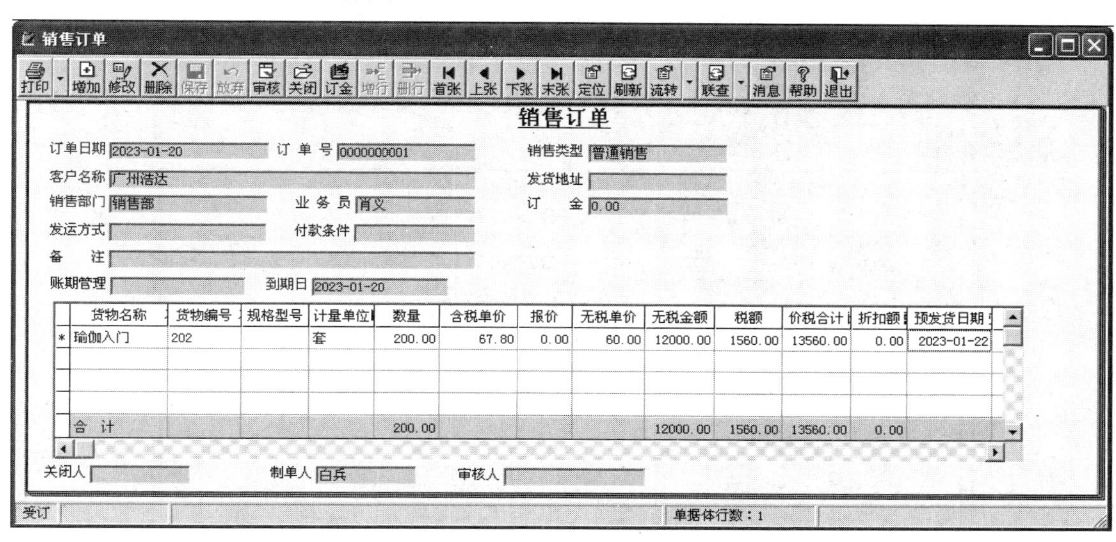

图 10.4　销售订单

步骤 4　单击“审核”按钮，系统弹出“是否只处理当前张？”信息提示框。单击“是”按钮，审核销售订单，系统弹出“审核成功”信息提示框。单击“确定”按钮返回。

步骤 5　单击“退出”按钮返回。

工作提示

① 已保存的销售订单可以修改、删除，但不允许修改他人填制的销售订单。

② 系统自动生成订单编号，可以手工修改。订单编号不能重复。

③ 如果企业要按业务员进行销售业绩考核，则必须输入业务员信息。

2. 销售发货——填制销售发货单并审核

步骤 1　1 月 22 日，在销售管理子系统中，选择“销售”|“销售发货单”命令，打开“一般发货”对话框。

步骤 2　单击“增加”按钮，打开“选择订单”对话框。单击“显示”按钮，选择要参照的销售订单，如图 10.5 所示。

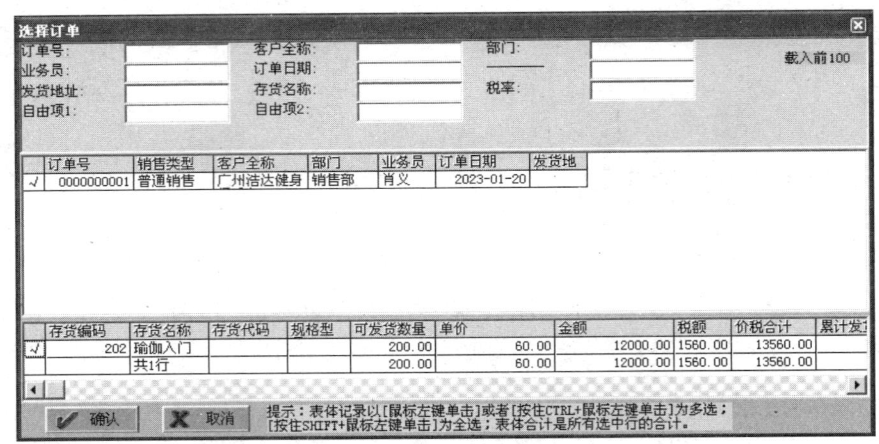

图 10.5　参照订单生成发货单

步骤 3　单击“确认”按钮，将销售订单信息带入发货单。输入发货日期为“2023-01-22”，选择仓库为“成品库”，单击“保存”按钮。

步骤 4　单击“审核”按钮，系统弹出信息提示框，如图 10.6 所示。

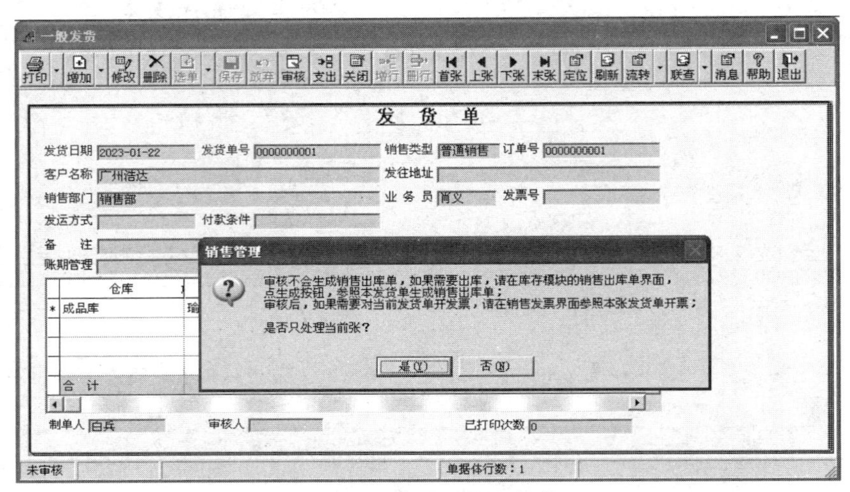

图 10.6　审核销售发货单

步骤 5　单击“是”按钮，系统弹出“单据审核成功！”信息提示框。单击“确定”按钮返回，再单击“退出”按钮返回。

3．销售出库——在库存管理子系统中审核销售出库单

步骤 1　选择“库存”|“销售出库单生成/审核”命令，打开“销售出库单”对话框。

步骤 2　单击“生成”按钮，打开“发货单或发票参照”对话框。在“请选择”下拉列表框中选择“发货单”，系统显示出可参照的发货单列表。

步骤 3　选择要参照的发货单，如图 10.7 所示。单击“确认”按钮，将发货单信息带入销售出库单。

步骤 4　单击“审核”按钮，审核销售出库单。单击“退出”按钮返回。

4．在核算子系统中对销售出库单记账并生成凭证

步骤 1　选择“核算”|“核算”|“正常单据记账”命令，打开“正常单据记账条件”对话框。单击“确定”按钮，打开“正常单据记账”对话框。

步骤 2　单击需要记账的单据前的“选择”栏，出现“√”标记，或者单击工具栏中的“全选”按钮，选择所有单据，然后单击工具栏中的“记账”按钮。记账完成后，单据不在对话框中显示。

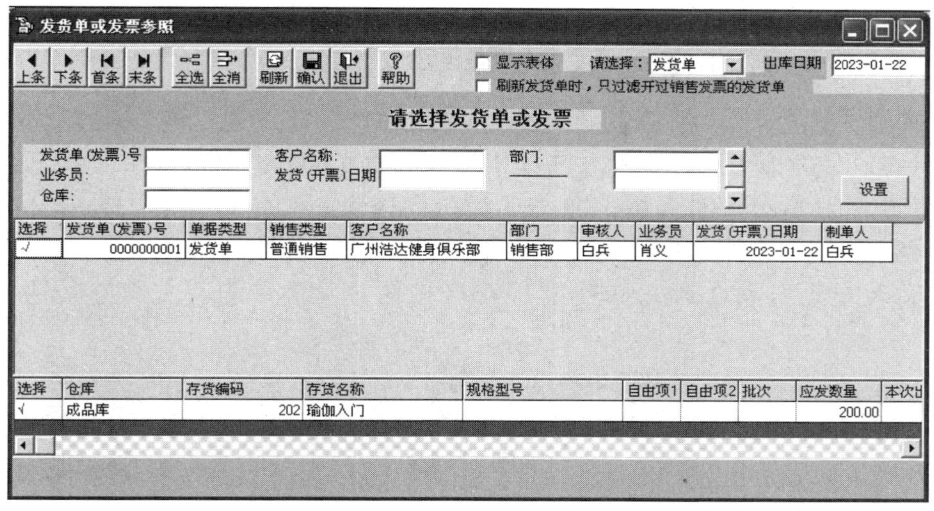

图 10.7 发货单或发票参照

步骤 3 选择“核算”|“凭证”|“购销单据制单”命令，打开“生成凭证”对话框。

步骤 4 单击“选择”按钮，打开“查询条件”对话框。选中“(32) 销售出库单”复选框，单击“确认”按钮，打开“选择单据”对话框。

步骤 5 选择需要生成凭证的单据或在工具栏中单击“全选”按钮，再单击“确定”按钮，打开“生成凭证”对话框。选择“转 转账凭证”，如图 10.8 所示。

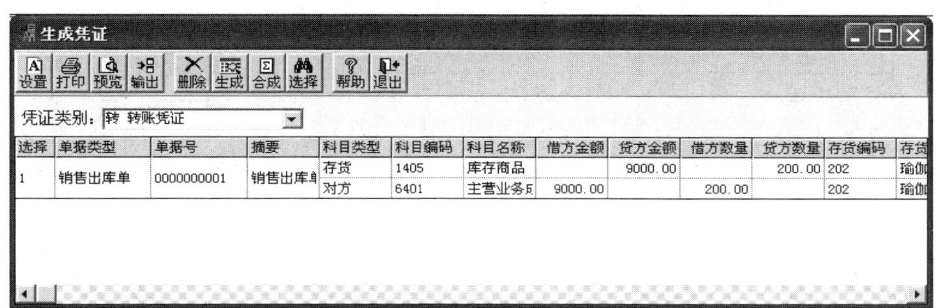

图 10.8 销售出库单生成凭证

步骤 6 单击“生成”按钮，打开“填制凭证”对话框。补充输入科目辅助项信息（在“备注”栏中双击）为“瑜伽入门”（参照输入），然后单击“确认”按钮。

步骤 7 单击“保存”按钮，凭证左上角显示“已生成”红字标记，如图 10.9 所示。

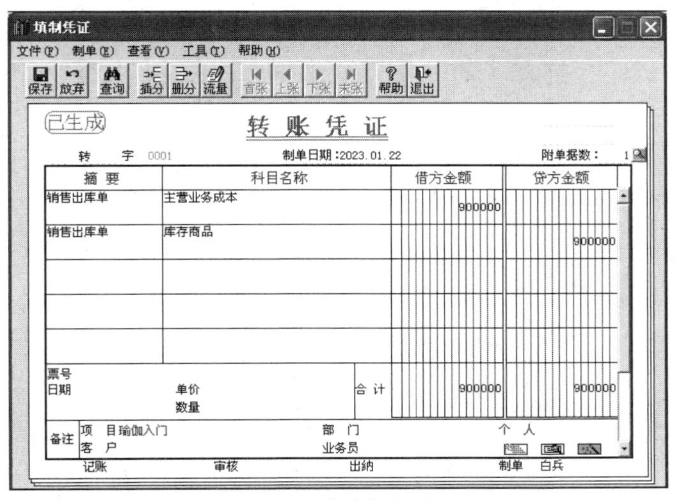

图 10.9 生成销售出库凭证

5．销售开票确认应收

（1）在销售管理子系统中根据发货单填制并复核销售发票

步骤 1　选择“销售”|“销售发票”命令，打开“普通发票”对话框。

步骤 2　单击“增加”下拉按钮，选择“专用发票”。单击“选单”下拉按钮，选择“发货单”，打开“选择发货单”对话框。单击“显示”按钮，列出可参照的发货单。选择发货单和相应的存货编码，单击“确认”按钮，将发货单信息带入销售专用发票。

步骤 3　输入发票号为 0106，单击“保存”按钮。然后单击“复核”按钮，系统弹出提示信息，如图 10.10 所示。

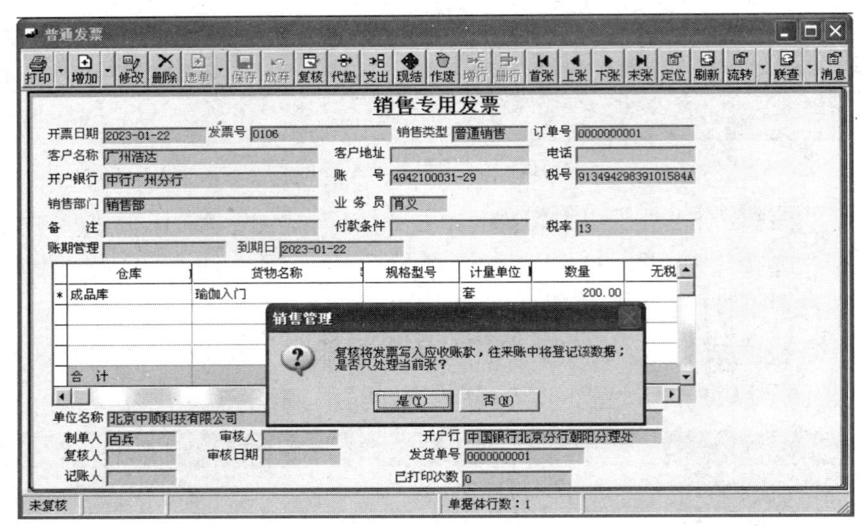

图 10.10　复核销售专用发票

步骤 4　单击“是”按钮，系统弹出“单据复核成功”信息提示框。单击“确定”按钮返回。

（2）在核算子系统中生成销售收入凭证

步骤 1　选择“核算”|“凭证”|“客户往来制单”命令，打开“客户制单查询”对话框。

步骤 2　选中“发票制单”复选框，单击“确认”按钮，打开“客户往来制单”对话框。

步骤 3　单击“全选”按钮，选择对话框中的所有单据。单击“制单”按钮，屏幕上出现根据发票生成的转账凭证。

步骤 4　单击“保存”按钮，系统弹出“项目辅助核算不能为空”信息提示框。改为“转”字，并将当前光标定位在“主营业务收入”行，再将鼠标指针移动到凭证上的“备注”栏，待鼠标指针变为笔状时双击，打开“辅助项”对话框。选择项目为“瑜伽入门”，然后单击“确认”按钮。

步骤 5　单击“保存”按钮，凭证左上角显示“已生成”红字标记，表示已将凭证传递到总账子系统，如图 10.11 所示。

6．收款结算

（1）在销售管理子系统中输入收款单，并核销应收

步骤 1　选择“销售”|“客户往来”|“收款结算”命令，打开“单据结算”对话框。

步骤 2　选择客户“002 广州浩达健身俱乐部”，单击“增加”按钮，输入收款单各项信息。然后单击“保存”按钮，如图 10.12 所示。

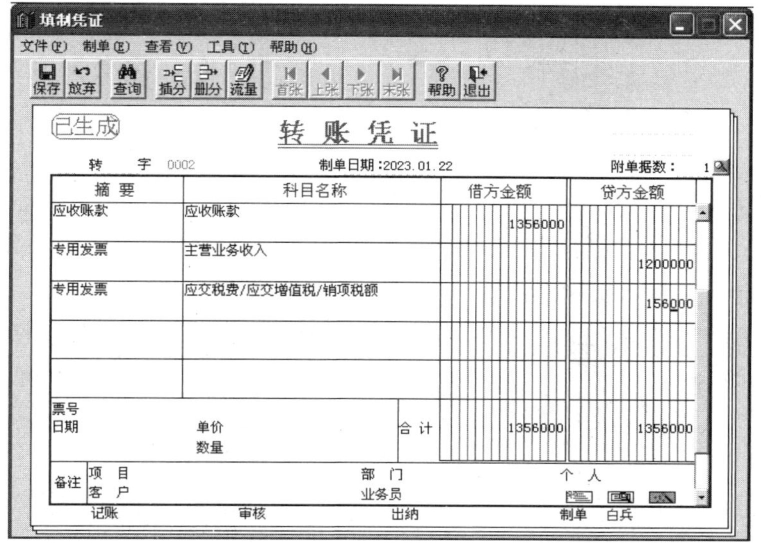

图 10.11　确认收入凭证

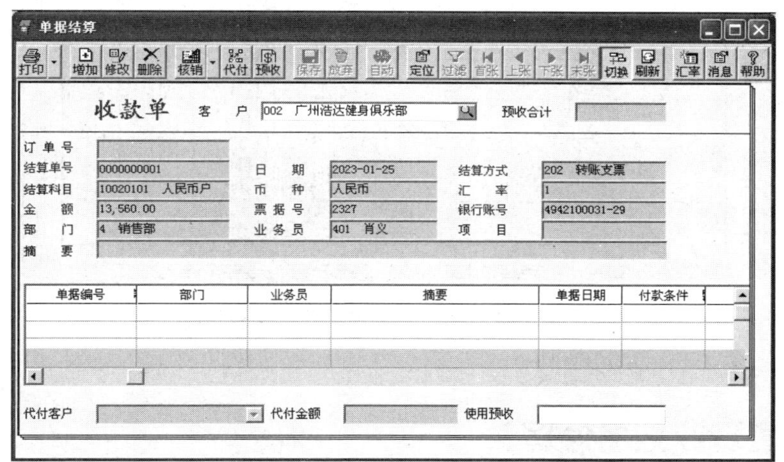

图 10.12　收款单

步骤 3　单击“核销”按钮，收款单下方窗格中显示该客户未核销的应收款。在要核销单据的“本次结算”栏输入 13 560，如图 10.13 所示。

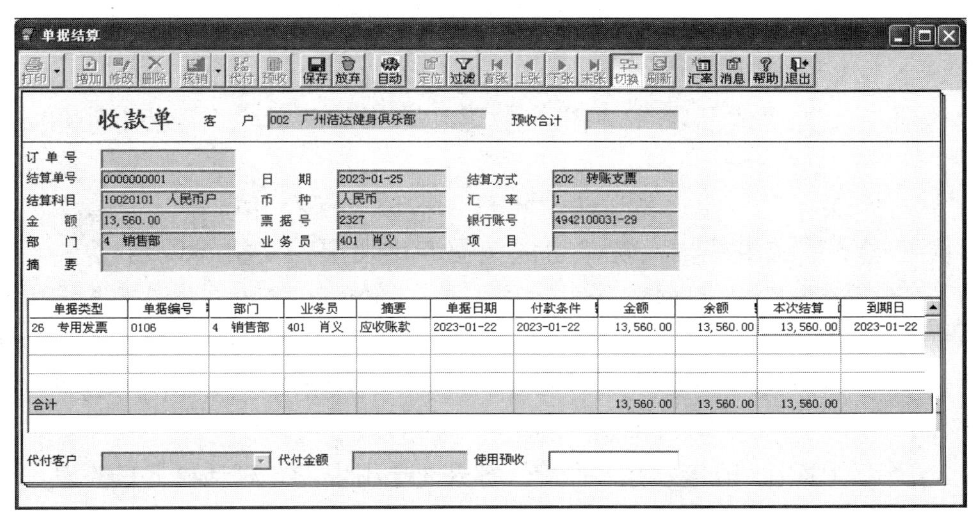

单据类型	单据编号	部门	业务员	摘要	单据日期	付款条件	金额	余额	本次结算	到期日
26 专用发票	0106	4 销售部	401 肖义	应收账款	2023-01-22	2023-01-22	13,560.00	13,560.00	13,560.00	2023-01-22
合计							13,560.00	13,560.00	13,560.00	

图 10.13　核销应收

步骤 4　单击“保存”按钮，再单击“退出”按钮返回。

（2）核销制单

步骤 1　在核算子系统中，选择“核算”|“凭证”|“客户往来制单”命令，打开“客户制单查询”对话框。

步骤 2　选中“核销制单”复选框，单击“确认”按钮，打开“客户往来制单”对话框。

步骤 3　选择要制单的单据，单击“制单”按钮，打开“填制凭证”窗口。单击“保存”按钮，生成收款凭证，如图 10.14 所示。

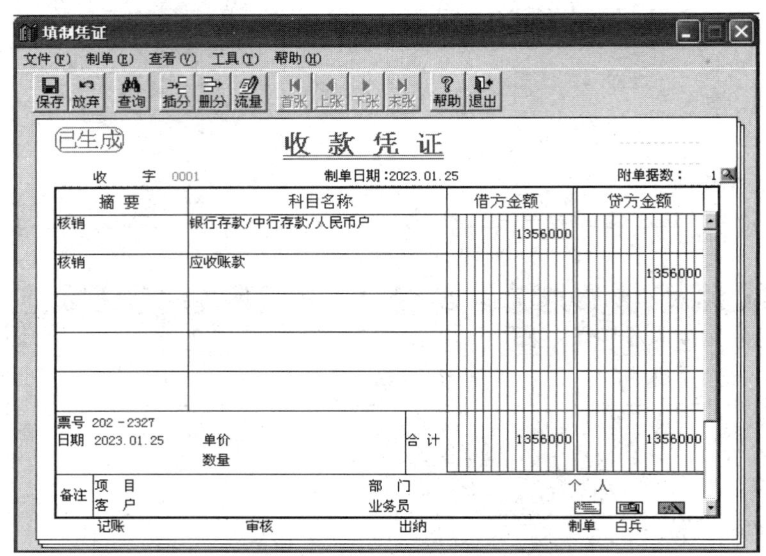

图 10.14　生成收款凭证

步骤 4　单击“退出”按钮返回。

工作任务 2　销售现收业务处理

1．在销售管理子系统中填制并审核发货单

步骤 1　1 月 25 日，在销售管理子系统中选择“销售”|“销售发货单”命令，打开“一般发货单”对话框。

步骤 2　单击“增加”按钮，打开“选择订单”对话框。然后单击“取消”按钮返回。

步骤 3　输入发货日期为“2023-01-25”、客户名称为“广州浩达”。

步骤 4　选择仓库为“成品库”，输入货物名称为“智慧养生”、数量为 80、无税单价为 100。

步骤 5　单击“保存”按钮，再单击“审核”按钮，保存并审核发货单。

2．在销售管理子系统中根据发货单生成销售专用发票，并执行现结

步骤 1　选择“销售”|“根据发货单生成发票”命令，打开“条件”对话框。选中“专用发票”单选按钮，单击“确认”按钮，打开“发票批量生成”对话框。

步骤 2　选择要生成发票的发货单，单击“生成”按钮，系统弹出“发货单生成发票成功”信息提示框，关闭返回。然后单击“退出”按钮返回。

步骤 3　选择“销售”|“销售发票”命令，打开“专用发票”对话框。修改发票号为 0107，然后单击“保存”按钮。

步骤 4　单击“现结”按钮，打开“销售现结”对话框。选择结算方式为“电汇”，输入结算金额为 9 040、银行账号为 63412563，如图 10.15 所示。

步骤 5　单击“确定”按钮，系统弹出“现结记录已保存！”信息提示框。单击“退出”按钮返回，系统提示“现结成功”。

步骤 6　单击“确定”按钮，销售发票右上角显示“现结”标志。单击“复核”按钮，对现结发票进行复核。

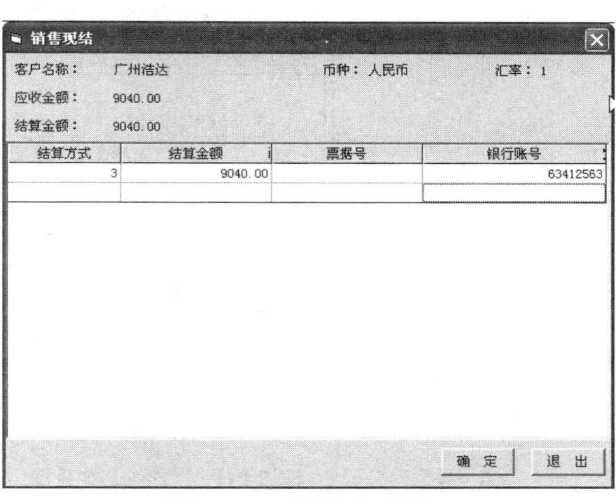

图 10.15　销售发票现结

3. 在核算子系统中进行现结制单

步骤 1　选择“核算”|“凭证”|“客户往来制单”命令，打开“客户制单查询”对话框。

步骤 2　选中“现结制单”复选框，单击“确认”按钮，打开“客户往来制单”对话框。

步骤 3　单击“全选”按钮，再单击“制单”按钮，生成现结凭证。

步骤 4　输入主营业务收入的核算项目为“智慧养生”，单击“保存”按钮，凭证左上角出现“已生成”红色标记，表示凭证已传递到总账子系统，如图 10.16 所示。

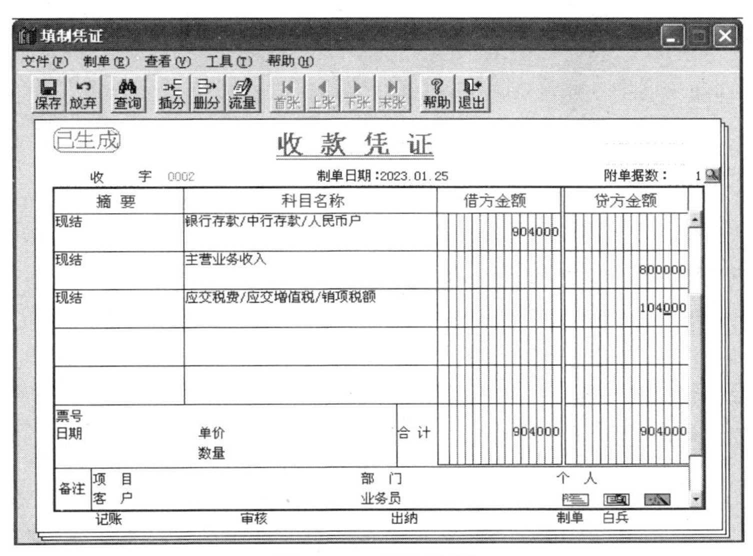

图 10.16　现结制单

工作任务 3　代垫费用处理

1. 在基础设置中设置费用项目

步骤 1　选择“基础设置”|“购销存”|“费用项目”命令，打开“费用项目”对话框。

步骤 2　增加费用项目“01 运费”。

2. 在销售管理子系统中填制并审核代垫费用单

步骤 1　选择“销售”|“销售发票”命令，打开“专用发票”对话框。找到相应的发票，单击“代垫”按钮，打开“代垫费用单”对话框。

步骤 2　单击“增加”按钮，选择费用项目为“运费”，输入代垫金额为 50。单击“保存”按钮，再单击“审核”按钮，如图 10.17 所示。

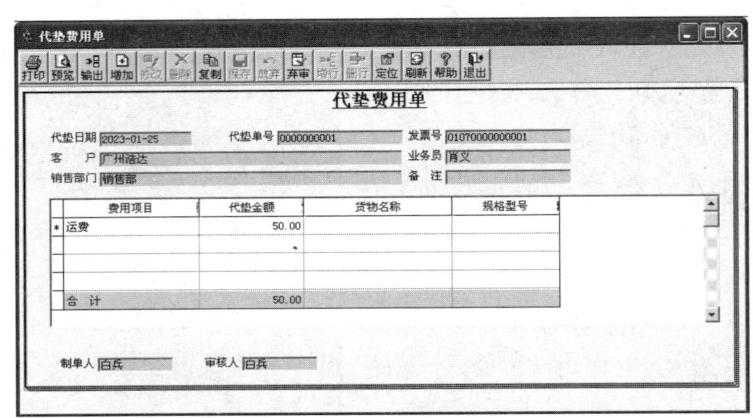

图 10.17　填制代垫费用单并审核

3．在核算子系统中对代垫费用单形成的应收单制单

步骤 1　选择“核算”|“凭证”|“客户往来制单”命令，打开“客户制单查询”对话框。选中“应收单制单”复选框，单击“确认”按钮，打开“客户往来制单”对话框。

步骤 2　选择要制单的单据，单击“制单”按钮，生成一张付款凭证。输入贷方科目为 1001，然后单击“保存”按钮。

工作任务 4　开票直接发货

1．填制并复核销售专用发票

步骤 1　在销售管理子系统中，选择“销售”|“销售发票”命令，打开“专用发票”对话框。单击“增加”下拉按钮，选择“专用发票”选项。

步骤 2　按资料输入销售专用发票内容，然后保存并复核。

2．在销售管理子系统中，查询销售发货单

步骤 1　选择“销售”|“销售发货单”命令，打开“一般发货”对话框。

步骤 2　查看根据销售专用发票自动生成的发货单。

3．在库存管理子系统中，生成并审核销售出库单

步骤 1　选择“销售”|“销售出库单生成/审核”命令，打开“销售出库单”对话框。

步骤 2　单击“生成”按钮，打开“发货单或发票参照”对话框。在“请选择”下拉列表框中选择“发票”选项，对话框中显示出可参照的发票。选择要参照的发票，如图 10.18 所示。

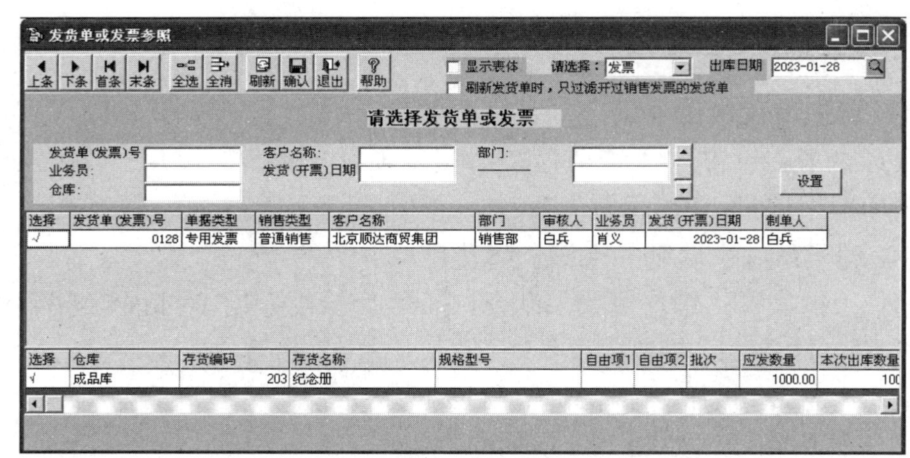

图 10.18　选择发票生成销售出库单

步骤3　单击“确认”按钮，系统弹出“操作完毕!”信息提示框。单击“确定”按钮，自动生成销售出库单。

步骤4　单击“审核”按钮，审核销售出库单。

4. 在核算子系统中生成相关凭证

步骤1　选择“核算”|“核算”|“正常单据记账”命令，对销售出库单记账。

步骤2　选择“核算”|“凭证”|“购销单据制单”命令，对销售出库单记账生成出库凭证。

步骤3　选择“核算”|“凭证”|“客户往来制单”命令，对销售发票制单并生成应收凭证。

工作任务5　预收款业务

步骤1　1月30日，在销售管理子系统中，选择“销售”|“客户往来”|“收款结算”命令，打开“单据结算”对话框。

步骤2　选择客户为“001 北京顺达商贸集团”，单击“增加”按钮。选择结算方式为“202 转账支票”，输入金额为50 000、票据号为2329。然后单击“保存”按钮。

步骤3　单击“核销”按钮，收款单表体中显示未核销的应收款。在2022年12月业务的“本次结算”栏输入结算金额45 200，如图10.19所示。单击“保存”按钮。收款单中剩余未核销的金额自动转为预收款。

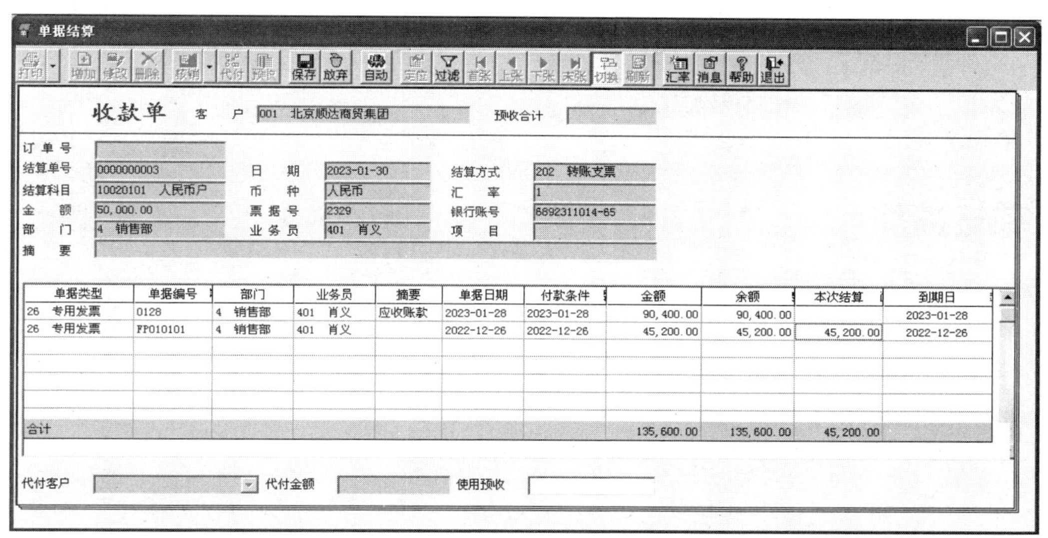

单据类型	单据编号	部门	业务员	摘要	单据日期	付款条件	金额	余额	本次结算	到期日
26　专用发票	0128	4　销售部	401　肖义	应收账款	2023-01-28	2023-01-28	90,400.00	90,400.00		2023-01-28
26　专用发票	FP010101	4　销售部	401　肖义		2022-12-26	2022-12-26	45,200.00	45,200.00	45,200.00	2022-12-26
合计							135,600.00	135,600.00	45,200.00	

图10.19　收款核销

步骤4　在核算子系统中，选择“核算”|“凭证”|“客户往来制单”命令，选中“核销制单”复选框，生成收款凭证。

借：银行存款/中行存款/人民币户　　50 000

　　贷：应收账款　　45 200

　　　　预收账款　　4 800

工作任务6　应收冲应收转账业务

步骤1　在销售管理子系统中，选择“销售”|“客户往来”|“应收冲应收”命令，打开“应收冲应收”对话框。

步骤 2　选择转出户为“广州浩达”、转入户为“北京顺达”，单击“过滤”按钮。系统列出浩达公司的应收款，确认并账金额为 50，如图 10.20 所示。

步骤 3　单击“确认”按钮，系统弹出“操作成功！”信息提示框。单击“确定”按钮返回。

步骤 4　在核算子系统中，选择“核算”|“凭证”|“客户往来制单”命令。选中“并账制单”复选框，生成凭证如图 10.21 所示。

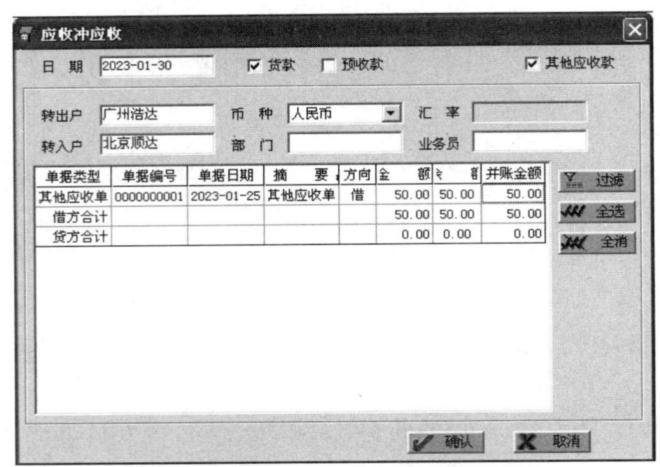

图 10.20　应收冲应收——确认并账金额

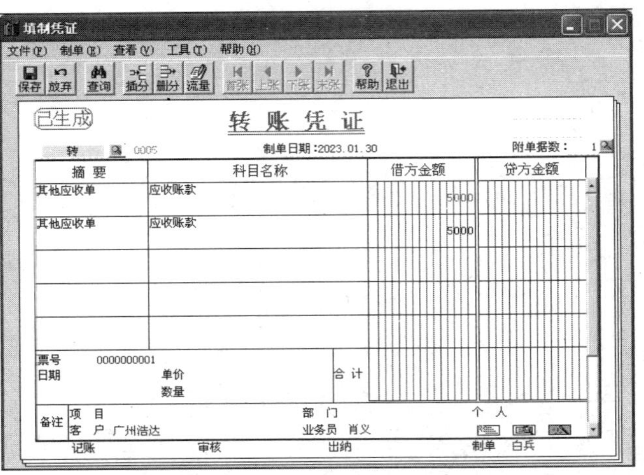

图 10.21　应收冲应收生成凭证

工作任务 7　备份账套

全部完成后，备份至“销售与应收”账套。

探究与挑战

1. 参照图 9.1，画出普通销售业务的处理流程。
2. 在很多单据界面上有“流转”按钮，探究一下该按钮的作用是什么？
3. 哪些业务在购销单据制单中生成凭证？哪些业务在客户往来制单中生成凭证？
4. 发票复核和发票现结有先后顺序吗？
5. 先发货后开票和开票直接发货有何不同？

工作项目 11
库存管理

知识目标

1. 了解库存管理子系统的功能。
2. 了解库存管理子系统和购销存其他子系统的数据关联。
3. 阐述材料领用、产品入库的业务流程。

技能目标

1. 掌握材料领用的业务处理。
2. 掌握产品入库的业务处理。
3. 掌握其他入库的业务处理。
4. 掌握其他出库的业务处理。

工作情境

存货是企业在生产经营中为销售或耗用而储存的各种资产，在企业流动资产中占有很大比重。库存管理的目标是及时、正确地进行存货收入、发出和结存管理，合理控制库存水平，做到既不发生短缺也不过多积压，从而帮助企业降低运营成本，力争以最小的储存成本保证企业生产的正常进行。

11.1 知识准备

思政教育

11.1.1 认识库存管理子系统

库存管理子系统的主要功能是对存货出入库数量进行管理，并提供批次管理、保质期管理、供应商跟踪等库存控制功能，提供库存账表分析。

1. 日常收发存业务处理

库存管理子系统的主要功能是对采购管理子系统、销售管理子系统和库存管理子系统填制的各种出入库单据进行审核，并对存货的出入库数量进行管理。

除管理采购业务、销售业务形成的入库和出库业务外，还可以处理仓库间的调拨业务、盘点业务、组装拆卸业务等。

2. 库存控制

库存管理子系统支持批次跟踪、保质期管理、现存量（可用量）管理、最高最低库存管理。

3. 库存账簿及统计分析

通过查询库存管理子系统提供的库存账、批次账、统计表，可实现对库存业务的实时管理；通过储备分析提供存货的超储、短缺、呆滞积压等管理信息。

11.1.2 库存管理子系统和购销存其他子系统之间的数据关联

库存管理子系统对采购管理子系统输入的采购入库单进行审核确认。如果是库存管理子系统生成的销售出库单，那么可以根据销售管理子系统的发货单、发票生成销售出库单并审核；如果是销售管理子系统生成的销售出库单，那么可以对销售出库单进行审核。库存管理子系统为销售管理子系统提供各种存货的可销售量信息。库存管理子系统中的各种出入库单据需要在核算子系统中进行记账，生成凭证；核算子系统为各种出入库单据提供成本信息，如图 11.1 所示。

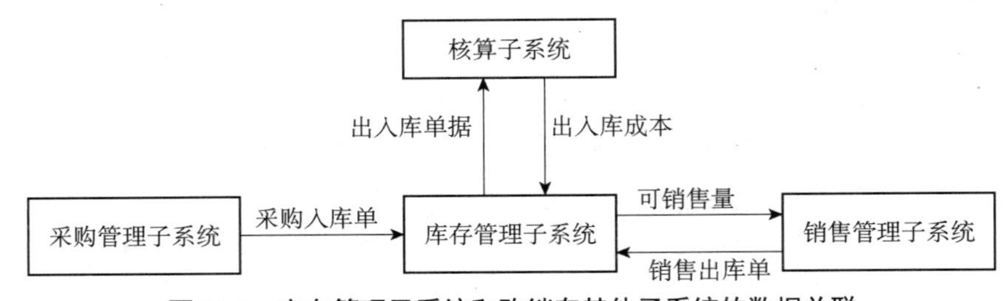

图 11.1　库存管理子系统和购销存其他子系统的数据关联

11.1.3 库存业务类型

1. 入库业务处理

存货入库业务主要包括采购入库、产成品入库和其他入库。

（1）采购入库

采购货物到达企业后，采购员在采购管理子系统中填制采购入库单，然后到库房办理入库。仓库保管员对采购的实际到货情况进行质量、数量的检验和签收，然后对采购入库单进行审核。

（2）产成品入库

产成品入库单是管理工业企业的产成品入库、退回业务的单据。工业企业对原材料及半成品进行一系列的加工后，形成可销售的产品，然后验收入库。只有工业企业才有产成品入库单，商业企业没有此单据。

一般在入库时是无法确定产成品的总成本和单位成本的，因此在填制产成品入库单时，一般只有数量，没有单价和金额。

产成品入库的业务流程如图 11.2 所示。

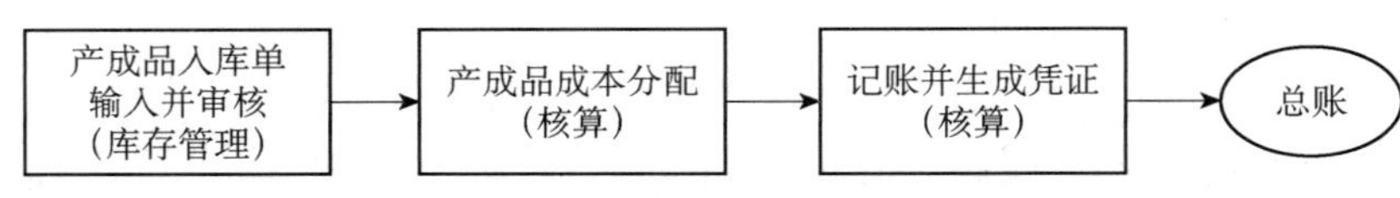

图 11.2　产成品入库的业务流程

(3) 其他入库

其他入库是指除了采购入库、产成品入库之外的入库，如调拨入库、盘盈入库、组装拆卸入库、形态转换入库等业务形成的入库单。

需要注意的是，调拨入库、盘盈入库、组装拆卸入库、形态转换入库等业务可以自动形成相应的入库单，除此之外的其他入库单则由用户填制。

2. 出库业务处理

存货出库业务主要包括销售出库、材料领用出库和其他出库。

(1) 销售出库

如果在选项中设置了库存生成出库单，那么在库存管理子系统中可以参照销售管理子系统填制的销售发票、发货单生成出库单，然后进行审核；如果在选项中设置了销售生成出库单，那么销售出库单可以在销售管理子系统生成后传递到库存管理子系统，再由库存管理子系统进行审核。

(2) 材料领用出库

材料出库单是工业企业领用材料时所填制的出库单据，是进行日常业务处理和记账的主要原始单据之一。只有工业企业才有材料出库单，商业企业没有此单据。材料领用出库业务处理流程如图 11.3 所示。

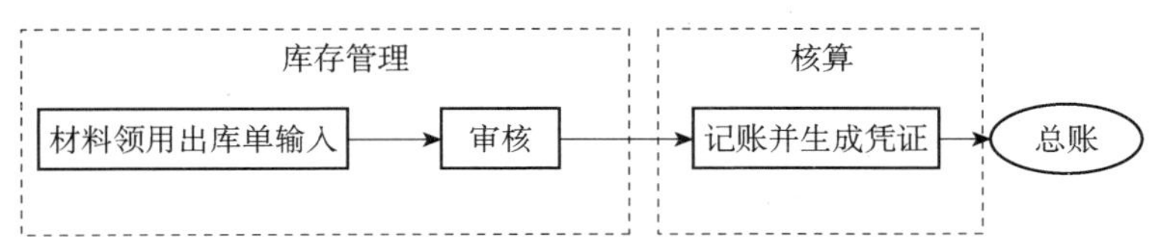

图 11.3 材料领用出库业务处理流程

(3) 其他出库

其他出库是指除销售出库、材料出库之外的出库业务，如维修、办公耗用、调拨出库、盘亏出库、组装拆卸出库、形态转换出库等。

需要注意的是，调拨出库、盘亏出库、组装出库、组装拆卸出库、形态转换出库等业务可以自动形成相应的出库单，除此之外的其他出库单则由用户填制。

3. 调拨业务

库存管理子系统提供了调拨单，用于处理仓库之间存货的转库业务或部门之间的存货调拨业务。如果调拨单上的转出部门和转入部门不同，则表示是部门之间的调拨业务；如果转出部门和转入部门相同，但转出仓库和转入仓库不同，则表示是仓库之间的转库业务。

4. 盘点业务

库存管理子系统提供了盘点单用来定期对仓库中的存货进行盘点。存货盘点报告表是证明企业存货盘盈、盘亏和毁损并据以调整存货实存数的书面凭证，经企业领导批准后，即可作为原始凭证入账。

本功能提供两种盘点方法，即按仓库盘点和按批次盘点，还可对各仓库或批次中的全部或部分存货进行盘点。盘盈、盘亏的结果可自动生成出入库单。

11.2 实训 13：库存管理

实训目的

① 了解库存管理子系统的功能。

② 熟悉不同库存业务的处理流程。

实训重点

① 掌握材料领用的业务处理。

② 掌握产成品入库的业务处理。

③ 掌握调拨业务处理。

④ 掌握盘点业务处理。

实训准备

以系统管理员的身份引入“购销存初始化”账套。

以 1101 账套主管的身份完成库存业务处理。

实训内容

1．产成品入库业务

① 1 月 25 日，生产部生产完工 500 套《智慧养生》。办理入库，入成品库。

② 1 月 27 日，生产部生产完工 300 套《智慧养生》。办理入库，入成品库。

③ 1 月 27 日，收到财务部门提供的完工产品成本，其中《智慧养生》总成本为 80 000 元。立即做成本分配，记账并生成凭证。

2．材料领用出库业务

1 月 27 日，生产部从材料一库领用光盘 1 000 张，用于生产《智慧养生》。记材料明细账，生成领料凭证。

3．调拨业务

1 月 27 日，因成品库维修，马小峰将成品库中的 500 套《智慧养生》调拨至材料二库暂存。

4．盘点业务

1 月 30 日，对材料一库的光盘进行盘点。光盘实际盘点数量为 510，经确定每张成本为 2 元。

增加收发类别“17 盘盈入库”“27 盘亏出库”。

设置盘盈入库存货对方科目为“190101 待处理流动资产损溢”。

5. 备份账套

实训指导

工作任务 1　产成品入库处理

1．在库存管理子系统中输入产成品入库单并审核

步骤 1　1 月 25 日，选择“库存”|“产成品入库单”命令，打开“产成品入库单”对话框。

步骤 2　单击“增加”按钮，输入入库日期为“2023-01-25”、入库类别为“产成品入库”，

选择仓库为“成品库”、部门为“生产部”。

步骤3　选择产品编码为201，输入数量为500。

步骤4　单击“保存”按钮。

步骤5　单击“审核”按钮，完成对该单据的审核，如图11.4所示。

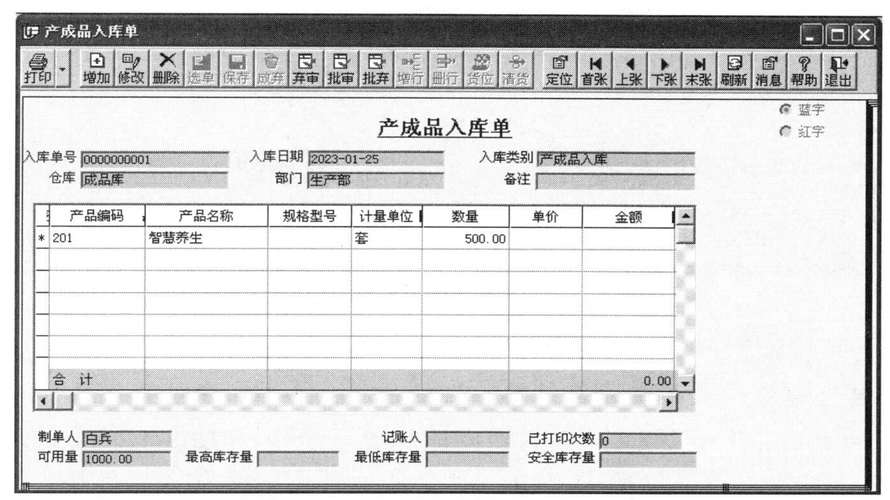

图11.4　填制并审核产成品入库单

步骤6　同理，完成第2张产成品入库单的填制与审核。

工作提示

产成品入库单上无须填写单价，待产成品成本分配后会自动写入。

2．在核算子系统中输入生产总成本并进行产成品成本分配

步骤1　选择“核算”|“核算”|“产成品成本分配”命令，打开“产成品成本分配”对话框。

步骤2　单击“查询”按钮，打开“产成品成本分配表查询”对话框。选中“成品库”复选框，单击“确定”按钮，打开“需要分配的产成品单据选择”对话框。选中“全选”复选框，单击“确定”按钮，系统将符合条件的记录带回产成品成本分配表。

步骤3　在“201　智慧养生”记录行“金额”栏输入80 000。

步骤4　单击“分配”按钮，系统弹出“分配操作顺利完成!”信息提示框。单击“确定”按钮返回，如图11.5所示。

产成品成本分配表

设置 打印 预览 输出 查询 明细 分配 取数 帮助 退出

产成品成本分配表

存货/分类编码	存货/分类名称	规格型号	数量	金额
	存货合计		800.00	80,000.00
2	产成品小计		800.00	80,000.00
201	智慧养生		800.00	80,000.00

图11.5　输入产品成本分配金额并分配产品成本

步骤5　在库存管理子系统中，选择“库存”|“产成品入库单”命令，打开“产成品入库单”对话框，可看到产成品成本分配之后存货单价自动获得，如图11.6所示。

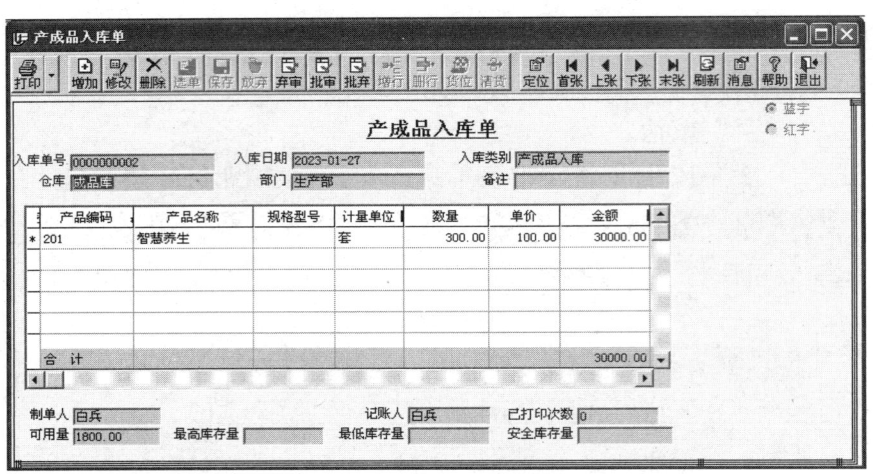

图 11.6　产成品成本分配后得到单价

3．在核算子系统中对产成品入库单进行记账并生成凭证

步骤 1　选择“核算”|“核算”|“正常单据记账”命令，对产成品入库单进行记账处理。

步骤 2　选择“核算”|“凭证”|“购销单据制单”命令，选中“（10）产成品入库单”复选框，生成凭证。在生成凭证界面中，单击“合成”按钮，生成入库凭证，如图 11.7 所示。

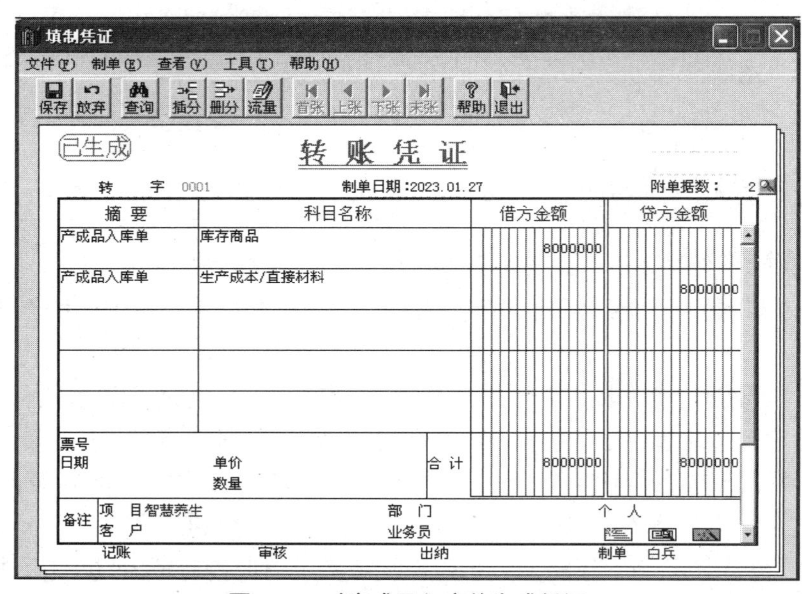

图 11.7　对产成品入库单生成凭证

工作提示

因为凭证上“库存商品”科目和“生产成品/直接材料”科目设置有项目辅助核算，所以凭证保存时需要选择对应的项目才能保存凭证。

工作任务 2　材料领用处理

1．在库存管理子系统中填制材料出库单

操作视频

步骤 1　选择“库存”|“材料出库单”命令，打开“材料出库单”对话框。

步骤 2　单击“增加”按钮，输入出库日期为“2023-01-27”，选择仓库为“材料一库”、部门为“生产部”、出库类别为“材料领用出库”。

步骤 3　选择“101 光盘”，输入数量为 1 000。

步骤 4　单击“保存”按钮，再单击“审核”按钮，如图 11.8 所示。

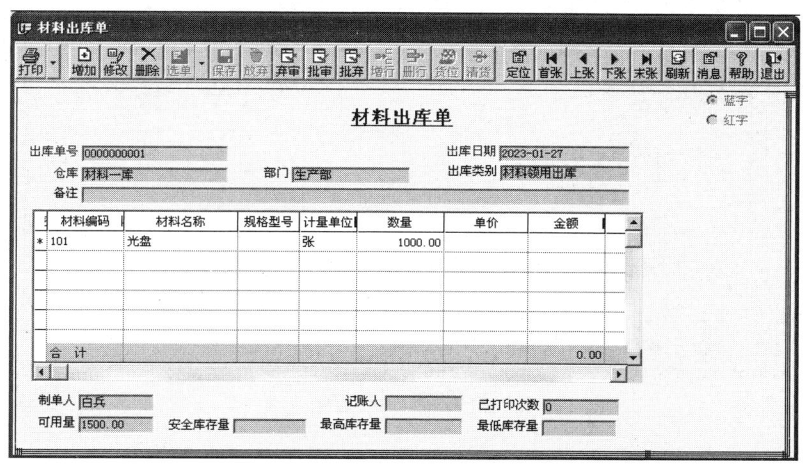

图 11.8　材料出库单

2．在核算子系统中对材料出库单记账并生成凭证

步骤 1　选择“核算”|“核算”|“正常单据记账”命令，对材料出库单进行记账。

步骤 2　选择“核算”|“凭证”|“购销单据制单”命令，选中“(11) 材料出库单”复选框，生成凭证，如图 11.9 所示。

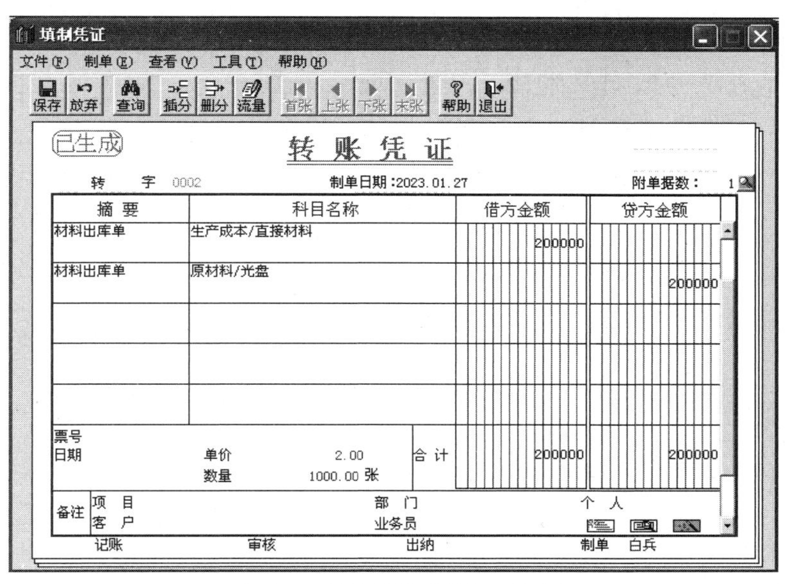

图 11.9　对材料出库单生成凭证

工作任务 3　调拨业务处理

1．在库存管理子系统中填制调拨单

步骤 1　选择“库存”|“库存其他业务”|“调拨单”命令，打开“调拨单”对话框。

步骤 2　单击“增加”按钮，输入日期为“2023-01-27”，选择转出仓库为“成品库”、转入仓库为“材料二库”、出库类别为“其他出库”、入库类别为“其他入库”、经手人为“马小峰”、备注为“暂存”。

步骤 3　选择存货编码为 201，输入数量为 500，单击“保存”按钮，如图 11.10 所示。

图 11.10　调拨单

工作提示

调拨单保存后，系统自动生成其他入库单和其他出库单，且由调拨单生成的其他入库单和其他出库单不得修改和删除。

2．在库存管理子系统中对调拨单生成的其他出入库单进行审核

步骤 1　选择“库存”|“其他入库单”命令，打开“其他入库单”对话框。

步骤 2　找到调拨业务生成的其他入库单，单击“审核”按钮。

步骤 3　用同样方法完成对其他出库单的审核。

3．在核算子系统中对调拨单进行记账

步骤 1　选择“核算”|“核算”|“特殊单据记账”命令，打开“特殊单据记账条件”对话框。

步骤 2　选择单据类型“调拨单”，单击“确定”按钮，打开“特殊单据记账”对话框。

步骤 3　选择要记账的调拨单，单击“记账”按钮。

工作任务 4　盘点业务处理

1．设置收发类别及对应入账科目

步骤 1　在 T3 主界面中选择“基础设置”|“购销存”|“收发类别”命令，打开“收发类别”对话框。

步骤 2　单击“增加”按钮，增加“17 盘盈入库”和“27 盘亏出库”收发类别。

步骤 3　在核算子系统中，选择“核算”|“科目设置”|“存货对方科目”命令，打开“对方科目设置”对话框。设置“17 盘盈入库”的库存对方科目为“190101 待处理流动资产损溢”。

2．在库存管理子系统中增加盘点单

步骤 1　选择“库存”|“库存其他业务”|“盘点单”命令，打开“盘点单”对话框。

步骤 2　单击“增加”按钮，输入日期为“2023-01-30”，选择盘点仓库为“材料一库”、出库类别为“盘亏出库”、入库类别为“盘盈入库”、盘点日期“2023-01-30”。

步骤 3　在表格中选择存货为 101，带出账面数量 500。

步骤4　输入盘点数量为510，然后单击“保存”按钮。

步骤5　单击“审核”按钮，如图11.11所示。然后单击“确定”按钮。

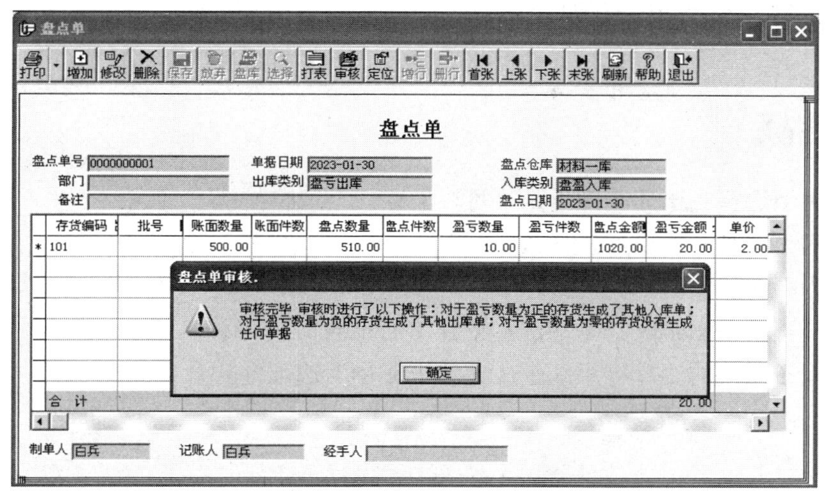

图11.11　盘点单

工作提示

① 盘点单审核后，系统自动生成相应的其他入库单和其他出库单。

② 单击“盘库”按钮，表示选择盘点仓库中所有的存货进行盘点；单击“选择”按钮，表示按存货分类批量选择存货进行盘点。

③ 盘点单中输入的盘点数量是实际库存盘点的结果。

④ 盘点单记账后，不能再取消记账。

2．在库存管理子系统中对盘点单生成的其他入库单进行审核

选择“库存”|“其他入库单”命令，找到盘盈生成的其他入库单，单击“审核”按钮。然后单击“退出”按钮返回。

3．在核算子系统中对其他入库单进行记账并生成凭证

步骤1　选择“核算”|“核算”|“正常单据记账”命令，对其他入库单进行记账。

步骤2　选择“核算”|“凭证”|“购销单据制单”命令，对其他入库单生成凭证，如图11.12所示。

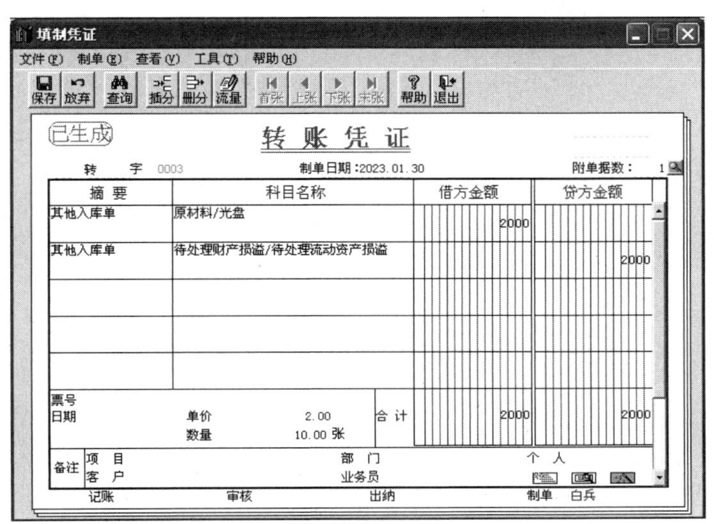

图11.12　对其他入库单生成凭证

工作任务 5　备份账套

全部完成后，备份至“库存管理”账套。

探究与挑战

1. 材料出库单上不选择“出库类别”是否可以？
2. 盘点方法分为哪两种？需要注意什么问题？
3. 库存调拨分为哪两种情况？
4. 哪些单据选择正常单据记账？哪些选择特殊单据记账？
5. 探究库存管理子系统的“库存系统生成销售出库单”选项是何含义。

工作项目 *12*

存货核算

知识目标

1. 了解核算子系统的功能。
2. 了解核算子系统和 T3 其他子系统的数据关联。
3. 阐述出入库调整业务的作用。

技能目标

1. 掌握利用出入库调整单调整存货价格的处理。
2. 掌握暂估入库业务的处理。

工作情境

存货成本直接影响企业的利润水平，尤其在市场经济条件下，存货品种日益更新，存货价格变化较快，管理层更为关心存货的资金占用和周转情况，因此存货核算是企业会计核算的一项重要内容。

库存管理和存货核算管理的对象都是企业的存货，但库存管理侧重于管理存货的出入库和结存数量，存货核算侧重于核算存货的入库成本、出库成本和结存成本。

12.1 知 识 准 备

12.1.1 认识核算子系统

核算子系统主要是从资金的角度管理企业存货的出入库，核算企业存货的入库成本、出库成本和结存成本，及时准确地把各类存货成本归集到各成本项目和成本对象上，为企业的成本核算提供基础数据。

1. 入库业务处理

入库业务包括采购入库、产成品入库和其他入库。

① 采购入库单在采购管理子系统中输入，在核算子系统中可以修改采购入库单上的入库金额，采购入库单上数量的修改则只能在该单据填制的子系统中进行。

② 产成品入库单在填制时一般只填写数量，单价与金额既可以通过修改产成品入库单直接填入，也可以由核算子系统的产成品成本分配功能自动计算填入。

③ 大部分其他入库单都是由相关业务直接生成的，可以通过修改其他入库单的操作对盘盈入库业务生成的其他入库单的单价进行输入或修改。

2. 出库业务处理

出库单据包括销售出库、材料出库和其他出库。

3. 单据记账

单据记账是将所输入的各种出入库单据记入存货明细账、差异明细账等之中。单据记账应注意以下几点。

① 无单价的入库单据不能记账，因此记账前应对暂估入库的成本、产成品入库单的成本进行确认或修改。

② 各个仓库的单据应该按照时间顺序记账。

③ 已记账单据不能修改和删除。如果发现已记账单据有错误，则在本月未结账状态下可以取消记账；如果已记账单据已生成凭证，就不能取消记账，除非先删除相关凭证。

4. 调整业务

出入库单据记账后，如果发现单据金额输入错误，则通常采用修改方式进行调整。但如果遇到由于暂估入库后发生零出库业务等原因所造成的出库成本不准确或库存数量为 0，而仍有库存金额的情况，就需要利用调整单据进行调整。

调整单据包括入库调整单和出库调整单。它们都只针对当月存货的出入库成本进行调整，并且只调整存货的金额，不调整存货的数量。

出入库调整单保存即记账，因此已保存的单据不可修改、删除。

5. 暂估处理

核算子系统中对采购暂估入库业务提供了月初回冲、单到回冲、单到补差 3 种处理方式，一旦选择就不可修改。无论采用哪种方式，都要遵循以下步骤，即待采购发票到达后，在采购管理子系统中填制发票并进行采购结算，然后在核算子系统中完成暂估入库业务成本处理。

6. 生成凭证

在核算子系统中，可以将各种出入库单据中涉及存货增减和价值变动的单据生成凭证传递到总账子系统。

对比较规范的业务，在核算子系统的初始设置中可以事先设置好凭证上的存货科目和对方科目，系统会自动采用这些科目生成相应的出入库凭证，并传递到总账子系统。

7. 综合查询

核算子系统中提供了存货明细账、总账、出入库流水账、入库汇总表、出库汇总表、差异（差价）分摊表、收发存汇总表、存货周转率分析表、入库成本分析表、暂估材料余额分析表等多种分析统计账表。

12.1.2 核算子系统和 T3 其他子系统之间的数据关联

核算子系统可对采购管理子系统的采购入库单、对销售管理子系统的销售出库单、对库存管理子系统的各种出入库单据进行记账处理，并针对购销业务、客户往来业务、供应商往来业务制单生成凭证传递给总账子系统。

核算子系统和 T3 其他子系统之间的数据关联如图 12.1 所示。

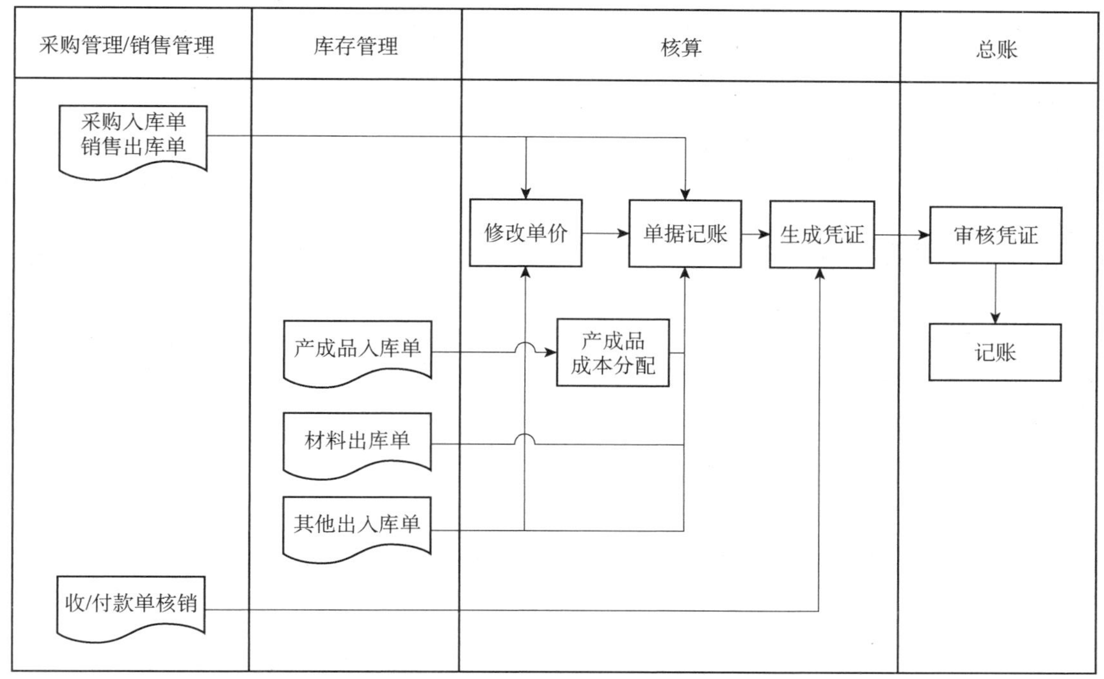

图 12.1　核算子系统和 T3 其他子系统之间的数据关联

12.2　实训 14：存货核算

实训目的

① 了解核算子系统的功能。

② 了解核算子系统和 T3 其他子系统之间的数据关联。

③ 熟悉核算子系统的业务处理。

实训重点

① 掌握利用出入库调整单调整存货价格业务的处理。

② 掌握暂估入库业务的处理。

实训准备

以系统管理员的身份引入“购销存初始化”账套。

实训内容

1．入库调整业务

① 1 月 20 日，向立丰达公司订购的光盘 2 000 张到货，入材料一库。收到增值税专用发票一张，发票号为 1001，载明单价为 2 元/张。

② 1 月 25 日，将 20 日发生的采购光盘的入库成本减少 400 元。

2．暂估入库业务

① 1 月 25 日，收到利兴科技提供的原纸 800 包，入材料二库。

② 1 月 30 日，发票仍未收到，确定该批货物的暂估成本为 35 元/包并进行暂估记账处理。

3．备份账套

实训指导

操作视频

工作任务 1　入库调整业务

1．办理采购入库

步骤 1　1 月 20 日，以 1101 账套主管的身份进入 T3。

步骤 2　在采购管理子系统中，选择“采购”|“采购入库单”命令，输入采购入库单。

步骤 3　在库存管理子系统中，选择“库存”|“采购入库单审核”命令，审核采购入库单。

步骤 4　在采购管理子系统中，选择“采购”|“采购发票”命令，输入采购专用发票.与入库单进行采购结算，最后复核采购专用发票。

步骤 5　在核算子系统中对采购入库单进行正常单据记账并生成入库凭证。

步骤 6　在核算子系统中对采购发票生成凭证。

2．调整入库成本

步骤 1　1 月 25 日，在核算子系统中，选择“核算”|“入库调整单”命令，打开“入库调整单”对话框。

步骤 2　单击“增加”按钮，选择“材料一库”，输入日期为“2023-01-25”，选择收发类别为“采购入库”、部门为“采购部”、供应商为“立丰达”。

步骤 3　选择存货编码为 101，调整金额为-400。然后单击“保存”按钮，如图 12.2 所示。

图 12.2　入库调整单

工作提示

入库调整单是对存货的入库成本进行调整的单据，既可针对单据进行调整，也可针对存货进行调整。

步骤 4　在核算子系统中，选择“核算”|“凭证”|“购销单据制单”命令，选择对入库调整单生成凭证，如图 12.3 所示。

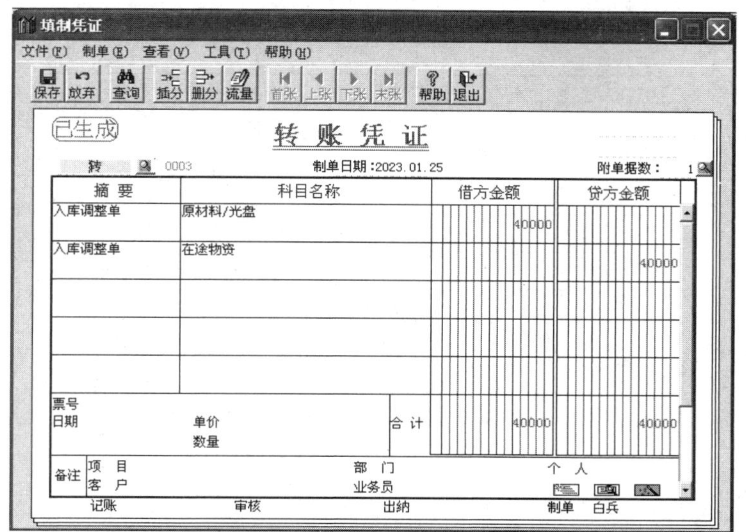

图 12.3　对入库调整单生成凭证

步骤 5　选择“核算”|“账表”|“入库汇总表”命令，查看材料一库“光盘”的入库金额为 3 600 元，而不再是 4 000 元，如图 12.4 所示。

入库汇总统计信息

设置　打印　预览　输出　查询　格式　隐藏　固定　列　帮助　退出

入库汇总表

汇总依据：仓库编码+存货编码+存货代码+计量单位+规格型号+自定义项1+自定义项2+自定义项3

查询条件：仓库 在 (材料一库)中

仓库编码	存货编码	存货代码	计量单位	规格型号	自定义项1	自定义项2	自定义项3	数量	单价	金额
1 (材料一库)	101 (光盘)		张					2,000.00	1.80	3,600.00
1 (材料一库)小计								2,000.00		3,600.00
合计								2,000.00		3,600.00

图 12.4　入库汇总表

工作任务 2　暂估入库业务

1．办理入库

步骤 1　在采购管理子系统中填制采购入库单。采购入库单无须填写单价。

步骤 2　在库存管理子系统中审核采购入库单。

2．月末发票未到，进行暂估记账

步骤 1　1 月 30 日，在核算子系统中，选择“核算”|“采购入库单”命令，打开“采购入库单”对话框。单击“修改”按钮，输入原纸暂估单价为 35。然后单击“保存”按钮。

步骤 2　选择“核算”|“核算”|“正常单据记账”命令，对采购入库单进行记账。

步骤 3　选择“核算”|“凭证”|“购销单据制单”命令，选择“采购入库单（暂估记账）”生成凭证，如图 12.5 所示。

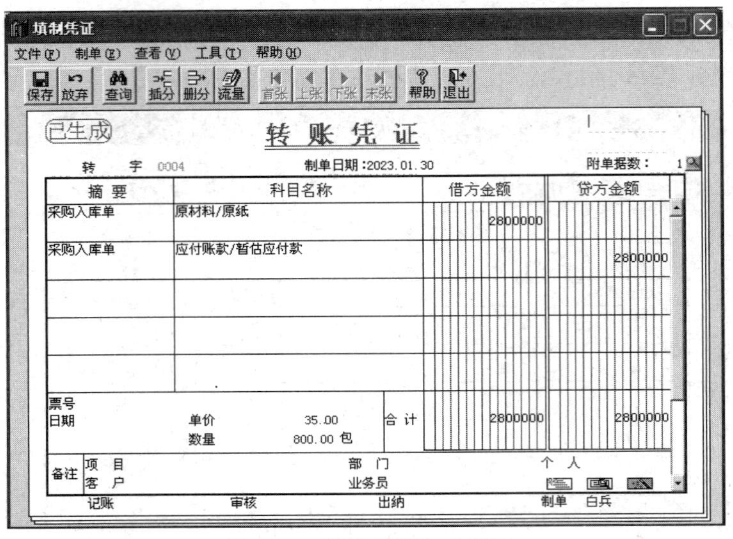

图 12.5　暂估入库生成凭证

工作任务 3　备份账套

全部完成后，备份至“存货核算”账套。

探究与挑战

1. 本企业默认的暂估方式是哪一种？暂估方式能修改吗？
2. 哪些情况会用到出库调整单？
3. 采购入库单（暂估记账）和采购入库单（报销记账）的区别在哪里？
4. 单据记账后能取消吗？
5. 核算子系统生成的凭证能删除吗？

附录

综合实训模拟试卷

注意事项

1．本试卷共100分，考试时间为60分钟。

2．考试软件系统为畅捷通T3，考查考生对畅捷通T3中总账、财务报表等子系统的应用能力。

3．畅捷通T3中已加载账套“华元科技有限公司”。其初始信息考生可到考试账套中查看，不需要重新建立账套，直接在该账套上进行操作即可。

4．部分初始化资料已经建好，考生不需要输入。需要输入和处理的资料用黑体，请考生注意审题。

5．在考试过程中如果遇到题中未提供的信息或未做要求的内容，可以不填写或使用系统默认值。

6．考试结束后不需要备份账套。

一、企业基本情况

1．华元科技有限公司简称华元科技。该企业属于工业企业，从事软件、硬件和相关产品的生产及销售，采用《小企业会计准则》科目核算体系。

2．企业经国家税务部门认定为增值税一般纳税人企业，增值税税率为13%，购入存货负担的运费增值税抵扣率为9%，城市维护建设税税率为7%，教育费附加税率为3%。

3．存货采用实际成本法核算，产品成本核算采用品种法。

4．会计核算中涉及的单位成本、费用分配率计算均保留2位小数。

5．该公司开设的系统模块包括总账、现金、报表等。初始设置的登录时间均为2022年6月1日，所有单据及凭证请严格按照序时的原则在业务发生当日登录，依次在相应子系统生成凭证并传递至总账子系统。

二、账套信息

1．账套代码：503

2．账套名称：华元科技有限公司

3．启用会计期：2022年6月

4．单位名称：华元科技有限公司，简称华元科技

单位地址：北京市朝阳区光华路3号

法人代表：孙云

联系电话及传真：010-85905203

纳税人识别号：91120109836531582C

5．核算信息：本币代码为RMB；本币名称为“人民币”。企业类型为“工业”。采用2013年《小企业会计准则》科目核算体系。

6．分类信息：存货、企业客户需要分类管理，企业有外币核算，业务流程均使用标准流程。

7．编码规则：科目编码级次为4222；客户分类编码级次为122；地区分类编码级次为12；存货分类编码级次为122。

8．数据精度：小数位均为2。

9．系统启用：启用总账子系统，启用会计期间为 2022-06-01。

10．凭证类别：记账凭证。

三、初始设置

增加操作员并分配权限。

编　号	姓　名	部　门	职　责
201	白冰	财务部	账套主管。负责系统日常运行管理，具有全部权限
202	李岩	财务部	会计。负责总账、公用目录设置等模块
203	**周涛**	**财务部**	**出纳。对凭证进行出纳签字，现金管理**

初始操作员口令均为空。（1.0 分）

四、基础信息设置

（一）企业内部基本资料

1．本企业部门档案（2.0 分）

部门编码	部门名称	负责人
1	企管部	孙云
2	财务部	白冰
3	**采购部**	**王玉林**
4	**销售部**	**王先进**
5	生产部	马小峰

2．职员档案（2.0 分）

编　号	姓　名	部　门
101	孙云	企管部
201	白冰	财务部
202	李岩	财务部
203	周涛	财务部
301	**王玉林**	**采购部**
401	**王先进**	**销售部**
501	马小峰	生产部
502	郭平	生产部

3．地区分类（2.0 分）

地区分类编码	地区分类名称
1	**华北**
2	**华南**

（二）企业客户及供应商资料

1．客户分类（1.0 分）

客户分类编码	客户分类名称
1	批发商
2	**零售商**

2．客户档案（2.0 分）

编　号	客户名称	简　称	所属分类码	所属地区码	税　号	开户银行	账　号	分管部门	专管业务员
001	北京汇丰集团	北京汇丰	1	1	911201045843214572	中行北京分行	6892311014-65	销售部	王先进
002	**广州祥瑞技术有限公司**	**广州祥瑞**	**2**	**2**	**913494298391015843**	**中行广州分行**	**4942100031-29**	**销售部**	**王先进**

3．供应商分类

本企业供应商长期稳定，不需要分类管理。

4．供应商档案（2.0 分）

编号	供应商名称	简称	所属分类	所属地区码	税　号	开户银行	账　号	分管部门	分管业务员
001	吉欣成商贸有限公司	吉欣成	00	2	9127130432863254126	中行北京分行	10452365241-13	采购部	王玉林
002	**利台科技有限公司**	**利台**	**00**	**1**	**9127110652365236547**	**中行广州分行**	**10696334352-48**	**采购部**	**王玉林**

（三）企业财务信息

1．外币种类（1.0 分）

本企业采用固定汇率核算外币，外币只涉及美元一种，美元币符假设为$，2022 年 6 月初汇率为 6.80。

2．常用会计科目及期初余额（5.0 分）

科目编号及名称	辅助核算	方　向	币别/计量
1001 库存现金	日记账	借	
1002 银行存款	银行账、日记账	借	
100201 中行存款	银行账、日记账	借	
10020101 人民币户	银行账、日记账	借	
10020102 美元户	**银行账、日记账**	借	**美元**
1122 应收账款	**客户往来**	借	
1123 预付账款	**供应商往来**	借	
1221 其他应收款		借	
122101 备用金	部门核算	借	
122102 应收个人款	**个人往来**	借	
1403 原材料		借	
140301 光盘	**数量核算——张**	借	

（续表）

科目编号及名称	辅助核算	方　向	币别/计量
140302 复印纸	**数量核算——包**	借	
2201 应付票据	**供应商往来**	贷	
2202 应付账款	**供应商往来**	贷	
2203 预收账款	**客户往来**	贷	
2221 应交税费		贷	
222101 应交增值税		贷	
22210101 进项税额		贷	
22210105 销项税额		贷	
3104 利润分配		贷	
310415 未分配利润		贷	
4001 生产成本		借	
400101 直接材料	**项目核算**	借	
400102 直接人工	**项目核算**	借	
400103 制造费用	**项目核算**	借	
400104 其他	**项目核算**	借	
400105 生产成本转出	**项目核算**	借	
4101 制造费用		借	
410101 工资		借	
410102 折旧费		借	
410103 其他		借	
5001 主营业务收入	项目核算	贷	
5401 主营业务成本	项目核算	借	
5601 销售费用		借	
560101 工资		借	
560102 福利费		借	
560103 办公费		借	
560104 差旅费		借	
560105 招待费		借	
560106 折旧费		借	
560107 其他		借	
5602 管理费用		借	
560201 工资	**部门核算**	借	
560202 福利费	**部门核算**	借	
560203 办公费	**部门核算**	借	
560204 差旅费	**部门核算**	借	
560205 招待费	**部门核算**	借	
560206 折旧费	**部门核算**	借	
560207 其他		借	

利用增加、修改或成批复制等功能完成对会计科目的编辑，**最后指定现金、银行存款等会计科目**。

3．凭证类别

凭证类别：记账凭证。

4．项目分录（5.0 分）

项目大类	产　品	
项目分类	教学课件开发	
核算科目	项目	
	01 会计电算化实验教程	02 ERP 经典案例
400101 直接材料	是	
400102 直接人工	是	
400103 制造费用	是	
400104 其他	是	
400105 生产成本转出	是	
5001 主营业务收入	是	
5401 主营业务成本	是	

（四）企业收付结算方式

1．结算方式（2.0 分）

结算方式编码	结算方式名称	票据管理
1	现金结算	否
2	支票结算	否
201	**现金支票**	**是**
202	**转账支票**	**是**

2．付款条件（1.0 分）

编　码	信用天数	优惠天数 1	优惠率 1	优惠天数 2	优惠率 2
01	30	5	2		
02	**60**	**5**	**4**	**15**	2

3．企业银行信息

编码为 01，名称为“中国银行北京分行朝阳分理处”，账号为 63412563。

五、总账管理

本企业总账子系统参数（2.0 分）

选项卡	参数设置
凭证	制单序时控制 **支票控制** 资金及往来赤字控制 允许修改、作废他人填制的凭证 可以使用其他子系统受控科目 凭证编号方式采用系统编号 **出纳凭证必须经由出纳签字** 允许看他人填制的凭证 打印凭证页脚姓名 外币核算采用固定汇率

（续表）

选项卡	参数设置
账簿	账簿打印位数按软件的标准设置 明细账查询权限控制到科目 明细账打印按年排页
会计日历	会计日历为 1 月 1 日—12 月 31 日
其他	**数量小数位和单价小数位设为 2 位，部门、个人、项目按编码方式排序**

六、本企业期初余额（8.0 分）

科目编号及名称	辅助核算	方　向	币别/计量	期初余额/元
1001 库存现金	日记账	借		18 783.61
1002 银行存款	银行账、日记账	借		318 941.19
100201 中行存款	银行账、日记账	借		318 941.19
10020101 人民币户	银行账、日记账	借		237 341.19
10020102 美元户	银行账、日记账	借		**81 600**
		借	美元	**12 000**
1122 应收账款	客户往来	借		22 600
1221 其他应收款		借		4 800
122102 应收个人款	个人往来	借		**4 800**
1403 原材料		借		37 700
140301 光盘		借		**2 700**
	数量核算——张	借		**1 500**
140302 复印纸		借		**35 000**
	数量核算——包	借		**1 000**
1405 库存商品		借		55 600
1601 固定资产		借		362 300
1602 累计折旧		贷		**63 764.80**
2001 短期借款		贷		240 000
2202 应付账款	供应商往来	贷		**3 600**
2221 应交税费		贷		
222101 应交增值税		贷		
22210101 进项税额		贷		**–19 620**
22210105 销项税额		贷		48 320
3001 实收资本		贷		450 000
3104 利润分配		贷		34 660
310415 未分配利润		贷		34 660

辅助账期初明细数据如下。

① 1122 应收账款期初余额借方 22 600 元，明细数据如下表。

日　期	发票号	凭证号	客　户	摘　要	方　向	金额/元	业务员
2022-05-26	FP0101	记-25	北京汇丰	期初数据	借	22 600	王先进

② 122102 应收个人款期初余额借方 4 800 元，明细数据如下表。

日　期	凭证号	部　门	个　人	摘　要	方　向	期初余额/元
2022-05-28	记-105	企管部	孙云	出差借款	借	4 800

③ 应付账款（2202）期初余额贷方 3 600 元，明细数据如下表。

日　期	发票号	凭证号	供应商	摘要	方　向	金额/元	业务员
2022-05-28	FP0102	记-67	吉欣成	期初数据	贷	3 600	王玉林

考试内容

操作要求：以会计人员的身份进行日常业务处理工作，登录系统为业务发生日期。

一、日常业务

第 1 题　6 月 1 日，销售部王先进报销招待费 2 500 元，以现金支付。（摘要：报销招待）(3.0 分)

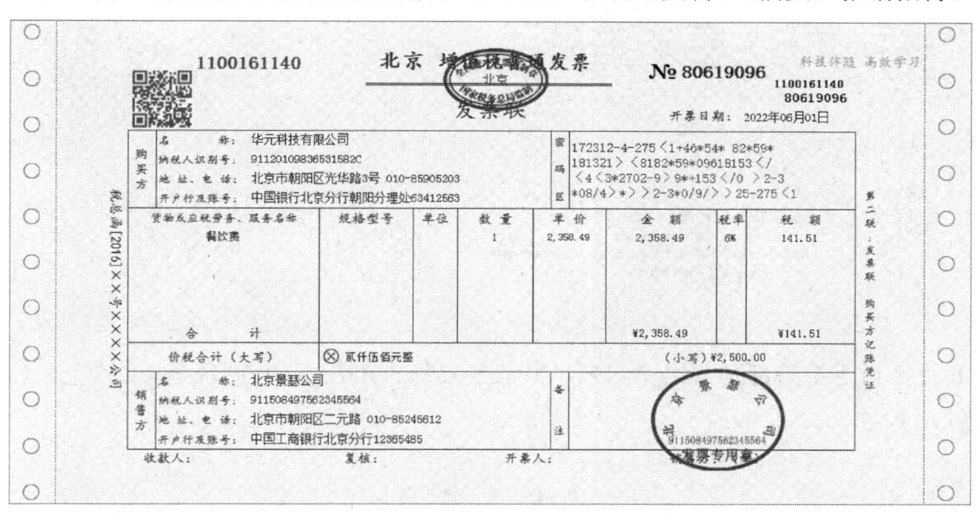

1100161140　北京增值税普通发票　№ 80619096

发票联

1100161140
80619096

开票日期：2022年06月01日

购买方　名　　称：华元科技有限公司
纳税人识别号：91120109836531582C
地 址、电 话：北京市朝阳区光华路3号 010-85905203
开户行及账号：中国银行北京分行朝阳分理处63412563

密码区：172312-4-275 <1+46*54* 82*59* 181321 > <8182*59*09618153 </ <4 <3*2702-9 > 9*+153 </0 >2-3 *08/4 > * > > 2-3*0/9/ > > 25-275 <1

货物或应税劳务、服务名称	规格型号	单位	数量	单价	金额	税率	税额
餐饮费			1	2,358.49	2,358.49	6%	141.51
合　计					¥2,358.49		¥141.51

价税合计（大写）⊗ 贰仟伍佰元整　（小写）¥2,500.00

销售方　名　　称：北京景瑟公司
纳税人识别号：911508497562345564
地 址、电 话：北京市朝阳区二元路 010-85245612
开户行及账号：中国工商银行北京分行12365485

备注

收款人：　复核：　开票人：

税总函[2016]××号××××公司

第二联：发票联　购买方记账凭证

第 2 题　6 月 2 日，财务部周涛从中行人民币户提取现金 10 000 元，作为备用金。（摘要：提现备用）(3.0 分)

第 3 题　6 月 4 日，收到吉欣成商贸有限公司投资资金 20 000 美元，汇率为 1∶6.80。（摘要：接受投资）(3.0 分)

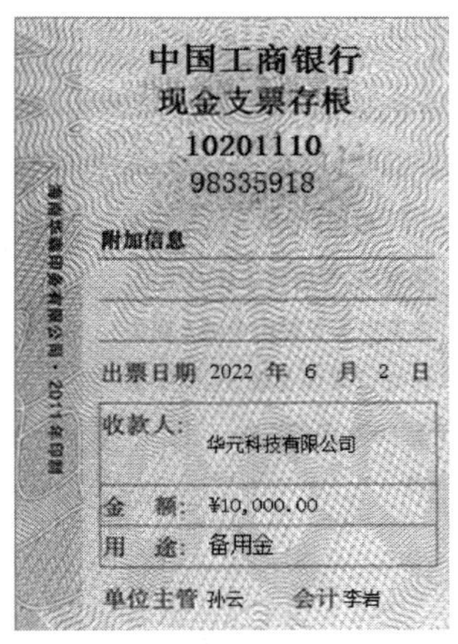

中国工商银行
现金支票存根
10201110
98335918

附加信息

出票日期 2022 年 6 月 2 日

收款人：华元科技有限公司

金　额：¥10,000.00

用　途：备用金

单位主管 孙云　会计 李岩

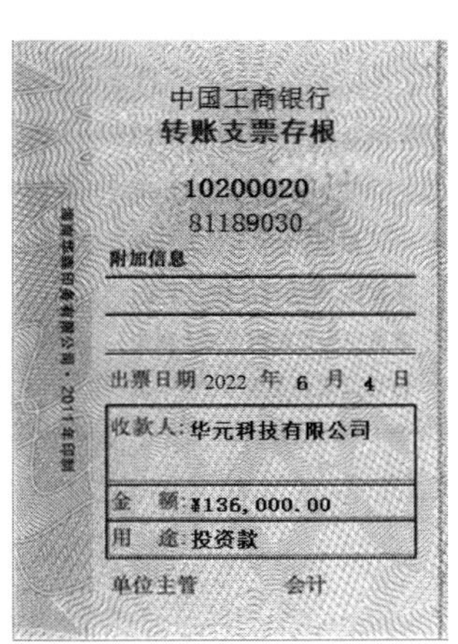

中国工商银行
转账支票存根
10200020
81189030

附加信息

出票日期 2022 年 6 月 4 日

收款人：华元科技有限公司

金　额：¥136,000.00

用　途：投资款

单位主管　会计

第 4 题　6 月 5 日，企管部购办公用品 800 元，付现金。（摘要：购买办公用品）(3.0 分)

1100151140　北京增值税专用发票　№ 76100902　1100151140　76100902

抵扣联

开票日期：2022年06月05日

购买方	名称：华元科技有限公司 纳税人识别号：91120109836531582C 地址、电话：北京市朝阳区光华路3号 010-85905203 开户行及账号：中国银行北京分行朝阳分理处63412563				密码区	172312-4-275<1+46*54* 82*59* 181321><8182*59*09618153</ <4<3*2702-9>9*+153</0 >2-3 *08/4>*>>2-3*0/9/>>25-275<1		
货物或应税劳务、服务名称	规格型号	单位	数量	单价	金额	税率	税额	
文印品			1	800.00	800.00	13%	104.00	
合计					¥800.00		¥104.00	
价税合计（大写）	⊗玖佰零肆元整				（小写）¥904.00			
销售方	名称：北京灵溪商贸销售公司 纳税人识别号：91151252645990020 地址、电话：北京市西城区木樨地北里甲11号 010-54453636 开户行及账号：中国招商银行011025254004				备注			

收款人：　复核：　开票人：　销售方：（章）

税总函[2016]××号××××公司

第二联：抵扣联　购买方扣税凭证

1100151140　北京增值税专用发票　№ 76100902　1100151140　76100902

发票联

开票日期：2022年06月05日

购买方	名称：华元科技有限公司 纳税人识别号：91120109836531582C 地址、电话：北京市朝阳区光华路3号 010-85905203 开户行及账号：中国银行北京分行朝阳分理处63412563				密码区	172312-4-275<1+46*54* 82*59* 181321><8182*59*09618153</ <4<3*2702-9>9*+153</0 >2-3 *08/4>*>>2-3*0/9/>>25-275<1		
货物或应税劳务、服务名称	规格型号	单位	数量	单价	金额	税率	税额	
文印品			1	800.00	800.00	13%	104.00	
合计					¥800.00		¥104.00	
价税合计（大写）	⊗玖佰零肆元整				（小写）¥904.00			
销售方	名称：北京灵溪商贸销售公司 纳税人识别号：91151252645990020 地址、电话：北京市西城区木樨地北里甲11号 010-54453636 开户行及账号：中国招商银行011025254004				备注			

收款人：　复核：　开票人：　销售方：（章）

税总函[2016]××号××××公司

第三联：发票联　购买方记账凭证

第 5 题　6 月 8 日，企管部孙云出差归来，报销差旅费 3 800 元，交回现金 1 000 元。（摘要：报销差旅费）(3.0 分)

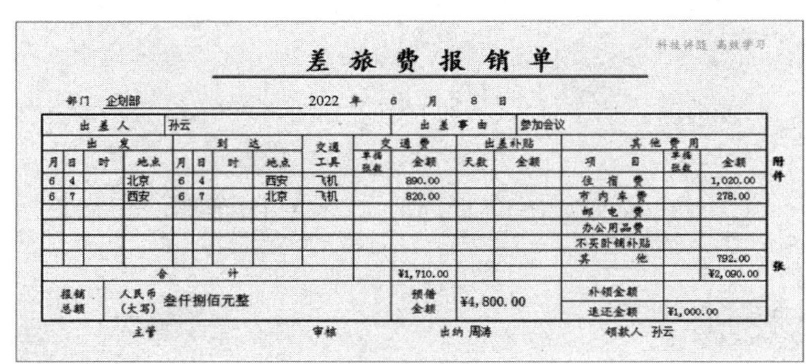

差旅费报销单

部门 企划部　2022 年 6 月 8 日

出差人	孙云												出差事由	参加会议		
出发				到达				交通工具	交通费		出差补贴		其他费用			
月	日	时	地点	月	日	时	地点		单据张数	金额	天数	金额	项目		单据张数	金额
6	4		北京	6	4		西安	飞机		890.00			住宿费			1,020.00
6	7		西安	6	7		北京	飞机		820.00			市内车费			278.00
													邮电费			
													办公用品费			
													不买卧铺补贴			
													其他			792.00
合计										¥1,710.00						¥2,090.00
报销总额	人民币（大写）叁仟捌佰元整								预借金额		¥4,800.00		补领金额			
													退还金额		¥1,000.00	

附件　张

主管　审核　出纳 周涛　领款人 孙云

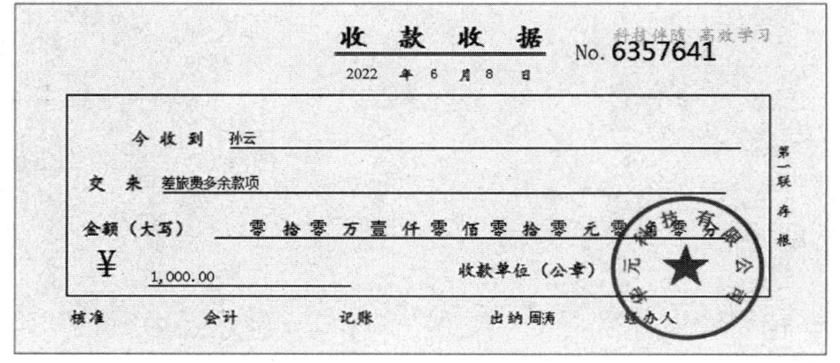

收款收据　No. 6357641

2022 年 6 月 8 日

今收到 孙云

交来 差旅费多余款项

金额（大写）零拾零万壹仟零佰零拾零元零角零分

¥ 1,000.00　收款单位（公章）

核准　会计　记账　出纳 周涛　经办人

第一联 存根

第 6 题　6 月 10 日，财务部购买复印机一台，价值 25 000 元，增值税税额 3 250 元，净残值率 4%，预计使用年限 5 年。以银行转账支票支付。（摘要：购买复印机）（3.5 分）

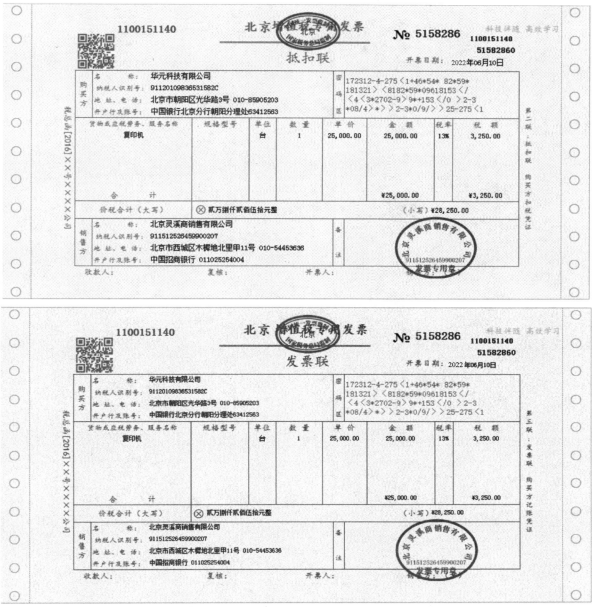

1100151140　　北京增值税专用发票　　№ 5158286　　1100151140　51582860

抵扣联　　开票日期：2022年06月10日

税总函[2016]××号××××公司

购买方	名　　称：华元科技有限公司 纳税人识别号：91120109836531582C 地址、电话：北京市朝阳区光华路3号 010-85905203 开户行及账号：中国银行北京分行朝阳分理处63412563	密码区	172312-4-275＜1+46*54* 82*59* 181321＞＜8182*59*09618153＜/ ＜4＜3*2702-9＞9*+153＜/0 ＞2-3 *08/4＞*＞＞2-3*0/9/＞＞25-275＜1

货物或应税劳务、服务名称	规格型号	单位	数量	单价	金额	税率	税额
复印机		台	1	25,000.00	25,000.00	13%	3,250.00
合　　计					¥25,000.00		¥3,250.00
价税合计（大写）	⊗贰万捌仟贰佰伍拾元整				（小写）¥28,250.00		

销售方	名　　称：北京灵溪商销售有限公司 纳税人识别号：911512526459900207 地址、电话：北京市西城区木樨地北里甲11号 010-54453636 开户行及账号：中国招商银行 011025254004	备注	北京灵溪商销售有限公司 911512526459900207 发票专用章

收款人：　　复核：　　开票人：　　销售方：（章）

第二联：抵扣联　购买方扣税凭证

1100151140　　北京增值税专用发票　　№ 5158286　　1100151140　51582860

发票联　　开票日期：2022年06月10日

税总函[2016]××号××××公司

购买方	名　　称：华元科技有限公司 纳税人识别号：91120109836531582C 地址、电话：北京市朝阳区光华路3号 010-85905203 开户行及账号：中国银行北京分行朝阳分理处63412563	密码区	172312-4-275＜1+46*54* 82*59* 181321＞＜8182*59*09618153＜/ ＜4＜3*2702-9＞9*+153＜/0 ＞2-3 *08/4＞*＞＞2-3*0/9/＞＞25-275＜1

货物或应税劳务、服务名称	规格型号	单位	数量	单价	金额	税率	税额
复印机		台	1	25,000.00	25,000.00	13%	3,250.00
合　　计					¥25,000.00		¥3,250.00
价税合计（大写）	⊗贰万捌仟贰佰伍拾元整				（小写）¥28,250.00		

销售方	名　　称：北京灵溪商销售有限公司 纳税人识别号：911512526459900207 地址、电话：北京市西城区木樨地北里甲11号 010-54453636 开户行及账号：中国招商银行 011025254004	备注	北京灵溪商销售有限公司 911512526459900207 发票专用章

收款人：　　复核：　　开票人：　　销售方：（章）

第三联：发票联　购买方记账凭证

中国银行
转账支票存根

10401120
14114377

附加信息

出票日期　2022 年 06 月 10 日

收款人：北京灵溪商销售有限公司
金　额：¥28,250.00
用　途：购买复印机

单位主管　　会计

第 7 题　6 月 12 日，收到利台公司《ERP 经典案例》500 套，单价 22 元/套，收到对方开具的增值税专用发票。材料直接入库，开出转账支票支付货款。（摘要：材料入库并付款）（4.0 分）

1100151140　　北京增值税专用发票　　№ 37867235　1100151140　37867235

发票联　　开票日期：2022年06月12日

购买方	名称：华元科技有限公司 纳税人识别号：91120109836531582C 地址、电话：北京市朝阳区光华路3号 010-85905203 开户行及账号：中国银行北京分行朝阳分理处63412563	密码区	172312-4-275<1+46*54* 82*59*181321><8182*59*09618153</<4<3*2702-9>9*+153</0 >2-3*08/4>*>>2-3*0/9/>>25-275<1

货物或应税劳务、服务名称	规格型号	单位	数量	单价	金额	税率	税额
ERP经典案例		套	500	22.00	11,000.00	13%	1,430.00
合计					¥11,000.00		¥1,430.00
价税合计（大写）	⊗壹万贰仟肆佰叁拾元整				（小写）¥12,430.00		

销售方	名称：利台公司 纳税人识别号：912110652365236547 地址、电话：广州市西城区白广路7号 010-25654454 开户行及账号：中行广州分行 10696334352-48	备注	912110652365236547 发票专用章

收款人：　　复核：赵雪　　开票人：赵雪　　销售方：（章）

第二联：发票联　购买方记账凭证

税总函[2016]××号××××公司

1100151140　　北京增值税专用发票　　№ 37867235　1100151140　37867235

发票联　　开票日期：2022年06月12日

购买方	名称：华元科技有限公司 纳税人识别号：91120109836531582C 地址、电话：北京市朝阳区光华路3号 010-85905203 开户行及账号：中国银行北京分行朝阳分理处63412563	密码区	172312-4-275<1+46*54* 82*59*181321><8182*59*09618153</<4<3*2702-9>9*+153</0 >2-3*08/4>*>>2-3*0/9/>>25-275<1

货物或应税劳务、服务名称	规格型号	单位	数量	单价	金额	税率	税额
ERP经典案例		套	500	22.00	11,000.00	13%	1,430.00
合计					¥11,000.00		¥1,430.00
价税合计（大写）	⊗壹万贰仟肆佰叁拾元整				（小写）¥12,430.00		

销售方	名称：利台公司 纳税人识别号：912110652365236547 地址、电话：广州市西城区白广路7号 010-25654454 开户行及账号：中行广州分行 10696334352-48	备注	912110652365236547 发票专用章

收款人：　　复核：赵雪　　开票人：赵雪　　销售方：（章）

第三联：发票联　购买方记账凭证

税总函[2016]××号××××公司

入　库　单

No. 40978460

供货单位：利台公司　　2022 年 6 月 12 日

编号	品名	规格	单位	数量	单价	金额	备注
	ERP经典案例		套	500		0.00	
合计						0.00	

仓库主管：　　记账：　　保管：　　经手人：　　制单：王玉林

中国银行
转账支票存根

10401120
14114378

附加信息

出票日期　2022 年 06 月 12 日

收款人：利台公司

金　额：¥12,430.00

用　途：货款

单位主管　　会计

第 8 题　6 月 15 日，收到 10 000 元转账支票一张，为北京汇丰的预付款。（摘要：预收款）（3.0 分）

中国工商银行　转账支票　10400020 56548499

出票日期（大写）　贰零贰贰 年 零陆 月 壹拾伍 日　付款行名称：中行北京分行

收款人：华元科技有限公司　出票人账号：6892311014-65

付款期限自出票之日起十天

人民币（大写）	壹万元整	亿	千	百	十	万	千	百	十	元	角	分
					¥	1	0	0	0	0	0	0

用途　预付款　　密码　9887857065111555

上列款项请从
我账户内支付
出票人签章　北京汇丰财务专用章　张威印　　复核　　记账

第 9 题　6 月 16 日，销售给北京汇丰 180 套《会计电算化实验教程》，售价为 58 元/套，并开具增值税专用发票。对方已用转账支票支付余款。（摘要：销售商品）（3.5 分）

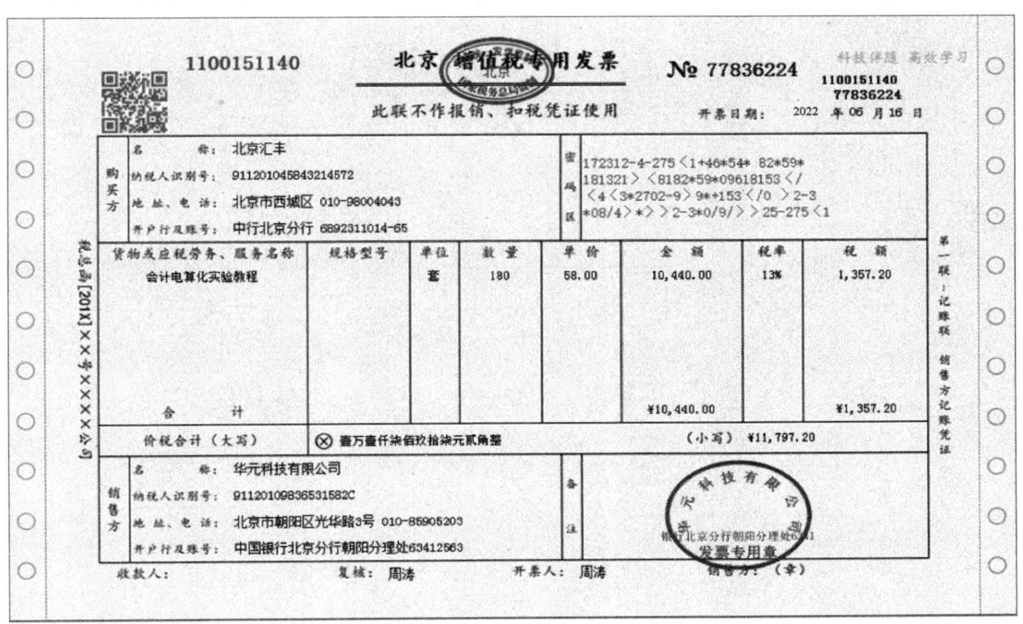

1100151140　北京增值税专用发票　№ 77836224　1100151140 77836224

此联不作报销、扣税凭证使用　　开票日期：2022 年 06 月 16 日

购买方	名　　称：北京汇丰 纳税人识别号：911201045843214572 地 址、电 话：北京市西城区 010-98004043 开户行及账号：中行北京分行 6892311014-65	密码区	172312-4-275<1+46*54* 82*59* 181321><8182*59*09618153</ <4<3*2702-9>9*+153</0 >2-3 *08/4>*>>2-3*0/9/>>25-275<1

货物或应税劳务、服务名称	规格型号	单位	数量	单价	金额	税率	税额
会计电算化实验教程		套	180	58.00	10,440.00	13%	1,357.20
合　　计					¥10,440.00		¥1,357.20
价税合计（大写）	⊗壹万壹仟柒佰玖拾柒元贰角整				（小写）¥11,797.20		

销售方	名　　称：华元科技有限公司 纳税人识别号：91120109836531582C 地 址、电 话：北京市朝阳区光华路3号 010-85905203 开户行及账号：中国银行北京分行朝阳分理处63412563	备注	华元科技有限公司 发票专用章

收款人：　　复核：周涛　　开票人：周涛　　销售方：（章）

第一联：记账联　销售方记账凭证

科技伴随 高效学习

出 库 单

No. 52129179

购货单位：北京汇丰　　2022 年 6 月 16 日

编号	品名	规格	单位	数量	单价	金额	备注
	会计电算化实验教程		套	180		0.00	
	合			计		0.00	

仓库主管：　记账：　保管：　经手人：王先进　制单：

第一联 存根联

中国工商银行 转账支票

10400020
56548499

付款期限自出票之日起十天

出票日期（大写）贰零贰贰 年 零陆 月 壹拾陆 日　付款行名称：中行北京分行

收款人：华元科技有限公司　出票人账号：6892311014-65

人民币（大写）	亿	千	百	十	万	千	百	十	元	角	分
壹仟柒佰玖拾柒元贰角整					¥	1	7	9	7	2	0

用途 货款　密码 9887857065111555

上列款项请从

我账户内支付

出票人签章　北京汇丰财务专用章　张威印　复核　记账

第 10 题　6 月 20 日，购入办公用房，增值税发票上注明价款为 800 000 元、增值税税额为 104 000 元。开出转账支票支付 904 000 元。（摘要：购入固定资产）（4.0 分）

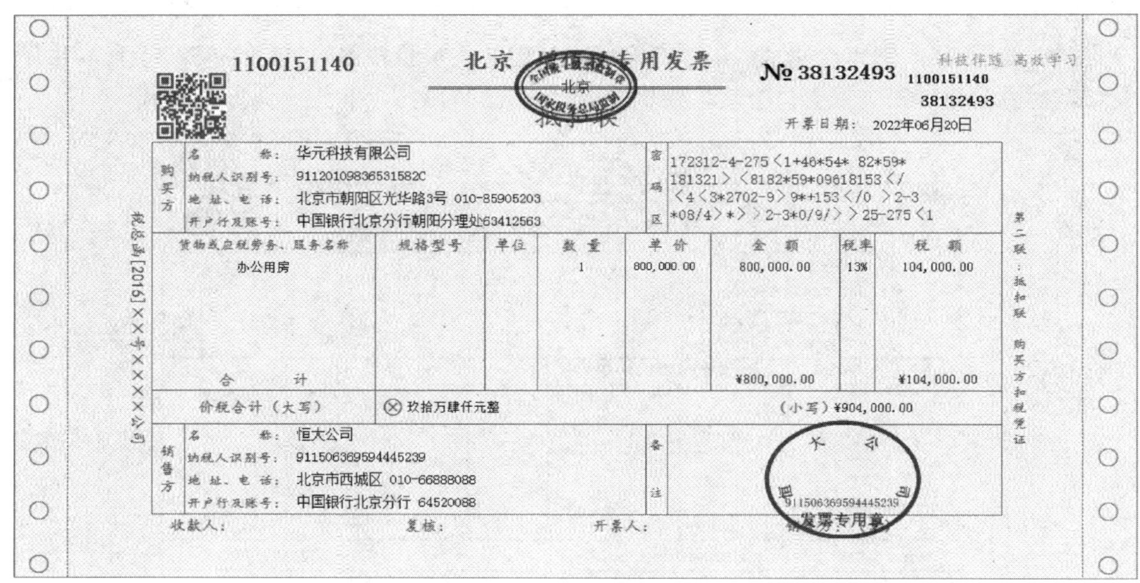

1100151140　北京增值税专用发票　№ 38132493　1100151140　38132493

抵扣联

开票日期：2022年06月20日

购买方	名称：华元科技有限公司 纳税人识别号：91120109836531582C 地址、电话：北京市朝阳区光华路3号 010-85905203 开户行及账号：中国银行北京分行朝阳分理处63412563			密码区	172312-4-275<1+46*54* 82*59*181321><8182*59*09618153</<4<3*2702-9>9*+153</0 >2-3*08/4>*>>2-3*0/9/>>25-275<1		
货物或应税劳务、服务名称	规格型号	单位	数量	单价	金额	税率	税额
办公用房			1	800,000.00	800,000.00	13%	104,000.00
合计					¥800,000.00		¥104,000.00
价税合计（大写）	⊗玖拾万肆仟元整				（小写）¥904,000.00		
销售方	名称：恒大公司 纳税人识别号：911506369594445239 地址、电话：北京市西城区 010-66888088 开户行及账号：中国银行北京分行 64520088			备注	911506369594445239 发票专用章		

收款人：　复核：　开票人：　销售方：

第二联：抵扣联 购买方扣税凭证

1100151140　　**北京增值税专用发票**　　№ 38132493　1100151140　38132493

发票联　　开票日期：2022年06月20日

购买方	名　　称：华元科技有限公司 纳税人识别号：91120109836531582C 地 址、电 话：北京市朝阳区光华路3号 010-85905203 开户行及账号：中国银行北京分行朝阳分理处63412563	密码区	172312-4-275 <1+46*54* 82*59* 181321> <8182*59*09618153 </ <4 <3*2702-9> 9*+153 </0 >2-3 *08/4>*> >2-3*0/9/> >25-275 <1

货物或应税劳务、服务名称	规格型号	单位	数量	单价	金额	税率	税额
办公用房			1	800,000.00	800,000.00	13%	104,000.00
合　　计					¥800,000.00		¥104,000.00
价税合计（大写）	⊗ 玖拾万肆仟元整				（小写）¥904,000.00		

销售方	名　　称：恒大公司 纳税人识别号：911506369594445239 地 址、电 话：北京市西城区 010-66888088 开户行及账号：中国银行北京分行 64520088	备注	911506369594445239 发票专用章

收款人：　　复核：　　开票人：　　销售方：（章）

税总函[2016]××号××××公司

第三联：发票联　购买方记账凭证

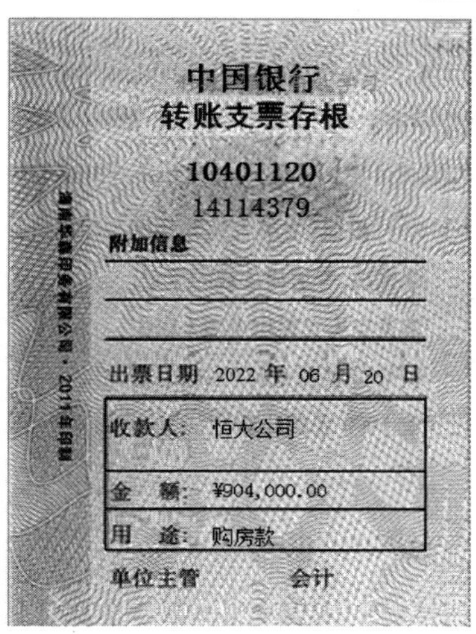

中国银行
转账支票存根
10401120
14114379
附加信息
出票日期 2022 年 06 月 20 日
收款人：恒大公司
金　额：¥904,000.00
用　途：购房款
单位主管　　会计

第 11 题　6 月 30 日，进行 6 月份工资分摊。（摘要：分配工资）（3.0 分）

本月人员工资数据如下表所示。

姓　名	部门名称	基本工资/元	奖金/元	应发合计/元
孙云	企管部	14 000	1 400	15 400
白冰	财务部	8 500	850	9 350
李岩	财务部	6 500	650	7 150
周涛	财务部	4 500	450	4 950
王玉林	采购部	3 500	350	3 850
王先进	销售部	7 200	720	7 920
马小峰	生产部	5 300	530	5 830
郭平	生产部	3 200	320	3 520
合　计		52 700	5 270	57 970

应付工资总额等于工资项目的“**应发合计**”，应付福利费也以此为计提基数。“核算科目”项目选择“**会计电算化实验教程**”。

第12题　6月30日，按工资总额的14%进行6月份福利费分摊。（摘要：计提福利费）（3.0分）

第13题　6月30日，期间损益结转。（要求：在总账子系统中进行期间损益结转并生成两张记账凭证。）（摘要：结转收入；结转费用）（5.0分）

第14题　6月30日，对所有记账凭证进行出纳签字、审核、记账。（5.0分）

第15题　6月30日，对所有子系统进行结账处理。（3.0分）

二、制财务报表

第1题　6月30日，以白冰的身份编制资产负债表保存到考生文件夹内。（8.0分）

第2题　6月30日，以白冰的身份编制利润表保存到考生文件夹内。（8.0分）

尊敬的老师：

您好。

请您认真、完整地填写以下表格的内容（务必填写每一项），索取相关图书的教学资源。

教学资源索取表

<table>
<tr><td>书　名</td><td colspan="3"></td><td>作者名</td><td></td></tr>
<tr><td>姓　名</td><td></td><td>所在学校</td><td colspan="3"></td></tr>
<tr><td>职　称</td><td></td><td>职　务</td><td></td><td>职　称</td><td></td></tr>
<tr><td rowspan="2">联系方式</td><td>电　话</td><td colspan="2"></td><td>E-mail</td><td></td></tr>
<tr><td>QQ号</td><td colspan="2"></td><td>微信号</td><td></td></tr>
<tr><td>地址（含邮编）</td><td colspan="5"></td></tr>
<tr><td>贵校已购本教材的数量（本）</td><td colspan="5"></td></tr>
<tr><td>所需教学资源</td><td colspan="5"></td></tr>
<tr><td>系/院主任姓名</td><td colspan="5"></td></tr>
</table>

系/院主任：________________（签字）

（系/院办公室公章）

20_____年____月____日

注意：

① 本配套教学资源仅向购买了相关教材的学校老师免费提供。

② 请任课老师认真填写以上信息，并请系/院加盖公章，然后传真到（010）80115555转718438索取配套教学资源。也可将加盖公章的文件扫描后，发送到fservice@126.com索取教学资源。欢迎各位老师扫码加我们的微信号，随时与我们进行沟通和互动。

③ 个人购买的读者，请提供含有书名的购书凭证，如发票、网络交易信息，以及购书地点和本人工作单位证明来索取。

微信号

举报电话：(010)88254396；(010)88258888

传　　真：(010)88254397

E-mail　：dbqq@phei.com.cn

通信地址：北京市万寿路173信箱

电子工业出版社总编办公室

邮　　编：100036